Le Remède imaginaire

ŒUVRES DE BENOÎT DUBREUIL

Introduction à la science politique. Idées, concepts et régimes (avec Dave Anctil), Anjou (Québec), CEC, 2008.

Human Evolution and the Origins of Hierarchies: The State of Nature, New York, Cambridge University Press, 2010.

Les Éditions du Boréal
4447, rue Saint-Denis
Montréal (Québec) H2J 2L2
www.editionsboreal.qc.ca

Benoît Dubreuil
Guillaume Marois

Le Remède imaginaire

Pourquoi l'immigration
ne sauvera pas le Québec

Boréal

© Les Éditions du Boréal 2011
Dépôt légal : 1er trimestre 2011
Bibliothèque et Archives nationales du Québec

Diffusion au Canada : Dimedia
Diffusion et distribution en Europe : Volumen

Catalogage avant publication de Bibliothèque et Archives nationales du Québec et Bibliothèque et Archives Canada

Dubreuil, Benoît, 1979-

    Le remède imaginaire : pourquoi l'immigration ne sauvera pas le Québec

    Comprend des réf. bibliogr.

    ISBN 978-2-7646-2094-6

    1. Québec (Province) – Émigration et immigration – Aspect démographique. 2. Québec (Province) – Politique démographique. 3. Québec (Province) – Population. I. Marois, Guillaume, 1984-   . II. Titre.

JV7290.Q8D82   2011   304.809714   C2010-942700-9

ISBN PAPIER 978-2-7646-2094-6
ISBN PDF 978-2-7646-3094-5
ISBN ePUB 978-2-7646-4094-4

MONSIEUR DIAFOIRUS

Mais ce qu'il y a de fâcheux auprès des grands, c'est que, quand ils viennent à être malades, ils veulent absolument que leurs médecins les guérissent.

TOINETTE

Cela est plaisant ! et ils sont bien impertinents de vouloir que, vous autres messieurs, vous les guérissiez. Vous n'êtes point auprès d'eux pour cela ; vous n'y êtes que pour recevoir vos pensions et leur ordonner des remèdes ; c'est à eux à guérir s'ils peuvent.

MOLIÈRE, *Le Malade imaginaire*

Avant-propos

À l'automne 2007, le gouvernement du Québec réalisait une consultation publique afin de planifier sa politique d'immigration pour les trois années à venir. Alors que les consultations gouvernementales tournent souvent au débat politique sinon à la foire d'empoigne, celle-ci devait se dérouler dans une unanimité surprenante. Parlant d'une seule voix, dirigeants politiques et groupes d'intérêt ont — pour l'immense majorité d'entre eux — recommandé au gouvernement d'augmenter le volume d'immigration au Québec.

La principale raison justifiant cette recommandation était invoquée par quasiment tous les participants : le Québec était une société vieillissante où le départ à la retraite des baby-boomers conduirait à une pénurie de main-d'œuvre. Dans ce contexte, une hausse importante d'une immigration jeune et qualifiée était essentielle pour soulager le fardeau grandissant sur les finances publiques du Québec. La chose allait de soi. Vraiment ?

Au moment de la consultation, l'un de nous (Marois) travaillait à son mémoire de maîtrise, dédié à la modélisation de l'impact de l'immigration sur la démographie québécoise. Ses résultats, tout comme les données disponibles pour le Canada, les États-Unis, le Royaume-Uni et d'autres pays européens, montraient sans l'ombre d'un doute que l'immigration n'avait qu'un impact marginal sur la structure par âge de la population de la société d'accueil. Il lui semblait par conséquent évident que l'immigration n'était pas efficace pour atténuer l'effet négatif du vieillissement de toute une population.

De son côté, à la même époque, Benoît Dubreuil animait depuis déjà quelques années un site Internet (PolitiquesSociales.net) consacré à la recherche sur les politiques sociales, notamment les politiques d'intégration à l'emploi. À travers la littérature économique européenne et nord-américaine, il avait depuis longtemps constaté les importantes difficultés économiques que rencontraient les immigrants dans tous les pays occidentaux. Il avait aussi progressivement pris conscience de la difficulté de mettre sur pied des politiques sociales permettant d'assurer leur pleine intégration au marché du travail. Il lui semblait évident que les difficultés d'intégration économique des immigrants compromettaient sérieusement la possibilité que l'immigration ait des répercussions favorables sur l'économie et les finances publiques.

Au cours des années qui ont suivi, tous deux avons poursuivi nos lectures sur l'impact démographique et économique de l'immigration. Nous avons acquis la conviction que le débat québécois était obscurci par une idée fausse, vigoureusement démentie par la littérature scientifique. Il fallait bien en convenir : l'immigration ne permettait pas de mitiger les effets négatifs du vieillissement de la population sur les finances publiques. Il n'était même pas certain qu'elle n'y ajoutait pas en réalité un fardeau supplémentaire. Mais comment l'idée contraire avait-elle pu s'imposer avec tant de force non seulement chez nos dirigeants, mais aussi dans les médias et dans l'opinion publique ?

La raison nous semblait évidente : pratiquement aucun spécialiste de la question n'était intervenu dans le débat public pour contredire la vision démesurément optimiste qui se répandait au Québec. Pourtant, ces spécialistes existent — dans les organismes publics, les universités ou les *think tanks* —, et nous exposerons les résultats de leurs recherches dans les pages qui suivent. Mais alors, comment expliquer l'absence de ces spécialistes du débat public, alors qu'ils avaient tous les outils pour venir l'éclairer ? Les chercheurs n'hésitent généralement pas à intervenir publiquement pour faire connaître le résultat de leurs travaux. Comment expliquer leur discrétion sur ce thème ?

Disons-le clairement, c'est que l'immigration n'est pas un thème comme les autres. Au cours des dernières années, ce sujet s'est retrouvé au cœur de débats souvent emportés et parfois empoisonnés. Ces débats prirent d'abord un tour idéologique — et souvent abstrait — dans les publications universitaires qui, depuis les années 1990, se multiplient à un rythme soutenu et interviennent abondamment sur les thèmes de la diversité, de l'identité et du multiculturalisme. Au Québec, ils firent cependant une intrusion brutale dans le débat public autour de la crise des accommodements raisonnables. L'atmosphère toxique de ce débat — marquée de toutes parts par les accusations gratuites, les procès d'intention et une indomptable spéculation — en a sans doute convaincu plusieurs de rester à l'écart. Parmi eux, on peut imaginer ces économistes et démographes, spécialistes des méthodes quantitatives et des jugements nuancés, cherchant depuis des années à documenter les effets économiques et démographiques de l'immigration.

Nous avons décidé d'écrire ce livre afin de combler un manque. Nous avons la conviction que le public et les décideurs entretiennent une idée fausse de l'influence de l'immigration sur l'économie et la démographie québécoises. Nous croyons que cette idée fausse nous empêche d'évaluer de façon objective la politique québécoise d'immigration. Elle conduit aussi bien les Québécois de naissance que les immigrants à nourrir des attentes démesurées par rapport à cette politique, des attentes qui, un jour ou l'autre, seront forcément déçues.

Le débat sur les accommodements raisonnables ayant récemment diminué en intensité, nous avons la naïveté de croire qu'il est désormais possible d'examiner publiquement ces questions d'une manière rationnelle, c'est-à-dire en analysant objectivement les études disponibles et en nous tenant le plus loin possible des réactions émotives irréfléchies. Ce ne sera pas une mince affaire. Nous avons conscience que l'immigration est — et restera pour longtemps — une question délicate, puisqu'elle nous touche tous d'une manière ou d'une autre.

L'intégration des immigrants à la société québécoise soulève des difficultés, il ne s'agit pas de le nier. Il va sans dire que la compétition entre l'anglais et le français pour l'attraction des immigrants demeure bien réelle. Néanmoins, il est impossible de nier qu'un pourcentage non négligeable de nouveaux venus s'est solidement intégré à la société québécoise au fil des années. Les entrelacements sont aujourd'hui devenus si nombreux que, pour maints Québécois — immigrants ou non —, parler d'immigration revient à parler d'une partie d'eux-mêmes.

Pour éviter les malentendus ou les procès d'intention, nous ressentons le besoin d'être particulièrement limpides. Ce livre ne porte pas sur les effets de l'immigration en général. Nous nous concentrons exclusivement sur les aspects économiques et démographiques de ces effets, qui ont été largement négligés dans le débat public. Évidemment, l'immigration n'est pas qu'une affaire économique ou démographique. Il existe des raisons morales, humanitaires, sociales, culturelles, linguistiques ou politiques d'être favorable ou défavorable à tel ou tel aspect de nos politiques d'immigration.

Pourquoi l'immigration ?

En préparant ce livre, nous avons eu l'occasion de faire part de ses principales conclusions à plusieurs collègues et amis qui adhéraient au lieu commun. Selon eux, le Québec vieillissant avait *besoin* d'immigrants pour rester jeune. Après nos explications, la première réaction de nos interlocuteurs fut la surprise : est-il possible que l'immigration n'ait qu'un impact marginal, alors que politiciens et commentateurs la présentent comme un outil essentiel ? Une fois convaincus qu'ils avaient été induits en erreur, la seconde réaction de nos amis était prévisible : mais alors, pourquoi recevons-nous des immigrants ? Bonne question.

Depuis quelques années, les Québécois vivent dans la certitude. Leurs préjugés démographiques et économiques donnent à leurs yeux une finalité incontestable à leurs politiques d'immigration. Une fois déboulonnés, ces préjugés ne peuvent laisser place qu'à la désorientation : mais alors, à quoi tout cela mène-t-il ? La désorientation n'est pas une mauvaise chose. Dans tous les cas, elle vaut mieux que l'état d'hypnose où sont plongés les Québécois dès qu'il s'agit de réfléchir aux effets de l'immigration. Mais la désorientation ne doit pas conduire à la paralysie. L'effet de l'immigration sur la prospérité du Québec est marginal, mais son effet sur la composition de la population est à la fois profond et durable. Il est donc irresponsable de continuer de naviguer à vue, obnubilés par des bénéfices imaginaires.

Comment penser les finalités d'une politique d'immigration ? La première étape, à nos yeux, consiste à reconnaître que, dans les démocraties libérales, l'immigration est un phénomène normal. Il n'y a rien d'étonnant ni de déplorable à ce que — pour une raison ou pour une autre — un certain nombre de personnes souhaitent adopter un nouveau pays. Les gens voyagent, découvrent de nouvelles cultures, souhaitent saisir de nouvelles occasions d'affaires ou tout simplement tombent amoureux de belles étrangères. Si l'écrasante majorité des gens qui viennent au monde dans un pays y passeront leur vie et y mourront, une minorité non négligeable s'installera de manière temporaire ou permanente à l'étranger. Il n'y a là rien d'anormal.

Cela étant dit, il est également évident que l'augmentation de l'immigration ne saurait être une finalité en soi. Sa principale justification — mitiger les effets négatifs du vieillissement de la population — n'a aucun fondement empirique. Alors, que doit viser notre politique d'immigration ? Doit-on opter pour le laisser-faire ? Si l'immigration est un phénomène normal, sans réel effet sur la prospérité, doit-on simplement laisser entrer ceux qui le souhaitent ?

Non. Le problème est évidemment que l'immigration, si elle n'offre aucun remède contre le vieillissement, n'en a pas moins des effets considérables sur les plans social, politique, économique et démographique. Il est donc légitime de chercher à la réguler.

Les politiques doivent d'abord être sensibles à la complexité du phénomène migratoire. Il y a différents types d'immigration, dont nos politiques tiennent déjà largement compte. Nous parlerons peu du système canadien de reconnaissance des réfugiés, ou encore du regroupement familial, mais il va de soi que ces composantes de la politique canadienne ne répondent pas aux mêmes finalités que l'immigration économique. Dans les deux premiers cas, les préoccupations sociales et humanitaires sont prédominantes, alors qu'elles ne le sont pas dans le troisième. Les politiques d'immigration doivent également être sensibles à la complexité des effets de l'immigration sur la société d'accueil. Ce ne sont pas tous les groupes dans la société qui partagent les mêmes valeurs ou qui sont également affectés par l'immigration.

Si nous nous contentons d'explorer l'impact économique et démographique de l'immigration, c'est que nous croyons que ces aspects ont été négligés dans le débat public et non parce que nous souhaitons promouvoir une réforme globale de nos politiques d'immigration. Il ne s'agit pas ici d'une simple précaution oratoire. Pour proposer une réforme globale de nos politiques, il faudrait considérer l'incidence de l'immigration sur d'autres facettes de notre vie collective, comme la culture, la cohésion sociale ou la situation linguistique et politique. Il faudrait aussi considérer les implications morales et humanitaires de nos politiques.

Si nous n'avançons pas de proposition de réforme

globale, nous n'hésitons pas à évaluer certains programmes au regard des finalités économiques et démographiques sur lesquelles ils reposent. Cela implique que ces programmes doivent être réformés ou, au minimum, repensés sur la base de finalités autres qu'économiques ou démographiques. Nous n'hésitons pas non plus à expliciter certains enjeux dont les Québécois ne semblent pas avoir connaissance. L'immigration n'est pas — et ne peut pas de façon réaliste devenir — un outil efficace pour mitiger les effets négatifs du vieillissement de la population. C'est donc dire qu'il est peu judicieux de placer cet objectif au cœur de nos politiques d'immigration.

Ensuite, nous souhaitons amener les Québécois à prendre conscience qu'il n'existe pas de recette magique pour améliorer de façon substantielle l'intégration des immigrants à l'économie. Les difficultés qu'ils rencontrent découlent de plusieurs facteurs, sur lesquels nous ne sommes pas toujours en mesure d'exercer un contrôle. Cela ne veut pas dire qu'il ne faut rien faire, se croiser les bras et laisser les immigrants à eux-mêmes, mais bien qu'il faut avoir des attentes plus modestes par rapport aux programmes que nous mettons en place et effectuer un suivi serré de leurs effets.

Nous souhaitons aussi montrer que l'une des façons les plus efficaces d'améliorer les performances économiques des immigrants consiste à opérer une sélection plus stricte et rigoureuse des candidats à l'immigration. Il ne faut cependant pas se fermer les yeux. Pour des raisons que l'on comprendra à la lecture de cet ouvrage, un resserrement de notre politique de sélection des immigrants entraînera nécessairement une chute considérable des volumes d'immigration admis au Québec. Est-ce à dire que nous voulons *moins* d'immigrants ? Pas nécessairement, mais disons qu'un examen serré de la situation crée une pression considérable sur les partisans du statu quo pour qu'ils justifient la rationalité du système actuel.

Il est risqué d'aborder un sujet comme celui de l'immigration. Est-il socialement acceptable d'écrire sur l'immigration sans dire qu'elle est nécessaire, et nécessairement bonne ? Nous pensons que cela est possible, du moment où nous nous appuyons sur des faits. Bien entendu, certains désagréments sont inévitables. Quand nous affirmons que l'immigration n'est pas nécessairement bonne sur le plan économique, il se trouvera des gens obtus ou malintentionnés qui voudront nous faire dire qu'elle est « nécessairement mauvaise ». Affirmez que le Québec « n'a pas besoin d'immigrants » et l'on entendra que le Québec « a besoin de ne pas avoir d'immigrants ». On comprendra que vous n'aimez pas les étrangers, la diversité ou — comme on dit dans le jargon des pseudo-sciences sociales — l'« Autre ».

Il faut accepter l'idée que l'immigration découle d'une politique comme les autres, c'est-à-dire d'une mesure visant à atteindre des objectifs précis, entraînant des conséquences multiples et devant faire l'objet d'une évaluation rigoureuse. Pour plusieurs, critiquer la politique d'immigration revient à critiquer les immigrants en tant que personnes. Ces malentendus sont sans doute inévitables. Ils font partie des désagréments qui accompagnent la prise de parole publique. Mais nous ne nous y serons pas exposés en vain si ce livre conduit le lecteur curieux à remettre en question certaines idées préconçues et à s'interroger sur ce que devraient être les politiques québécoises d'immigration.

I
Imaginer un remède

Le Québec est une société vieillissante. Faible natalité, départs massifs à la retraite : les astres semblent alignés pour produire une catastrophe démo-économique. Qui paiera les pensions des baby-boomers ? Qui occupera les centaines de milliers d'emplois qu'ils laisseront vacants ? Si les Québécois ne font pas plus d'enfants, qui demain fera fonctionner leur économie ?

Depuis quelques années, une réponse semble s'imposer chez les commentateurs et décideurs politiques : l'immigration. Le Québécois venu d'ailleurs — jeune, qualifié et souvent francophone — viendra combler la place laissée libre par le baby-boomer. Il occupera sur le marché du travail la place des enfants que les Québécois — de souche, ceux-là — auront négligé de faire. L'immigration ne permettra peut-être pas d'éviter l'*ensemble* des problèmes liés au vieillissement, mais elle constituera une pièce *essentielle* de la solution.

L'argument est séduisant, c'est le moins qu'on puisse dire. Il semble empiriquement valide. Nos grands-parents (ou arrière-grands-parents) ont eu quatre, six ou huit enfants, alors que la plupart d'entre nous se contentent de deux ou d'un seul. La conséquence n'est pas difficile à imaginer : la pyramide des âges est aujourd'hui inversée, menaçant de laisser chez les cohortes en âge de travailler un trou qui ne demande qu'à être comblé. Comment ne pas voir que l'immigration offre la matière idéale pour y arriver ?

La planète, après tout, est couverte de pays populeux qui ne sont pas menacés par le vieillissement. Les hauts taux de fécondité que nous trouvions ici autrefois, ne les observe-t-on pas encore aujourd'hui dans les pays du Sud ? Or, ces pays sont pour l'essentiel pauvres. Ils font face à un taux de chômage élevé et à une économie chancelante. Quel avenir peuvent-ils offrir à leur jeunesse, qui ne rêve que de gagner l'Occident, d'y trouver du travail et d'y améliorer son sort ?

L'immigration se présente donc comme un appariement idéal. Il s'agit au fond de délester les pays pauvres d'un surplus démographique encombrant, soulageant par la même occasion notre déficit démographique. En d'autres mots, il n'y a que des gagnants. L'immigrant améliore son niveau de vie, nous permettant du même coup de préserver le nôtre.

L'objectif de cet essai est de montrer que cette idée est fausse. Il est vrai que le vieillissement de la population pose de sérieux problèmes à l'économie du Québec, mais il est faux de dire que l'immigration est une pièce essentielle de la solution à ces problèmes. Lorsque l'on comprend bien le fonctionnement de la démographie, de l'économie, des politiques et des dynamiques migratoires, il devient évident que l'impact de l'immigration sur l'économie et la démographie ne peut être que très faible. Pire : il n'est même pas certain qu'il soit positif. Cette thèse paraîtra contre-intuitive — provocatrice même — à plusieurs. Nous savons qu'elle l'est, mais nous savons également qu'elle est très largement soutenue par la recherche empirique sur la question.

Évidemment, l'immigration est un sujet délicat. Les débats sur les accommodements raisonnables, la laïcité, l'intégration, le multiculturalisme, le cours *Éthique et culture religieuse*, le voile, le kirpan, la prière, le crucifix, etc., lui sont régulièrement liés, que ce soit de façon implicite ou explicite. Si nous souhaitons parler d'immigration, ne devons-nous pas nécessairement aborder ces questions également ? Non, car le débat sur ces sujets est déjà bien enclenché au Québec. Différents points de vue — souvent fort contrastés — sont représentés dans l'espace public. Des intellectuels et des commentateurs ont adopté des points de vue opposés, les ont articulés dans des philosophies et des propositions détaillées et réfléchies, ce qui aide le citoyen à saisir les différents aspects de ces enjeux. Dans plusieurs dossiers, les partis politiques ont adopté des positions différentes, créant ainsi une offre politique réelle. Fort bien. Les citoyens feront leur choix le temps venu.

Un lieu commun

Une telle diversité d'idées n'existe pas lorsqu'il s'agit de l'impact de l'immigration sur la démographie et l'économie. Ici, commentateurs et politiciens forment une véritable chorale, psalmodiant un même chant à l'unisson. Exagérons-nous ? Pas du tout. La revue de presse de la dernière décennie montre la domination sans partage d'un seul et même point de vue.

Commençons par les journalistes et éditorialistes. Qu'en pensent-ils ? André Pratte, éditorialiste en chef du quotidien *La Presse*, affirme que, « parce qu'ils sont jeunes

(70 % d'entre eux ont moins de 35 ans) et instruits, les [immigrants] pourront donner à l'économie québécoise un souffle qui viendrait à lui manquer en raison du vieillissement de la population[1] ». Son homologue du *Devoir*, Bernard Descôteaux — pourtant en désaccord avec lui sur plusieurs sujets — affiche sur ce point une unité de vue complète :

> À partir du moment où on admet que l'immigration est indispensable au développement aussi bien économique que social et culturel du Québec, le débat sur l'intégration des immigrants ne peut que devenir plus rationnel. Il faut insister sur cette nécessité, qui est d'abord démographique. Le vieillissement de la population québécoise se fait de façon accélérée, plus que partout ailleurs dans le monde, sauf au Japon[2].

Pratte et Descôteaux ne manquent pas de collègues pour partager leur interprétation. Rima Elkouri, de *La Presse*, n'hésite pas à affirmer que, « démographie et économie obligent, l'avenir du Québec dépend de l'immigration[3] ». Marie-Andrée Chouinard, du *Devoir*, nous dit pour sa part que le « Québec multiplie les opérations de charme auprès d'une

---

1. André Pratte, « Le péril immigrant », *La Presse*, 13 mars 2008, p. A22.
2. Bernard Descôteaux, « Bien accueillir », *Le Devoir*, 3 novembre 2007, p. C4.
3. Rima Elkouri, « Le courrier de l'immigrant », *La Presse*, 23 février 2008, p. A21.

population immigrante dont il a cruellement besoin[4] » et que les « précieuses entrées » d'immigrants « permettront notamment de résorber une criante pénurie de main-d'œuvre[5] ».

Amélie Gaudreau, dans *Le Devoir*, n'en pense pas moins : « [L]e Québec, soutient-elle, dépend grandement de l'immigration pour assurer son avenir, avoir une main-d'œuvre qui peut répondre à la pénurie actuelle et future[6] [...] » On pourrait aussi citer Claude Turcotte qui, commentant les perspectives d'emploi au Québec, affirme que « l'immigration apparaît déjà comme un apport tout à fait essentiel pour assurer le développement de l'économie[7] ». La même hypothèse est présentée par Lisa-Marie Gervais d'une manière particulièrement limpide :

> Les Québécois vieillissent, prennent leur retraite. Devant cette désertion du marché du travail, le Québec est forcé de s'en remettre à sa main-d'œuvre immigrante, qui représentait en 2006 11 % de la population totale. Il n'est d'ailleurs pas de question qui fasse davantage consensus, tant dans

---

4. Marie-Andrée Chouinard, « Immigration : potentiel élevé », *Le Devoir*, 9 avril 2010, p. A8.

5. Marie-Andrée Chouinard, « Prévisions démographiques : Québec blanc », *Le Devoir*, 17 juillet 2009, p. A8.

6. Amélie Gaudreau, « Pas toujours facile d'immigrer, surtout avec un nom arabe », *Le Devoir*, 17 janvier 2009, Agenda, p. 3.

7. Claude Turcotte, « Le marché du travail est en pleine mutation », *Le Devoir*, 6 mars 2008, p. B1.

les partis politiques que dans les syndicats et autres groupes de pression[8].

Nous pourrions poursuivre cette énumération, qui deviendrait rapidement lassante. La communauté journalistique partage un seul et même point de vue sur la question. L'immigration est essentielle pour diminuer les effets négatifs du vieillissement ; c'en est même devenu un lieu commun.

L'idée s'est imposée avec la même force ailleurs dans la société, aussi bien à gauche qu'à droite. Du côté syndical, par exemple, elle est défendue par Michel Arsenault, président de la Fédération des travailleurs du Québec : « Avec la pénurie de travailleurs et travailleuses qu'on est en train de vivre et qui s'en va en accélérant, on va devoir, au Québec, avoir recours à l'immigration pour combler les postes dans les années à venir[9]… » Le côté patronal ne fait pas exception. Gaston Lafleur, par exemple, président du Conseil québécois du commerce de détail, expliquait au congrès de son organisation que l'intégration des immigrants sur le marché du travail pourrait aider à résoudre la pénurie de main-d'œuvre qui sévit dans ce domaine au Québec[10]. La PDG des

---

8. Lisa-Marie Gervais, « Le paradoxe de l'immigration », *Le Devoir*, 10 avril 2010, p. C1.

9. Alexandre Shields, « Nation québécoise : le Bloc veut plus que des paroles », *Le Devoir*, 9 juin 2008, p. A1.

10. Presse canadienne, « Congrès du Conseil québécois du commerce de détail : l'immigration au secours des commerçants », *Le Devoir*, 7 avril 2008, p. A2.

Chambres de commerce du Québec, Françoise Bertrand, croit de son côté que, sans « être une panacée, l'immigration apportera une contribution absolument indispensable au fonctionnement de notre économie[11] ».

L'idée s'est imposée également dans les milieux politiques. Questionnés par *La Presse* aux élections de 2008, le Parti québécois, le Parti libéral du Québec, l'Action démocratique du Québec et Québec solidaire répondaient oui à la question suivante : faut-il augmenter l'immigration afin de régler la pénurie de main-d'œuvre[12] ? Le seul parti qui répondait par la négative était le Parti vert, craignant sans doute qu'une augmentation de la population québécoise ne vienne accroître l'empreinte écologique de notre société.

Mais le point de vue du Parti vert est clairement marginal. Du côté gouvernemental, le lieu commun est bien en place. Le ministre de l'Emploi, Sam Hamad, par exemple, commentait récemment ainsi la politique d'immigration du Québec : « Si nous ne réglons pas la pénurie de main-d'œuvre, ça peut signifier une décroissance économique pour le Québec[13]. » Monique Jérôme-Forget, alors qu'elle était ministre des Finances, allait dans la même veine : « Dans un contexte de pénurie de main-d'œuvre, nous avons besoin d'une immigration qualifiée. Et la concurrence sera vive

---

11. Françoise Bertrand, « Pénuries de main-d'œuvre : sortir de l'attentisme », *Le Devoir*, 30 octobre 2008, p. A9.

12. Vincent Brousseau-Pouliot, « L'immigration et la pénurie de main-d'œuvre : intégration difficile au marché du travail », *La Presse affaires*, 21 novembre 2008, p. 6.

13. *Ibid.*

entre les pays d'accueil pour attirer une main-d'œuvre qualifiée[14]. » Kathleen Weil, remplaçant Yolande James au ministère de l'Immigration à l'été 2010, avouait adhérer à une théorie semblable : « L'immigration est un outil important pour l'avenir du Québec tant sur le plan économique que sur le plan démographique[15]. » Il faut dire que les ministres ne font sur ce point que suivre l'exemple du chef du gouvernement puisque, selon Jean Charest, « le Québec ne peut se permettre de freiner l'immigration [et ce,] en raison du vieillissement de la population et du faible taux de natalité[16] ».

La pensée unique règne-t-elle vraiment chez les politiciens québécois ? Mario Dumont ne s'est-il pas prononcé contre la hausse du volume d'immigration en 2007 ? Alors que le gouvernement du Québec se préparait à augmenter à 55 000 le nombre d'immigrants admis annuellement par le Québec, l'ADQ ne préconisait-elle pas un gel à 45 000 du volume d'admission ? C'est juste. Mais regardons comment Dumont explique son opposition à la hausse. À Patrick Lagacé, qui lui demandait si le Québec avait besoin de plus d'immigrants, Dumont répondait :

---

14. Kathleen Lévesque, « Un peu plus d'argent afin de franciser les immigrants », *Le Devoir*, 14 mars 2008, p. A2.

15. Citée dans Alexandra Roy, « 600 emplois d'été pour les minorités visibles », *24 Heures*, 13 août 2010.

16. Tommy Chouinard, « La controverse sur la langue échauffe les esprits », *La Presse*, 12 mars 2008, p. A3.

> Ben, si tu prends juste en termes de marché du travail, une vision vraiment d'économiste pur, tu pourrais facilement arriver à la conclusion que oui. Avec le vieillissement de la population, ça [en] prendrait plus [d'immigrants]. Par contre, quand tu regardes ça dans une vision équilibrée de société, je pense qu'il faut jamais que tu aies plus d'immigration que ta capacité d'accueil, d'intégration[17].

Dumont a obtenu un baccalauréat en économie de l'Université Concordia au début des années 1990. Cela implique-t-il qu'il sache de quoi il parle ? Qui est cet « économiste pur » qui arriverait à cette conclusion ? Comme nous le verrons plus loin, il n'existe pas. L'affirmation de Dumont est tout simplement fausse. Le Québec *n'a pas besoin* de plus d'immigrants, du moins si l'on considère les choses du point de vue de l'économiste pur.

Ce qui est certain, cela dit, c'est que Dumont n'est pas le seul à parler à tort et à travers. Les vertes critiques qu'il s'est attirées à la suite de son entretien montrent à quel point un seul et même lieu commun s'est imposé au Québec. Si l'ADQ fut le parti le plus critique de la hausse des seuils d'immigration, il ne faut cependant pas perdre de vue qu'il adhère entièrement au mythe d'un Québec qui, pour des raisons économiques et démographiques, a besoin de plus d'immigrants. Pour le dire dans les mots de l'ancien président du parti, le politologue Guy Laforest, le « Québec, sur

---

17. Patrick Lagacé et Mario Dumont, « Mario Dumont et les immigrants », *La Presse*, 14 août 2007, p. A2.

fond d'endettement et de vieillissement, continuera d'avoir besoin d'une forte immigration[18] ».

Une hausse planifiée

Si la pensée magique d'une immigration nous permettant de résoudre nos problèmes démographiques et économiques s'est imposée largement au Québec, il serait faux de croire qu'elle existe depuis toujours. En fait, une revue de presse des principaux quotidiens au cours des dix dernières années montre que cette idée est plutôt récente. Au Québec, elle semble s'être s'imposée à partir de l'automne 2007, alors que la ministre de l'Immigration et des Communautés culturelles, Yolande James, tentait de déterminer le nombre d'immigrants que le Québec devait admettre entre 2008 et 2010.

Les principales raisons évoquées par James pour justifier une hausse du volume d'immigration ne devraient pas vous surprendre. « L'automne dernier, on a pris une décision importante de vouloir hausser les niveaux d'immigration. On l'a fait pour plusieurs raisons, notamment la question du développement économique et la pénurie de main-d'œuvre[19] », expliquait-elle à *La Presse* quelques mois après la fin de l'exercice.

La ministre n'était bien entendu pas la première à faire de

---

18. Guy Laforest, « Les enjeux se précisent : affirmer des valeurs d'espoir », *La Presse*, 1er mars 2007, p. A21.
19. Émilie Côté, « Québec veut franciser les immigrants avant leur arrivée au pays », *La Presse*, 18 mars 2010, p. A18.

l'immigration un outil essentiel pour contrer les pénuries de main-d'œuvre découlant du vieillissement de la population. L'idée était déjà dans l'air. En 2005, la ministre de l'Immigration précédente, Lise Thériault, invoquait « l'urgence d'agir [en matière d'immigration], d'autant plus qu'on se dirige vers une pénurie de main-d'œuvre qui est annoncée en regard du phénomène des baby-boomers qui vont prendre leur retraite[20] ». Quelques mois auparavant, elle soutenait avec assurance : « [L']immigration, c'est incontournable pour le développement économique. Les immigrants sont l'avenir du Québec[21]. »

Avant 2005, l'idée était à peu près absente chez les politiciens québécois, mais elle avait déjà gagné quelques esprits du côté fédéral. En 2005, par exemple, le premier ministre Paul Martin affirmait dans un discours « que l'immigration était la clé de la réussite économique du Canada à une époque de faible taux de natalité, de vieillissement de la population et d'un manque de plus en plus grand de main-d'œuvre qualifiée[22] ». En 2004, Joe Fontana, alors ministre du Travail, soutenait que le « Canada pourrait devoir envisager de doubler ses niveaux d'immigration afin de combler la demande en matière de main-d'œuvre qualifiée[23] ».

---

20. Thierry Haroun, « Pénurie de professionnels : l'immigration à la rescousse », *Le Devoir*, 15 octobre 2005, p. G7.

21. Laurier Cloutier, « L'immigration devient incontournable », *La Presse affaires*, 30 mai 2005, p. 3.

22. Presse canadienne, « Augmenter l'immigration », *La Presse*, 24 septembre 2005, p. A5.

23. Sandra Cordon (Presse canadienne), « Le Canada a besoin de

Dès 2002, son collègue Denis Coderre, alors ministre de l'Immigration, exprimait la même idée : « Le dernier recensement a été très clair. D'ici cinq ans, il va manquer un million de travailleurs qualifiés. D'ici 2025, notre croissance démographique va dépendre uniquement de l'immigration[24]. »

La pensée magique sur l'immigration existait donc avant 2007, mais elle n'était pas aussi largement partagée qu'elle l'est aujourd'hui. Avec la planification du volume d'immigration, elle s'est imposée comme une vérité incontestable au sein de tous les partis politiques, de la société civile, des journalistes et des commentateurs. Comment expliquer cette situation ? Une démonstration rigoureuse des effets démographiques et économiques de l'immigration a-t-elle été faite lors de la consultation publique menée par la ministre James à l'automne 2007 ? Rien n'est moins sûr.

Plus de 70 mémoires ont été déposés lors de la consultation. La diversité des intervenants s'étant intéressés à la question est impressionnante : associations culturelles, organismes communautaires travaillant à l'intégration des immigrants, conférences régionales des élus, municipalités, cégeps, universités, organisations patronales et syndicales, consultants en immigration, etc. À cette diversité d'intervenants correspond bien entendu une diversité d'intérêts, chacun des groupes rappelant au ministre l'importance de

---

deux fois plus d'immigrants, dit Fontana », *Le Devoir*, 30 octobre 2004, p. A2.

24. Joël-Denis Bellavance, « Dénatalité : Coderre veut révolutionner l'immigration », *La Presse*, 15 octobre 2002, p. A4.

tel ou tel aspect de la législation ou de tel ou tel programme de financement. Après tout, chacun est libre de faire valoir ses intérêts.

Deux points communs ressortent cependant en force des mémoires présentés. Le premier est que Québec doit investir fortement dans l'intégration des immigrants afin d'éviter leur isolement et leur exclusion sociale et économique. Rares sont les propositions chiffrées et accompagnées d'études sérieuses sur ce sujet, mais passons. Le deuxième est le lieu commun qui nous intéresse : comme le Québec vieillit, il a besoin d'une immigration élevée pour faire face aux pénuries de main-d'œuvre. Là au moins, on pourrait s'attendre à ce que l'affirmation soit appuyée par des faits, des données et des études, mais ce n'est pas le cas. Ici et là, quelques chiffres sur le vieillissement ou les besoins en main-d'œuvre dans tel ou tel secteur font office de démonstration. Aucune étude plus globale de l'effet de l'immigration sur la démographie, l'emploi ou les finances publiques. Deux mémoires seulement ont été présentés par des démographes, et un seul par des économistes. Que disent-ils ?

Le premier mémoire a été déposé par le démographe Michel Paillé, spécialisé en démographie linguistique[25]. Paillé y explique que le Québec sélectionne aujourd'hui davantage d'immigrants connaissant le français qu'autrefois, mais aussi

---

25. Michel Paillé, « Le revers de la médaille : une immigration à la fois de plus en plus bilingue et de plus en plus unilingue anglaise », mémoire présenté à la Commission parlementaire de la culture de l'Assemblée nationale du Québec portant sur la planification de l'immigration pour la période 2008-2010, Québec, août 2007, 8 pages.

davantage d'immigrants connaissant l'anglais. Par conséquent, il ne va pas du tout de soi que l'intégration se fera en français. Paillé est un chercheur sérieux, et il apporte une information importante, mais il ne dit rien de la thèse selon laquelle le Québec a *besoin* d'immigration. Sur l'enjeu démo-économique, Paillé se contente de citer un jeune doctorant en Belgique — qui, par une étrange coïncidence, est l'un des auteurs de ces lignes (Dubreuil) — se demandant pourquoi les lobbies patronaux recommandent un haut niveau d'immigration alors que les entreprises qu'ils représentent n'embauchent pas les immigrants que l'on accueille[26].

Si Paillé n'aborde pas l'enjeu démo-économique, qu'en est-il de l'autre démographe à avoir présenté un mémoire ? Il s'agit d'un jeune démographe qui, par une autre coïncidence, se trouve être un des auteurs de ces lignes (Marois). Son mémoire, intitulé *Démystification de l'impact de l'immigration sur la démographie québécoise*[27], présentait les résultats de simulations visant à déterminer les effets à moyen et long terme d'une hausse de l'immigration. Les conclusions allaient directement à l'encontre du lieu commun : la hausse proposée aurait peu d'effets sur la population en âge de tra-

---

26. Benoît Dubreuil, « Intégration des immigrants : pour une approche basée sur les résultats », *L'Action nationale*, octobre 2006, p. 67.

27. Guillaume Marois, « Démystification de l'impact de l'immigration sur la démographie québécoise : des résultats surprenants », mémoire présenté à la Commission parlementaire de la culture de l'Assemblée nationale du Québec portant sur la planification de l'immigration pour la période 2008-2010, Québec, août 2007, 15 pages.

vailler, et il faudrait admettre un volume irréaliste pour mitiger les effets du vieillissement. N'en disons pas plus ; nous y reviendrons longuement au prochain chapitre.

Si aucun démographe n'est venu appuyer l'interprétation dominante, est-il possible que la ministre ait été convaincue par des économistes ? Les seuls économistes à présenter un mémoire furent Pierre Fortin, de l'UQAM, Marc Van Audenrode, de l'Université de Sherbrooke, et Pierre Emmanuel Paradis, de la firme de consultants Groupe d'analyse[28], d'excellents économistes, toujours capables d'offrir une lecture perspicace des défis économiques auxquels le Québec fait face. Alors, viennent-ils justifier l'enthousiasme général ? Aucunement. Leur mémoire offre en fait une mise à jour d'une étude plus ancienne sur un programme particulier, celui des « immigrants investisseurs ». Les auteurs sont très optimistes à l'égard de ce programme. Nous le sommes beaucoup moins, pour des raisons que nous aurons l'occasion d'exposer plus loin (chapitre 7). Quoi qu'il en soit, les immigrants investisseurs ne représentent qu'une toute petite partie de l'immigration admise au Québec : moins de 3 % du total entre 2005 et 2009[29]. Il serait

---

28. Pierre Fortin, Marc Van Audenrode et Pierre Emmanuel Paradis, « Analyse du programme immigrants investisseurs et des enjeux économiques de l'immigration au Québec », mémoire présenté à la Commission parlementaire de la culture de l'Assemblée nationale du Québec portant sur la planification de l'immigration pour la période 2008-2010, Québec, août 2007, 115 pages.

29. Ministère de l'Immigration et des Communautés culturelles du Québec, *Tableaux sur l'immigration permanente au Québec, 2005-2009*, Québec, mars 2010, p. 11.

donc assez surprenant que ces quelques immigrants jouent un rôle essentiel dans la lutte contre le vieillissement. Les auteurs ne le soutiennent d'ailleurs pas…

Si aucun démographe ni économiste n'est venu défendre le point de vue dominant, qui a pu convaincre la ministre que l'immigration était essentielle pour combler nos pénuries de main-d'œuvre et faire face au vieillissement ? Il est possible que ce soient ses fonctionnaires. Après tout, le ministère de l'Immigration et des Communautés culturelles avait préparé un document de consultation, afin d'orienter la discussion lors de la commission parlementaire[30]. Que peut-on y lire ?

Le document débute avec un bref portrait de l'évolution de la population québécoise. Le vieillissement annonce une baisse de la population en âge de travailler, ce qui menace de produire un ralentissement de la croissance, une diminution du niveau de vie, des pressions sur les finances publiques, etc. Jusque-là, on connaît le refrain. Mais quel est l'impact de l'immigration sur le vieillissement ? Le document présente différents scénarios.

Il compare par exemple l'impact sur la population en âge de travailler de volumes d'admission annuels de 43 000, 50 000 et 60 000. En supposant un indice de fécondité de 1,55 enfant par femme, les simulations prévoient qu'en 2030 un volume d'admission annuel de 43 000 produirait un rapport de dépendance des personnes âgées

---

30. Ministère de l'Immigration et des Communautés culturelles du Québec, *La Planification de l'immigration au Québec pour la période 2008-2010*, Québec, juin 2007.

de 0,46, c'est-à-dire qu'il y aurait alors 46 personnes âgées (65 ans et plus) pour 100 personnes en âge de travailler (de 20 à 64 ans). En revanche, un volume de 60 000 produirait un rapport de dépendance de 0,44. En d'autres mots, cette augmentation relativement importante de l'immigration produirait une baisse modeste du rapport de dépendance : il y aurait deux personnes âgées de moins pour 100 personnes en âge de travailler (44 plutôt que 46), ce qui est négligeable si l'on considère que le rapport de dépendance aura doublé par rapport à son niveau de 2006 (0,22).

Mais comment passe-t-on de ces résultats à des conclusions plus générales sur l'impact économique de l'immigration ? Comment parvient-on à conclure, comme le font les auteurs, qu'une « amélioration de l'évolution de la population d'âge actif aurait des effets positifs, tant sur l'économie que sur les finances publiques[31] » ? Suivons le raisonnement.

D'abord, les auteurs tracent un portrait général des perspectives du marché du travail québécois : le taux d'emploi, le taux de chômage, les secteurs en demande, l'importance croissante de la formation sur le marché du travail, etc. Ensuite, ils donnent quelques raisons de penser que l'immigration, sans être une solution miraculeuse, *pourrait* atténuer les effets du vieillissement.

Premièrement, ils notent que l'immigration est susceptible d'« apporter un élément de complémentarité à la main-d'œuvre déjà disponible », puisqu'une « part importante de l'immigration est sélectionnée en fonction de besoins spéci-

---

31. *Ibid.*, p. 17.

fiques du marché du travail[32] » — nous verrons plus loin que ce n'est pas tout à fait le cas (chapitre 6), mais passons pour l'instant. Deuxièmement, ils émettent l'hypothèse que les immigrants, à cause de leurs liens avec leur pays d'origine, pourraient favoriser le commerce international. Possible, mais qu'en sait-on vraiment ? Peu de chose. Finalement, ils soulignent que les immigrants, étant en moyenne plus jeunes que le reste de la population, pourraient être un facteur d'innovation et de création d'entreprises. Ici aussi, nous nageons dans la spéculation la plus totale. Ainsi, de ces arguments, les auteurs ne concluent rien de moins que ceci :

> [L']immigration peut être un stimulant important et un atout pour l'économie québécoise. Elle peut en effet retarder, voire empêcher, le déclin de la population d'âge actif, combler des besoins en main-d'œuvre, élargir l'expertise québécoise, favoriser l'accès aux marchés étrangers, accroître l'entrepreneuriat[33].

Prise au sens strict, cette affirmation ne saurait être fausse. En principe, l'immigration *peut* être un atout, tout comme elle *peut ne pas* en être un. Or, ce qui nous intéresse n'est pas l'impact que *peut* avoir l'immigration en principe, mais l'impact qu'elle aura — ou est susceptible d'avoir — dans la réalité. Et voilà où le bât blesse : le document de consultation du MICC ne dit strictement rien à cet effet. Rien en tout cas qui pourrait donner raison au premier

---

32. *Ibid.*, p. 23.
33. *Ibid.*, p. 24.

ministre d'affirmer que « le Québec ne peut se permettre de freiner l'immigration [et ce,] en raison du vieillissement de la population et du faible taux de natalité [34] ».

Le Québec vieillit, et l'immigration peut le rajeunir (très légèrement). Soit. Mais comment peut-on en conclure que l'impact de l'immigration sur l'économie et les finances publiques sera positif ? *Non sequitur*. Ou, en bon québécois, ça n'a *aucun* rapport. Tout dépend de la performance économique des immigrants, que les auteurs du document de consultation ne tentent pas de prévoir. Si les performances économiques des immigrants sont bonnes, l'impact de l'immigration pourrait être positif. À l'inverse, si elles sont mauvaises, l'impact pourrait plutôt être nul ou négatif.

En somme, la démographie n'est qu'une variable dans l'équation. Sur le plan économique, il est impossible de savoir si l'impact de l'immigration sera positif ou négatif tant et aussi longtemps qu'on est incapable de déterminer les performances économiques qu'auront au cours de leur vie active les immigrants que l'on accueille aujourd'hui. Ni les auteurs du document de consultation ni ceux des mémoires déposés en commission parlementaire ne cherchent à le faire. Qui a donc pu convaincre la ministre, les membres de la société civile et les commentateurs de la validité de leur hypothèse ?

---

34. Tommy Chouinard, « La controverse sur la langue échauffe les esprits », *La Presse*, 12 mars 2008, p. A3.

Qu'en pensent les chercheurs ?

Si l'on ne peut s'attendre de la ministre qu'elle épluche la recherche démographique et économique sur le sujet, on peut au moins lui demander de lire le journal. Une dernière possibilité est donc qu'elle a été convaincue par les interventions d'économistes ou de démographes en marge de la consultation, dans nos grands quotidiens par exemple.

La chose serait surprenante. Notre revue de presse sur la question montre que très peu d'économistes ou de démographes se sont prononcés publiquement sur l'impact démo-économique de l'immigration. Pire : ceux qui l'ont fait sont allés à l'encontre du lieu commun. Voyons quelques exemples. Pendant la campagne électorale de 2008, le ministre Hamad répétait pour une énième fois la position officielle du gouvernement sur la question : « Nous croyons que l'immigration peut combler nos besoins de main-d'œuvre[35]. » L'économiste Pierre Fortin, invité à commenter, affiche avec le ministre un désaccord prudent : « Avant d'augmenter le nombre d'immigrants, qu'on concentre plutôt nos efforts sur ceux qui sont déjà chez nous, dit-il. Nous sommes déjà débordés de néo-Québécois qu'on est incapable d'intégrer [au marché du travail québécois][36]. »

L'économiste Carlos Leitao, de la Banque Laurentienne, est également en accord avec Fortin. Questionné sur l'apport potentiel de l'immigration à l'économie, celui-ci se montre

---

35. Vincent Brousseau-Pouliot, « L'immigration et la pénurie de main-d'œuvre », *La Presse affaires,* 21 novembre 2008, p. 6.
36. *Ibid.*

plutôt prudent : « Pour la pénurie de main-d'œuvre, la solution numéro un reste la formation de la main-d'œuvre. Dans ce contexte-là, on peut toujours aller chercher des immigrants dans des domaines spécialisés, mais l'immigration ne réglera pas la pénurie de main-d'œuvre de façon générale[37]. » Si nous souhaitons recevoir de l'immigration, précise Leitao, nous devons plutôt le faire pour des raisons « humanistes ».

Le même avis circule du côté des démographes. Le démographe Jacques Henripin, en entrevue avec Jean-Frédéric Légaré-Tremblay, cherche à nuancer les attentes que nous devons avoir quant à l'impact potentiel de l'immigration sur la démographie québécoise : « Selon [mes] calculs, compenser le déficit des naissances par l'immigration nécessiterait, à terme, l'accueil annuel de 70 000 à 80 000 étrangers[38] », avance-t-il, soit beaucoup plus qu'aujourd'hui. Le démographe Michel Paillé, dont nous avons parlé plus haut, arrive à un constat identique : « L'immigration peut compenser une fécondité légèrement inférieure au seuil requis pour assurer le remplacement des générations. Mais lorsque le manque à naître est à la fois important et chronique, une immigration compensatrice soutenue n'est plus possible[39]. »

Le démographe Marc Termote, s'exprimant au colloque de l'Institut de recherche en économie contemporaine

---

37. *Ibid.*

38. Jean-Frédéric Légaré-Tremblay, « Les coups de griffe du démographe », *Le Devoir*, 13 août 2007, p. A1.

39. Michel Paillé, « Des inquiétudes qui ont des fondements démographiques », *Le Devoir*, 6 octobre 2006, p. A9.

(IREC), est encore plus explicite. Citons d'abord son point de vue sur l'impact de l'immigration sur la démographie :

> Il est inquiétant de voir que le Québec attend toujours les solutions des immigrants. Bien sûr, ça va faire augmenter le nombre d'habitants. Mais le problème n'est pas de savoir s'il faut faire augmenter le nombre d'habitants *ad infinitum*, le problème est de savoir si on peut, par l'immigration, empêcher un éventuel déclin démographique. Et tous les scénarios démontrent que ça dépend beaucoup plus de la fécondité et de l'immigration interprovinciale[40].

Si l'impact sur la démographie est négligeable, qu'en est-il maintenant de l'impact sur l'économie ? Selon Termote,

> l'impact de l'immigration internationale sur le revenu par habitant et sur le taux de chômage d'une population est nul. Il est temps qu'on accepte cette réalité. On dit toujours qu'on va faire venir des immigrants pour augmenter le niveau de revenu par habitant. Ce n'est pas vrai. On fait augmenter le PIB. C'est normal parce qu'il y a trop peu d'immigrants pour que ça bouge. Et on ne peut pas avancer que les immigrants volent nos jobs[41].

Plusieurs économistes et démographes semblent ainsi douter du discours officiel, ou même en prendre carrément

---

40. Alexandre Shields, « L'immigration, une réponse à la pénurie de main-d'œuvre », *Le Devoir*, 12 mai 2010, p. B1.
41. *Ibid.*

le contre-pied. Mais en existe-t-il au moins un qui l'appuie ? Ce que nous avons pu trouver qui se rapproche le plus d'une adhésion est une intervention du démographe Victor Piché, de l'Université de Montréal, critiquant la position de l'ADQ sur le gel des seuils d'immigration.

Piché affirme que, « sur les plans économique et démographique, les besoins [du Québec] sont tels que les niveaux d'immigration pourraient être beaucoup plus élevés qu'ils ne le sont présentement[42] ». Qu'entend-il par cela ? Sur le plan démographique, il veut sans doute dire ce que les autres démographes disent, à savoir qu'avec le volume d'admission actuel, l'immigration ne peut avoir qu'un effet marginal sur la structure par âge. Sans doute. Son point de vue est alors équivalent à celui d'Henripin, de Paillé et de Termote.

Sur le plan économique, cependant, on comprend moins. Piché veut-il dire que l'immigration a un impact favorable sur l'économie ? Il semble bien que oui. Il y a dix ans, Piché affirmait déjà :

> Il y a des retombées économiques importantes [à une hausse de l'immigration]. Il y a une pénurie de main-d'œuvre qui commence et qui va s'accentuer, selon les projections de population, parce qu'il y a une baisse de fécondité très importante et qu'on s'en va vers une décroissance[43].

---

42. Victor Piché, « Immigration : où est la menace ? », *La Presse*, 18 août 2007, p. A25.
43. Alexandre Sirois, « Immigrants réclamés à Montréal », *La Presse*, 24 août 2000, p. A3.

Il semble donc qu'il y ait au moins un démographe qui adhère à la thèse selon laquelle le Québec — pour des raisons démo-économiques — a *besoin* d'immigration. Or, on ne comprend pas sur quoi son raisonnement s'appuie. Dans le même texte où il critique l'ADQ, il lève également de sérieux doutes sur la possibilité de déterminer l'impact démo-économique de l'immigration :

> [À] la fin des années 80, le ministère de l'Immigration du Québec avait tenté de justifier les niveaux souhaités d'immigration sur la base justement de la notion de capacité d'accueil, laquelle capacité devait être déterminée « scientifiquement » par des modèles démo-économiques mesurant l'impact de l'immigration. Cette tentative a rapidement été abandonnée puisque les modèles en question étaient incapables de définir des seuils au-delà desquels l'impact de l'immigration devenait négatif. Bref, cette notion n'a aucune assise scientifique et il serait démagogique de la déterrer pour définir la politique d'immigration[44].

Résumons. D'un côté, Piché laisse entendre que l'immigration a un effet bénéfique sur l'économie. De l'autre, il nous apprend qu'il y a vingt ans que le ministère ne cherche plus à modéliser l'impact de l'immigration sur l'économie et qu'il serait démagogique d'utiliser cette idée pour définir la politique d'immigration. Admettons que nous

---

44. Victor Piché, « Immigration : où est la menace ? », *La Presse*, 18 août 2007, p. A25.

soyons en accord avec la deuxième partie, alors, sur quoi s'appuie la première ? Si nous n'avons pas de modèles démo-économiques capables de définir des seuils au-delà desquels l'impact de l'immigration devient négatif, sur quoi nous appuierons-nous pour dire que le Québec a besoin d'immigration ? La spéculation ? Les ouï-dire ?

Ce survol des débats n'est peut-être pas suffisant pour convaincre le lecteur que l'économie du Québec n'a pas besoin d'un volume d'immigration élevé. Nous espérons au moins avoir démontré que l'idée ne s'est pas imposée dans la société québécoise au terme d'une réflexion informée. En fait, la reconstruction des débats nous oblige à conclure qu'on y a adhéré sans chercher à voir ce qu'il en était vraiment.

2

Une goutte d'eau dans l'océan

Le Québec accueille un nombre important d'immigrants depuis plusieurs années. Depuis que la fécondité est tombée sous le seuil de remplacement de la population, dans les années 1970, bon an, mal an, environ 30 000 étrangers s'installent dans la province (*figure 2.1*). Au prorata de sa population, la province accueille donc traditionnellement moins d'immigrants que le Canada ou l'Australie, mais davantage que la plupart des autres pays occidentaux, dont les États-Unis et la France. Cette immigration a-t-elle modifié de façon importante la structure par âge du Québec ? Serait-il dans une position démographique catastrophique aujourd'hui s'il avait fermé ses portes à l'immigration au cours des dernières décennies ? Pour estimer l'impact démographique de l'immigration, nous proposons de simuler sur 35 ans (de 1971 à 2006) la population du Québec dans un univers hypothétique où cette abondante immigration n'aurait pas eu lieu[1]. Il ne s'agit pas de dire que le Québec aurait dû fer-

---

1. Les probabilités de fécondité, mortalité, émigration et migrations interprovinciales sont calculées pour chacune des années de 1971 à 2006 et pour chaque âge et sexe. Ces probabilités sont

mer ses portes à l'immigration. L'exercice vise simplement à illustrer les effets de l'immigration sur la démographie. À quoi ressemblerait donc le Québec d'aujourd'hui s'il n'avait pas accueilli tous ces nouveaux venus ? Serait-il au bord de la catastrophe ou dans une situation similaire à celle qu'il vit actuellement ?

Un premier constat s'impose. Sans l'immigration, la population totale du Québec serait aujourd'hui moins nombreuse. C'est ce qui ressort de la figure 2.2. Cela n'a rien d'étonnant. Entre 1971 et 2006, plus d'un million d'immigrants se sont installés au Québec. La taille de la population dans un scénario où cette immigration n'aurait pas eu lieu ne peut être que plus petite. En 2006, sans immigration, la population du scénario serait inférieure de 900 000 à celle que le Québec avait en réalité cette année-là. La taille de la population en âge de travailler (15 à 64 ans) serait elle aussi significativement inférieure (4,7 millions contre 5,3 millions).

Cet impact n'est important qu'en apparence. Si la taille de la population totale en général, et celle qui est en âge de travailler en particulier, est plus grande grâce à l'immigration, la structure par âge n'en est pas pour autant significativement modifiée. La figure 2.3 présente la pyramide des âges du Québec en 2006 selon les estimations officielles de Statistique Canada (bandes) comparée à celle de la simulation de population sans immigration depuis 1971 (courbes). Nous ne pouvons nier que la structure par âge des deux populations se ressemble fortement. Dans un cas comme dans

---

ensuite appliquées à la population initiale de 1971 de manière à reconstituer une histoire démographique sans immigration.

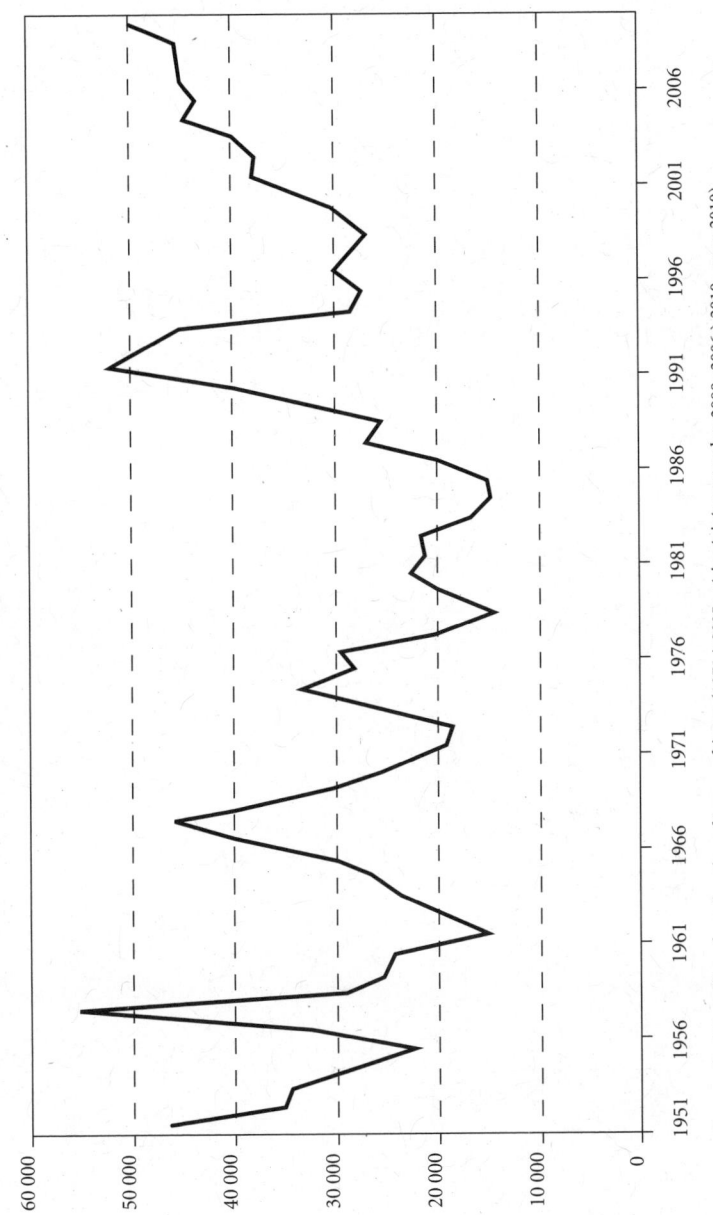

Figure 2.1 — Nombre d'immigrants reçus annuellement, Québec, 1951-2009

Source : Statistique Canada, estimations démographiques (1971 à 2005 : série révisée septembre 2008 ; 2006 à 2010 : mars 2010).

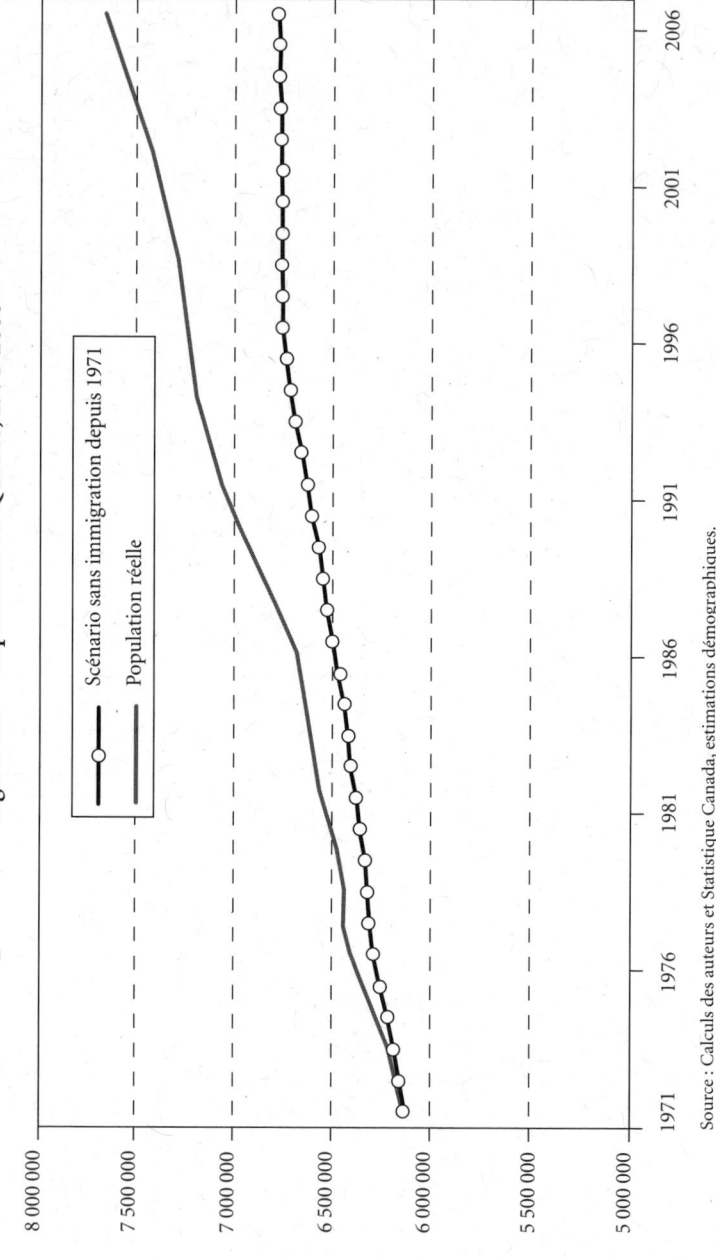

Figure 2.2 — Population du Québec, 1971-2006

Scénario sans immigration depuis 1971
Population réelle

Source : Calculs des auteurs et Statistique Canada, estimations démographiques.

l'autre, on observe une transition vers une pyramide inversée : une forte concentration de population est observée chez les 40 à 60 ans (les baby-boomers), et les effectifs vont en diminuant chez les groupes d'âge plus jeunes. Néanmoins, le scénario simulant une population sans immigrants de 1971 à 2006 présente une part relative d'individus âgés un peu plus importante et, conséquemment, un peu moins de jeunes. Cette différence serait-elle suffisante pour assurer une démographie saine, financer les retraites, soutenir les finances publiques et résoudre les autres problèmes qu'on croit voir l'immigration résoudre ?

La figure 2.4 présente le rapport de dépendance démographique de la simulation comparé à celui de la population réelle. Le rapport de dépendance démographique correspond à la somme des personnes qui ne sont pas en âge de travailler — c'est-à-dire les personnes âgées de 65 ans et plus et de moins de 15 ans — divisée par la population âgée de 15 à 64 ans. La comparaison est révélatrice. Pour toute la période étudiée, les deux courbes sont juxtaposées. Tout au plus une infime divergence apparaît-elle au début des années 2000. En 2006, au terme de la simulation, le rapport de dépendance du scénario de simulation est de 0,45, contre un rapport réel de 0,43. La différence est à ce point infime que le rapport de dépendance final de la simulation (0,45) est en fait le même que celui qu'on a observé au début, dans les années 1990, alors qu'il y était un peu plus élevé qu'en 2006. Pour donner une idée de l'insignifiance du phénomène, ajoutons que les plus récentes projections démographiques de l'Institut de la statistique du Québec laissent entrevoir un rapport de dépendance dépassant 0,60 pour le début des années 2020 et atteignant 0,70 vers 2040. Le mil-

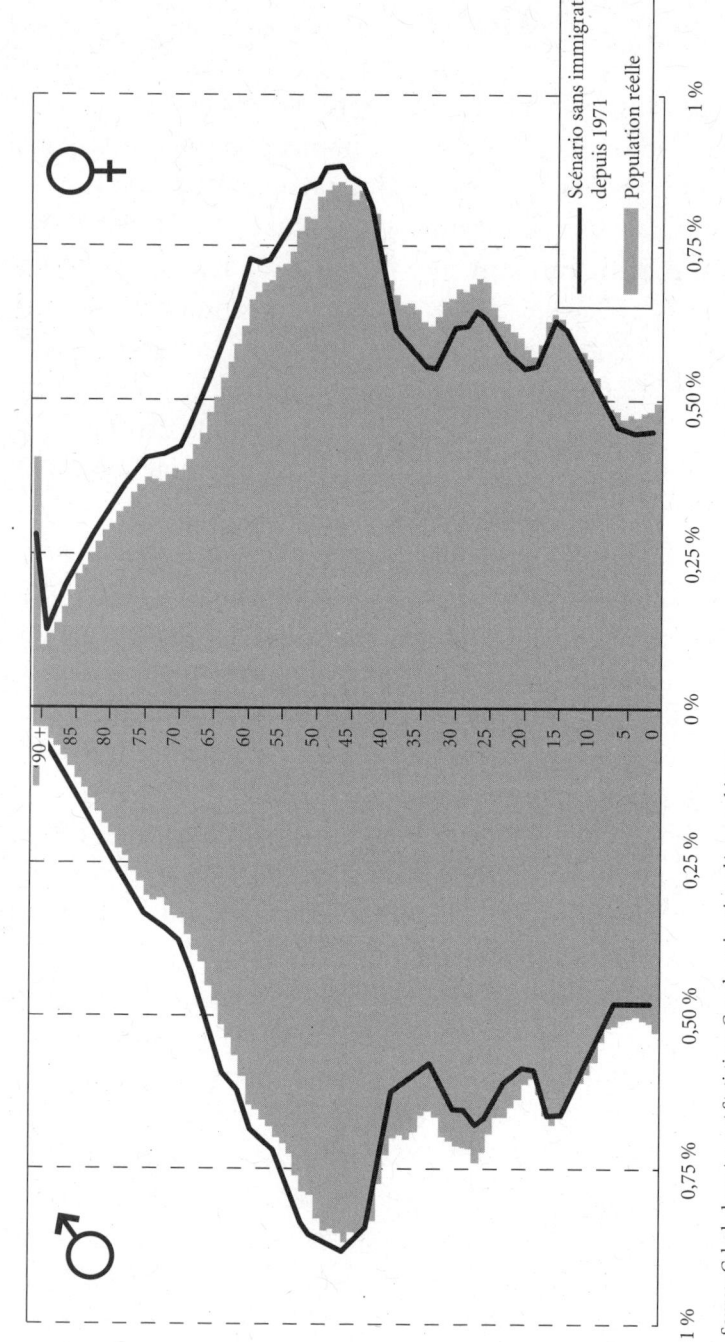

Figure 2.3 — Pyramide des âges, Québec, 2006

Source : Calculs des auteurs et Statistique Canada, estimations démographiques.

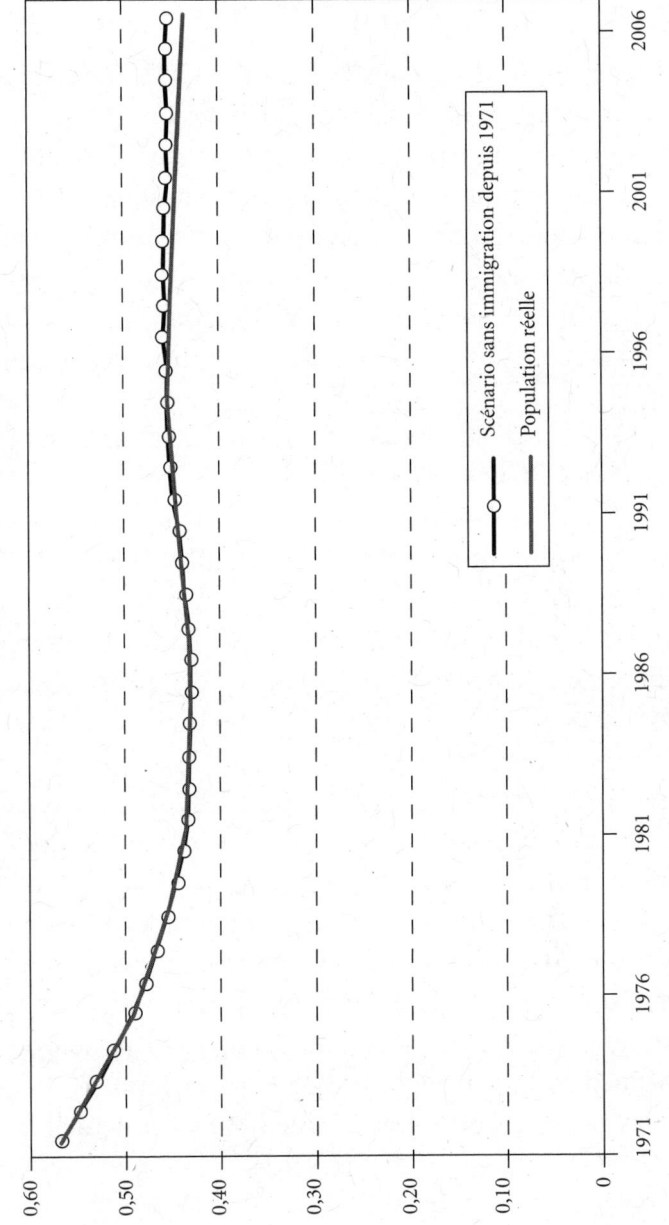

Figure 2.4 — Rapport de dépendance, Québec, 1971-2006

Source : Calculs des auteurs et Statistique Canada, estimations démographiques.

lion d'immigrants accueillis durant les 35 années de référence n'a permis de décaler que de trois ou quatre années tout au plus la structure démographique. Le principal impact de l'immigration s'est donc manifesté sur la taille de la population, dont la structure par âge n'a été que peu affectée. Même si le nombre de travailleurs potentiels est plus élevé, le fardeau social par travailleur serait à peu près équivalent dans un Québec hypothétique qui n'aurait reçu aucun immigrant.

L'âge moyen d'une société est également un bon indice du vieillissement de sa population. Comme les immigrants sont généralement un peu plus jeunes à leur arrivée, on peut imaginer que l'immigration aura une influence positive sur cet indicateur. Or, le nombre d'immigrants reçus et l'écart entre l'âge moyen des Québécois et celui des immigrants ne sont pas suffisamment grands pour que cette influence soit significative. Elle ne pourrait le devenir que si l'on augmentait de façon substantielle les niveaux d'immigration. Dans le scénario sans immigration depuis 1971, l'âge moyen des Québécois est de 41 ans, soit à peine un an de plus que l'âge moyen réel en 2006.

Pour s'en convaincre, une simple démonstration mathématique est suffisante. Supposons une communauté ayant une population naturellement stable[2] de 1 000 habitants et dont l'âge moyen est de 40 ans. Cette société décide d'accueillir cinq immigrants âgés d'en moyenne 30 ans, soit un taux annuel équivalent à celui du Québec actuellement.

---

2. Une population naturellement stable est une population où la structure par âge est invariable.

Quel impact cette immigration aura-t-elle sur l'âge moyen de cette communauté au terme de l'année ? Elle ne l'aura diminué que de 0,05 an[3]. L'âge moyen de la communauté, après immigration, sera donc de 39,95 ans au lieu de 40 ans. L'effet sera donc quasi nul. Et si cette communauté élisait un gouvernement qui décidait de doubler le nombre d'immigrants, quel en serait le résultat sur l'âge moyen de la population ? À peu près nul, encore une fois : ce dernier n'aurait baissé que de 0,1 an, pour atteindre 39,9 ans. Certains diront que c'est un bon commencement. Or, dans la réalité des sociétés occidentales, la population n'est pas naturellement stable. Dans le cas du Québec, les paramètres démographiques passés et présents font augmenter naturellement l'âge moyen de la population d'environ 0,3 an par année. Si le Québec décidait de doubler son nombre d'immigrants (c'est-à-dire de le porter à des niveaux complètement irréalistes), l'âge moyen augmenterait chaque année de 0,2 an au lieu de 0,3 an. Le vieillissement ne serait ainsi pas du tout évité. Tout au plus, il ne serait que légèrement ralenti, de manière presque imperceptible.

Que disent les démographes ?

Dans la littérature scientifique, l'impact de l'immigration sur la démographie ne fait pas l'objet de vifs débats. Des dizaines de démographes ont étudié le sujet de manière quantitative.

---

3. L'âge moyen après immigration se calcule ainsi : $(1\,000 \cdot 40 + 5 \cdot 30)/(1\,000+5) = 39,95$.

Si les définitions conceptuelles font parfois l'objet de litige, les résultats des recherches n'en demeurent pas moins convaincants et unanimes dans le milieu. Comme nous venons de le voir, si le Québec n'avait pas reçu d'immigration au cours des 35 dernières années, les problèmes démographiques auxquels il fait actuellement face seraient les mêmes. Ces résultats peuvent paraître surprenants aux yeux des profanes, mais certainement pas à ceux des démographes.

Agossou a, par exemple, mesuré l'impact de l'immigration internationale sur le vieillissement de la population dans les régions métropolitaines de recensement (RMR) canadiennes, sachant que l'immigration est concentrée dans les grands centres[4]. À court comme à long terme, il en arrive à la conclusion que l'immigration ne peut pas être suffisante pour modifier significativement la structure par âge et contrer le vieillissement de la population. Le principal résultat de l'immigration est d'accroître la taille globale de la population.

Ces résultats sont corroborés par de nombreuses autres études. Roderic Beaujot, par exemple, arrive à des conclusions similaires[5]. Avec de simples démonstrations mathématiques, comme la comparaison d'âges médians, il démontre

---

4. Dominique Agossou, « Effet de l'immigration internationale sur le vieillissement de la population des régions métropolitaines et non métropolitaines du Canada », *Cahiers québécois de démographie*, vol. 31, n° 2 (2002), p. 275-302.

5. Roderic Beaujot, « Effect of Immigration on the Canadian Population: Replacement Migration », présentation au Congrès de la CPS, Halifax, juin 2003, 33 pages.

que l'immigration au Canada n'a que peu d'influence sur la structure par âge, tant sur la proportion de jeunes et d'aînés que sur les rapports de dépendance démographique. La situation ne change pas, même si l'on suppose un volume d'immigration très important. La structure par âge de l'immigration étant assez étendue, l'impact relatif aux âges spécifiques est marginal. Encore une fois, la seule influence considérable de l'immigration se produit sur les effectifs. L'immigration peut prévenir le déclin de la population totale et de la population en âge de travailler d'ici les prochaines décennies, mais le vieillissement est inévitable, conclut-il.

En 2000, l'ONU a publié un rapport sur la migration de remplacement qui fut le précurseur de nombreuses recherches subséquentes sur ce sujet[6]. La migration de remplacement y est définie comme étant « la migration internationale dont un pays aurait besoin pour éviter le déclin et le vieillissement de la population ». L'objectif premier du rapport était de vérifier si la migration de remplacement pouvait être envisagée comme une solution au déclin et au vieillissement des populations. Quatre objectifs sont visés par la migration de remplacement : éviter le déclin de la population, éviter le déclin de la population en âge de travailler, maintenir le rapport de soutien potentiel (le rapport des 15-64 ans sur les 65 ans et plus) supérieur à 3 et maintenir le rapport de soutien potentiel à son plus haut niveau. Les auteurs réalisent cet exercice pour deux régions (l'Europe et l'Union européenne) et huit pays (la

---

6. United Nations, *Replacement Migration*, New York, UN Population Division, 2000.

France, l'Allemagne, l'Italie, le Japon, la Corée du Sud, la Russie, le Royaume-Uni et les États-Unis) sur une période allant de 1995 à 2050.

Les résultats montrent que la migration pourrait empêcher le déclin de la population totale et, avec de plus forts niveaux et pour certains pays (la France, les États-Unis et le Royaume-Uni, soit les pays à fécondité relativement élevée), de la population en âge de travailler. Les niveaux d'immigration requis seraient comparables à ceux qu'on a observés au cours des années précédant l'étude ou quelque peu supérieurs, sans pour autant être irréalistes. Dans le cas des autres pays, les niveaux nécessaires seraient un peu trop élevés.

En ce qui concerne les objectifs liés au rapport de soutien potentiel, le rapport révélait que le nombre d'immigrants requis pour toutes les entités géographiques à l'étude serait astronomiquement élevé et ferait exploser les effectifs de population. Les pays « fournisseurs » d'immigrants ne seraient d'ailleurs pas en mesure de combler ces besoins. Par exemple, si la Corée du Sud voulait maintenir son rapport de soutien potentiel, elle aurait besoin de plus de 5 milliards d'immigrants sur une période de 55 ans, soit une moyenne annuelle de 94 millions d'immigrants, pour une population évaluée à moins de 50 millions d'habitants en 2000.

Jakub Bijak et ses collègues ont également travaillé sur l'impact démographique de l'immigration, en étudiant notamment la migration de remplacement. Qu'ont-ils à dire sur le sujet ?

> Seule une combinaison de politiques visant à accroître le taux de fécondité et la participation au marché du travail,

de pair avec un niveau raisonnable d'immigration, peut contribuer à faire face aux défis socioéconomiques que pose le vieillissement de la population[7].

Bref, la migration ne doit pas être perçue comme un remède efficace aux problèmes du vieillissement, mais plutôt comme une mesure très limitée pour en réduire certaines conséquences à court terme. Pour le long terme, il faut miser sur une hausse de la fécondité, ce qui est possible en modifiant nos politiques de manière à ce qu'il soit plus facile pour les individus d'avoir les enfants qu'ils souhaitent avoir.

D'autres études ont porté plus spécifiquement sur le Canada, notamment celle de Long Mo et Jacques Légaré[8]. Leurs résultats rejoignent ceux des autres pays. L'immigration ne peut pas maintenir les structures par âge actuelles : le nombre annuel moyen d'immigrants nécessaire à cette fin serait plus de dix fois plus élevé que les plus hauts niveaux d'immigration que le Canada ait connus dans son histoire. En suivant un tel scénario, la population totale du Canada serait multipliée par 5 en l'espace de 50 ans, passant de 31 millions d'habitants à 153 millions. À titre de compa-

---

7. Jakub Bijak, Dorota Kupiszewska et Marek Kupiszewski, « Replacement Migration Revisited: Simulations of the Effects of Selected Population and Labor Market Strategies for the Ageing Europe, 2002-2052 », *Population Research and Policy Review*, vol. 27, n° 3 (2008), p. 321.

8. Long Mo et Jacques Légaré, « Les politiques de fécondité en Chine et d'immigration au Canada : étude comparée de leurs impacts sur le vieillissement », *Cahiers québécois de démographie*, vol. 32, n° 1 (2003), p. 7-41.

raison, au cours des 50 dernières années, la population canadienne n'a que doublé, et ce, malgré le baby-boom et une forte immigration. Un tel scénario est donc tout à fait impensable.

Pour le Québec, la situation ne diffère pas. La population âgée de 65 ans et plus représente, en 2010, environ 15 % de la population totale. Cette population prendra de plus en plus d'importance pour atteindre, selon les dernières projections de l'ISQ[9], environ 28 % de la population vers 2050. Pour restreindre la croissance de ce groupe d'âge à un pourcentage de 25 % ou moins — donc pour n'atténuer que faiblement le vieillissement —, il faudrait accueillir annuellement un volume d'immigration représentant 1,4 % de la population, et ce, tant que la fécondité demeure autour de 1,6 enfant par femme[10]. Cela montre qu'il est tout à fait irréaliste de compter sur l'immigration pour contrer le vieillissement : la population devrait croître de manière exponentielle, et le nombre d'immigrants nécessaires augmenterait au même rythme. En supposant que les immigrants adoptent les comportements de la société d'accueil, à terme, l'ensemble de la population de la Terre se retrouverait au Québec ! La chanson de Gilles Vigneault n'aura jamais été aussi pertinente :

---

9. Institut de la statistique du Québec, *Perspectives démographiques du Québec et des régions, 2006-2056, édition 2009*, Québec, 2009.

10. Guillaume Marois, « La "migration de remplacement" : un exercice méthodologique en rapport aux enjeux démographiques du Québec », *Cahiers québécois de démographie,* vol. 37, n° 2 (2008), p. 237-261.

« Je crie avant que de me taire / À tous les hommes de la terre / Ma maison c'est votre maison. » Pour la population actuelle (7,9 millions d'habitants), les niveaux annuels d'immigration devraient donc s'élever à plus de 100 000 arrivants. Au fil des années, ce chiffre croîtrait à l'infini, car les immigrants vieillissants devraient à leur tour être remplacés par des cohortes plus nombreuses.

La réalité sur l'impact démographique de l'immigration n'a pas été seulement présentée dans des revues scientifiques lues uniquement par les démographes. Elle a été expliquée de manière tout à fait limpide dans des publications de *think tanks*, c'est-à-dire des publications qui *devraient* avoir retenu l'attention des journalistes et des décideurs. L'Institut C. D. Howe, l'un des *think tanks* canadiens les plus respectés, s'est demandé quel était l'impact démographique de l'immigration et quel effet aurait un rajeunissement de l'immigration. Dans un rapport intitulé « No Elixir of Youth : Immigration Cannot Keep Canada Young[11] », Yvan Guillemette et William Robson présentent quatre scénarios de projection de population pour le Canada sur un horizon temporel allant jusqu'à 2050. Le premier scénario, qui leur sert de référence, prend comme hypothèse une population immigrante similaire à celle reçue pendant la période 2000-2004. Le deuxième suppose une augmentation des effectifs d'immigration à 1 % de la population totale, mais conserve la même structure par âge que le scénario de référence. Le troisième

---

11. Yvan Guillemette et William B. P. Robson, « No Elixir of Youth: Immigration Cannot Keep Canada Young », *C. D. Howe Institute Backgrounder*, n° 96 (2006).

suppose une immigration beaucoup plus jeune, mais des effectifs équivalant au scénario de référence. Finalement, le quatrième suppose à la fois des immigrants en moyenne plus jeunes et dont le nombre serait augmenté de manière à représenter 1 % de la population totale.

En comparant les résultats de ces diverses projections, les auteurs constatent qu'un rajeunissement de l'immigration serait plus efficace qu'une simple hausse pour mitiger les effets négatifs du vieillissement. Le quatrième scénario est donc celui qui présente la structure par âge la plus favorable au terme de la projection. Par la suite, ils comparent ce quatrième scénario à un scénario comportant les mêmes paramètres que le scénario de référence, mais supposant une redéfinition de la population dite en âge de travailler (c'est-à-dire une augmentation de l'âge à la retraite de 65 à 70 ans). C'est là que les résultats sont les plus révélateurs : ce dernier scénario, dans lequel l'immigration n'est plus utilisée comme outil pour combattre le vieillissement, est beaucoup plus efficace que tous les autres. La recommandation générale de l'étude est donc de ne pas exagérer la contribution réelle de l'immigration sur le vieillissement de la population, mais de plutôt s'intéresser à l'augmentation de la participation à l'emploi des travailleurs âgés.

Comment expliquer ces résultats, qui paraissent de prime abord contre-intuitifs ? Ne dit-on pas après tout que le seuil de renouvellement de la population est de 2,1 enfants par femme ? Pour empêcher le vieillissement, ne suffit-il pas de compenser par l'immigration le nombre de naissances qui nous sépare de ce seuil, c'est-à-dire d'accueillir un nombre modeste d'immigrants ? Non. Une fécondité de 2,1 enfants par femme est le niveau nécessaire pour assurer le renouvellement de la population, c'est-à-dire empêcher son déclin en l'absence de migration. Il ne s'agit donc pas du seuil de fécondité empêchant le vieillissement de la population. Une société qui ne décline pas n'est pas nécessairement une société qui ne vieillit pas. La structure par âge actuelle a été prédéterminée par une fécondité beaucoup plus haute : celle du temps du baby-boom. Dans les années 1950, le niveau de fécondité au Québec tournait autour de quatre enfants par femme. Pour contrer le phénomène de vieillissement de la population, il aurait fallu maintenir ce niveau jusqu'à aujourd'hui. Le nombre d'immigrants nécessaires pour empêcher le vieillissement n'est donc pas la différence entre le nombre de naissances actuel et celui d'une fécondité de 2,1 enfants par femme. C'est plutôt la différence entre le nombre réel de naissances et le nombre de naissances qu'il y aurait eu si la fécondité du temps du baby-boom avait perduré, c'est-à-dire si le niveau de fécondité était resté à environ quatre enfants par femme.

L'immigration, à des niveaux raisonnables, peut donc empêcher le déclin de la population d'une société, mais il est mathématiquement impossible qu'elle influence substantiellement son processus de vieillissement. Celui-ci est essentiellement déterminé par la fécondité passée, présente et future, de même que par la mortalité.

C'est d'ailleurs vers cette conclusion que convergent tous les exercices démographiques sur le sujet : l'immigration n'a qu'un effet marginal sur la structure par âge de la population. Son seul impact notable se situe au niveau des effectifs. Plus une région accueille d'immigrants, plus la taille de sa population s'accroît rapidement. Pour maintenir, par le biais de l'immigration, une structure par âge qui n'est pas prédéterminée à long terme par les comportements démographiques de la population locale, les niveaux d'immigration doivent devenir proportionnels à la taille de la population, ce qui porte à l'infini la taille de la population et, conséquemment, les niveaux d'immigration. Le démographe français Henri Léridon résume bien cette idée en écrivant que « c'est véritablement chercher à remplir un tonneau des Danaïdes[12] ». Toute mesure visant à rajeunir la population par le biais de l'immigration est donc totalement inadéquate et injustifiable.

Une hausse de la fécondité : la clé pour améliorer la structure démographique

Dans une étude sur le vieillissement de la population, David A. Coleman a comparé l'effet d'une fécondité plus élevée à celui d'une forte immigration pour le Royaume-Uni[13]. Ses résultats sont sans équivoque : une hausse de la fécondité serait largement plus efficace qu'une immigration plus nombreuse. Sans vouloir encombrer le lecteur des dizaines d'autres études sur le sujet, soulignons seulement qu'une conclusion est récurrente : une hausse de la fécondité est le

---

12. Henri Léridon, « Vieillissement démographique et migrations : quand les Nations Unies veulent remplir le tonneau des Danaïdes », *Population et Société* [INED], n° 358 (2000).

13. David A. Coleman, « Who's Afraid of Low Support Ratios ? A UK Response to the UN Population Division Report on "Replacement Migration" », *United Nations Expert Group meeting,* New York, 16-18 octobre 2000.

seul remède contre le vieillissement de la population. Au Québec, une hausse de seulement 0,1 de la fécondité moyenne correspond, avec la structure démographique actuelle, à 5 000 naissances supplémentaires. Entre 2000 et 2008, la fécondité a augmenté de 0,3 pour atteindre 1,74 enfant par femme et semble s'être stabilisée depuis. Le nombre de naissances est donc passé d'environ 72 000 à plus de 87 000. Cette augmentation de la fécondité permet maintenant, et pour la première fois depuis de nombreuses années, d'envisager un avenir sans déclin substantiel de la population. Si la tendance se maintient, il va sans dire. La fécondité n'a donc pas besoin d'un grand bouleversement pour modifier considérablement la dynamique de la population.

Certains diraient : « Si une hausse de la fécondité est la solution, faisons venir plus d'immigrants qui, puisqu'ils sont plus féconds, auront des enfants à notre place ! » Est-ce si simple ? Les immigrantes sont-elles à ce point fécondes ? La littérature sur le sujet est révélatrice : non. Ou, du moins, elles ne le sont pas suffisamment pour que cela ait une incidence majeure sur le niveau de fécondité national. Alain Bélanger et Stéphane Gilbert ont mesuré la fécondité des immigrantes et de leurs filles entre 1971 et 2001 au Canada[14]. Chez les femmes nées à l'étranger, ils observent une fécondité légèrement supérieure à celle des Canadiennes (entre 0,3 et 0,4 enfant de plus par femme), et ce, pour toutes les

---

14. Alain Bélanger et Stéphane Gilbert, « La fécondité des immigrantes et de leurs filles nées au Canada », *Rapport sur l'état de la population du Canada*, Ottawa, Statistique Canada, 2002, p. 135-161.

périodes depuis 1971. Cependant, la fécondité des femmes immigrantes demeure en moyenne inférieure au seuil de renouvellement de la population (qui est de 2,1 enfants par femme) : elle varie, selon les années, de 1,82 à 2,03 enfants par femme. Somme toute, la fécondité des immigrantes n'aura fait augmenter l'indice global que de 0,05 à 0,07 enfant par femme, selon l'année. L'un des éléments révélateurs de cette étude concerne la fécondité des filles de femmes nées à l'étranger : leur fécondité est plus basse que celle des filles de femmes nées au Canada. Elle est d'environ 1,4 enfant par femme, contre 1,54 pour les femmes dont les deux parents sont nés au Canada, écart qui peut s'expliquer par des causes socioéconomiques.

La fécondité relativement faible des femmes immigrantes ne devrait pourtant pas surprendre : dans les pays du tiers-monde, les femmes vivant en ville et les femmes éduquées font beaucoup moins d'enfants que les autres. Or, les immigrantes que nous recevons sont spécifiquement choisies pour leurs diplômes et proviennent généralement des grandes métropoles. Ces femmes, même si elles restaient dans leur pays d'origine, n'auraient pour la plupart pas beaucoup d'enfants. Rien d'étonnant à ce qu'elles n'en aient pas davantage en arrivant au Canada.

Soulignons également qu'une transition démographique[15] est en cours dans à peu près tous les pays en développement. Ces pays passent d'une situation de forte natalité et de forte mortalité à des niveaux de faible natalité et de

---

15. La transition démographique désigne le passage d'une forte natalité et d'une forte mortalité à des niveaux faibles.

faible mortalité. Le temps où les grandes familles étaient la norme est révolu dans beaucoup de pays. Ceux d'où proviennent les immigrants du Québec n'y échappent pas. Certains pays ont encore une très forte fécondité, comme le Mali (7,7 enfants par femme) ou l'Éthiopie (6,1), mais ceux-ci ne comptent pas parmi les principaux fournisseurs d'immigrants du Québec. Les cinq principaux pays d'origine des immigrants du Québec[16], soit l'Algérie (2,3 enfants par femme), la France (1,9), le Maroc (2,3), la Chine (1,8) et la Colombie (2,3), sont tous sous le seuil de renouvellement ou s'en approchent[17].

Par ailleurs, rappelons que l'indicateur utilisé pour mesurer la fécondité, l'indice synthétique de fécondité (ISF), est, comme son nom l'indique, « synthétique ». Il ne renvoie donc pas à un nombre de naissances effectives : il s'agit de la somme des taux de fécondité par âge spécifique sur 30 ans de vie féconde. Les cohortes d'immigrantes qui auront réellement le nombre d'enfants déterminé par l'ISF sont celles qui n'avaient pas encore atteint l'âge fécond à leur arrivée (soit environ le quart des immigrantes). Une fois passé le début de l'âge fécond, plus une immigrante est âgée, plus son nombre d'enfants effectivement nés dans la province est faible.

---

16. Ministère de l'Immigration et des Communautés culturelles, *Tableaux sur l'immigration permanente au Québec, 2005-2009*.

17. United Nations, *World Population Prospects: The 2008 Revision*, 2009, en ligne : esa.un.org/unpp

D'autres solutions

Si une hausse de la fécondité est essentielle pour redresser le bilan démographique d'une société comme le Québec, d'autres solutions existent pour mitiger les conséquences du vieillissement de la population. L'une d'elles, qui fait l'objet de nombreux débats dans le monde, est l'augmentation de l'âge à la retraite.

Comme nous l'avons vu précédemment, Guillemette et Robson, pour le compte de l'Institut C. D. Howe, ont démontré qu'une redéfinition de la population en âge de travailler aurait un impact beaucoup plus important qu'une hausse de l'immigration. La borne supérieure de la population en âge de travailler est traditionnellement fixée à 65 ans ; ce nouveau scénario proposait de hausser cette limite à 70 ans. Les résultats sont sans équivoque. Un tel changement permettrait de maintenir pendant une quinzaine d'années de plus le rapport actuel de dépendance des personnes âgées et de ralentir fortement sa croissance par la suite. Au terme de leur projection, en 2050, le poids des personnes âgées sur la population en âge de travailler serait deux fois moins important que dans leur scénario de référence. Voyant l'impact d'un tel changement, plusieurs pays ont déjà commencé à modifier leur législation. En Allemagne, l'âge à la retraite sera repoussé de deux ans, de 65 à 67 ans. En France, un projet de loi propose de le faire passer de 60 à 62 ans. En Grèce, il passera de 60 à 65 ans. Le Royaume-Uni étudie quant à lui la possibilité de l'augmenter à 68 ans.

L'augmentation de l'activité pourrait également avoir des retombées considérables sur les finances publiques. Pierre-Olivier Ménard et Jacques Légaré ont notamment calculé que si le taux d'activité des 50-69 ans du Québec atteignait celui de l'Islande, le déclin appréhendé de la population active d'ici 2051 serait réduit de près de 75 %[18]. Nous revenons sur ces questions au chapitre suivant. Pour l'instant, insistons sur le fait que l'immigration n'a rien d'une solution « par défaut » pour faire face aux enjeux liés au vieillissement de la population.

La véritable conséquence : une population plus nombreuse

L'impact de l'immigration sur le vieillissement et la structure par âge de la population est marginal, mais son impact sur la population tout court n'est pas nul pour autant. Comme nous l'avons vu, les diverses projections et les analyses démographiques réalisées montrent qu'elle contribue à augmenter la taille de la population des régions qui en reçoivent.

Cet effet s'est fait sentir dans le passé. Au début du XIXe siècle, la taille de la population du Québec, alors appelé Bas-Canada, était largement supérieure à celle de sa voisine l'Ontario, alors Haut-Canada. Le recensement de 1825 fait état de 480 000 habitants dans ce qui deviendrait le Québec, contre à peine 155 000 au Haut-Canada. Les Canadiens

---

18. Pierre-Olivier Ménard et Jacques Légaré, « L'augmentation des taux d'activité chez les travailleurs âgés du Québec : une solution pour faire face au financement par répartition de la sécurité sociale ? », communication présentée au colloque « Démographie et politiques publiques », 75e congrès de l'ACFAS, Trois-Rivières (Québec), 9-10 mai 2007.

français du Bas-Canada avaient alors une fécondité exceptionnellement élevée, mais c'est au Haut-Canada que l'immigration était la plus importante, engendrant une très forte croissance de la population. Dès le milieu du XIXe siècle, la population du Haut-Canada avait rejoint celle du Bas-Canada, malgré le niveau de fécondité traditionnellement supérieur de ce dernier. C'est donc essentiellement aux migrations que l'on peut attribuer ce renversement de situation. À la fin du XIXe siècle et au début du XXe siècle, le Québec connaît un exode massif de sa population vers les centres industriels des États-Unis. L'immigration d'alors n'était pas suffisante pour compenser ces départs. En Ontario, le même phénomène a existé, mais sans atteindre la même ampleur. Tout au long du XXe siècle, la croissance de la province voisine a été soutenue par une forte immigration internationale et un fort solde migratoire interprovincial. Sa prépondérance au sein du Canada s'en est vue consolidée.

C'est également par la migration que se sont peuplées les provinces de l'Ouest, rendant minoritaires les peuples métis et francophones qui y habitaient auparavant. Bien sûr, l'immigration remplissait alors adéquatement l'objectif pour lequel elle existait. Il s'agissait de faire occuper par des colons anglophones ou facilement « anglicisables » un territoire qui était convoité également par les Américains. Les enjeux n'avaient donc rien à voir avec ceux d'aujourd'hui. L'immigration, en tant qu'objectif du gouvernement canadien, a alors rempli son rôle : augmenter la population anglophone de ces territoires. Et c'est encore aujourd'hui grâce à la migration (surtout interprovinciale) que l'Ouest occupe une place de plus en plus importante dans l'économie et la politique du Canada.

Au Québec, l'immigration a également comme conséquence d'augmenter la population totale de la province. Comme nous l'avons vu plus haut, si le Québec n'avait pas reçu d'immigration depuis 1971, sa structure par âge serait à peu près identique à celle que l'on observait effectivement en 2006, mais la taille de sa population (totale et en âge de travailler) serait largement inférieure. Sans immigrants, la population totale n'aurait été que de 6,8 millions d'habitants, alors qu'elle s'élevait à 7,7 millions d'habitants. La population en âge de travailler (15-64 ans) serait quant à elle de 4,7 millions plutôt que de 5,3 millions. L'immigration a donc un impact considérable à ce chapitre. Elle accroît aussi la taille globale de l'économie. Mais rend-elle vraiment plus prospère ? Nous y reviendrons.

La véritable conséquence : une population qui change

Si l'immigration ne contribue pas à changer significativement la structure par âge de la population, elle peut néanmoins réussir à changer sa composition et à modifier sa répartition régionale. Lorsque la croissance de la population se fait par le biais de l'immigration plutôt que par les naissances, des caractéristiques que l'on retrouve généralement chez les immigrants occupent une place de plus en plus importante au sein de la population totale. C'est le cas du Québec, où l'immigration est forte depuis plusieurs décennies et où la part d'immigrants dans la société va croissant. Ainsi, entre 1986 et 2006, cette proportion est passée de 8,2 % à 11,5 %.

L'immigration est également une cause directe de l'essor

de langues non officielles parlées au Québec. Entre les recensements de 1986 et de 2006, la proportion de la population ne parlant ni français ni anglais à la maison a presque doublé, passant d'environ 4 % à 7 %. L'explosion des pratiques religieuses autres que catholiques et protestantes est également attribuable à l'immigration. Entre 1991 et 2001[19], la part de la population de confession musulmane, par exemple, a plus que doublé, passant de 0,7 % à environ 1,5 %. Cette croissance est particulièrement alimentée par une forte immigration en provenance du Moyen-Orient et de l'Afrique du Nord.

L'immigration a également des conséquences importantes sur la répartition régionale de la population. Partout dans le monde occidental, et depuis toujours, l'immigration se concentre dans les grandes villes. Le Québec n'y échappe pas. L'immigration est donc avant tout un phénomène qui touche la région de Montréal. Parmi les 46 000 immigrants accueillis en 2008-2009, 72 % se sont installés dans la région administrative de Montréal (c'est-à-dire sur l'île) et 85 % dans la région métropolitaine de Montréal (c'est-à-dire à Montréal et dans ses banlieues). Depuis que ces données sont compilées, elles sont demeurées à peu près constantes. Ainsi, au recensement de 2006, sur l'ensemble des immigrants présents au Québec, 87 % habitaient la grande région de Montréal, alors que celle-ci ne comptait que pour 49 % de la population de la province. Les immigrants choisissent donc massivement Montréal comme lieu d'arrivée, et très

---

19. La question sur la religion n'est posée que tous les dix ans et reviendra en 2011. Aucun chiffre n'est donc disponible pour 2006.

peu s'établissent ultérieurement dans d'autres régions. Concrètement, toute hausse de l'immigration a donc pour effet d'augmenter le poids relatif de Montréal au sein du Québec et, par conséquent, de réduire la place relative des autres régions.

Puisque l'immigration est surtout concentrée à Montréal, l'impact sur la composition de la population est amplifié au sein de cette région. Par exemple, nous avons vu précédemment que la population ne parlant ni anglais ni français à la maison a augmenté de trois points de pourcentage entre 1986 et 2006 dans la province, mais cette progression est essentiellement attribuable à l'île de Montréal. En 1986, sur l'île, il y avait déjà environ 12 % de la population qui ne parlait ni français ni anglais à la maison. Vingt ans plus tard, en 2006, cette proportion avait augmenté de huit points de pourcentage, pour atteindre près de 20 %. Dans le reste du Québec, cette proportion n'est que de 3 %. La population parlant une langue non officielle à la maison est donc encore très marginale dans le reste du Québec. À Montréal, la situation est complètement différente. Une personne sur cinq n'est ni francophone ni anglophone. Le même constat s'observe en ce qui a trait à l'augmentation des pratiques religieuses non chrétiennes. C'est à Montréal que cette progression a lieu, alors que le reste du Québec demeure inchangé. On peut reprendre l'exemple de l'islam. Si, en 2001, il n'y avait qu'environ 1,5 % de la population de cette confession au Québec, à Montréal, la proportion était de 5 %, ce qui en fait une population qui n'est plus marginale. Dans le reste du Québec, cette confession demeure encore quasi inexistante (0,4 % en 2001). Ce constat s'observe pour toutes les autres religions, en dehors du catholicisme et du protestantisme.

L'immigration contribue donc à renforcer la différence entre Montréal et le reste du Québec. D'un côté, il y a la métropole, multiethnique, multiconfessionnelle et polyglotte. D'un autre, il y a le reste du Québec, francophone de descendance française et de tradition catholique. Outre l'immigration, cette brisure est amplifiée par l'exode des francophones locaux vers la banlieue montréalaise, largement documenté[20]. La composition de la population de l'île de Montréal se différencie donc de plus en plus de celle du reste du Québec.

L'augmentation de la taille de la population, une finalité utile en soi ?

Comme nous l'avons vu, l'impact démographique de l'immigration concerne essentiellement la taille de la population, et non sa structure par âge. Cet effet est quelquefois utilisé comme argument afin de promouvoir l'immigration : en augmentant la taille de sa population, le Québec augmenterait aussi son importance économique et démographique au sein du Canada.

C'est vrai, mais des nuances s'imposent. D'abord, le niveau de vie des habitants d'un pays n'est pas lié à la taille de sa population. Les exemples sont nombreux : les habitants de certains pays très populeux et dont la population connaît

---

20. Michel Paillé, « Migrations intérieures des Québécois d'expression française, 1981-1986 et 1986-1991 », *Cahiers québécois de démographie*, vol. 29, n° 1 (2000), p. 147-167.

une forte croissance, comme l'Inde ou le Nigeria, ont un niveau de vie bien en deçà de celui de pays où la population est beaucoup moins nombreuse et stagnante, comme la Suisse ou le Luxembourg. Il n'existe pas de corrélation entre la taille et le niveau de vie d'un pays. En Occident, ce qui peut cependant prêter à confusion, c'est la croissance rapide des régions les plus prospères. L'erreur d'interprétation consiste à inverser la cause et l'effet. L'Alberta, par exemple, ne roule pas sur l'or parce qu'elle attire de nombreux immigrants. L'inverse est plutôt vrai : elle attire des gens parce qu'elle roule sur l'or (noir).

Traditionnellement, l'augmentation de la population canadienne pouvait se justifier par la volonté du gouvernement de réaliser des économies d'échelle et de financer des infrastructures modernes. Un politicien comme John A. Macdonald, par exemple, avait compris que la construction du chemin de fer transcanadien serait plus rentable si des centaines de milliers de fermiers venaient s'établir le long de la voie et ainsi peupler les provinces de l'Ouest. En remplaçant les indomptables Métis, une population d'agriculteurs anglophones renforcerait l'emprise fédérale sur ces territoires et contribuerait à construire une « Amérique du Nord britannique ». L'augmentation de la population se justifiait également par la volonté de créer un marché intérieur pour les biens manufacturiers, dans un contexte où le commerce avec les États-Unis était plutôt restreint.

Mais l'époque du chemin de fer et de la « Politique nationale » de John A. Macdonald est maintenant loin derrière nous. Le Québec et le Canada sont maintenant fortement intégrés à l'économie mondiale, et il n'est pas question de faire marche arrière. Notre croissance ne dépend plus de

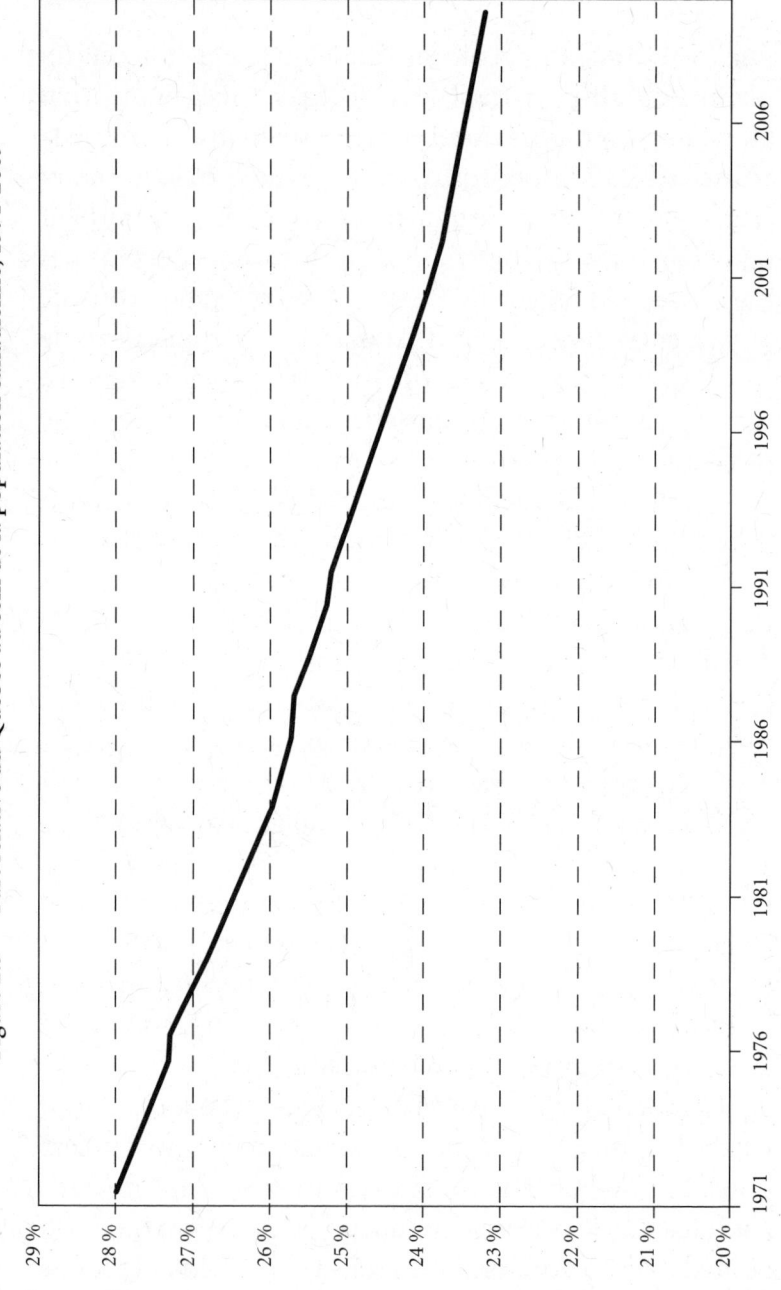

Figure 2.5 — Part relative du Québec au sein de la population canadienne, 1971-2009

Source : Statistique Canada, estimations démographiques.

notre marché intérieur, mais de notre capacité à entrer en compétition sur le marché mondial. Dans un contexte de forte urbanisation, il est loin d'être évident que l'augmentation de la taille de nos métropoles mène aujourd'hui à des économies d'échelle. Chaque augmentation de la population nous oblige plutôt à construire de nouvelles autoroutes, de nouvelles centrales électriques et de nouveaux terminaux pour nos aéroports.

L'augmentation de la taille globale de la population conserve bien certains avantages théoriques. Elle pourrait permettre, par exemple, d'alléger le poids de la dette par habitant. Après tout, si la dette d'un pays demeure la même, alors que nous sommes plus nombreux à la rembourser, le fardeau qu'elle représente diminue. Mais les choses ne sont malheureusement pas si simples. Tout dépend évidemment de l'intégration des immigrants à l'économie. Si elle est bonne, l'immigration pourra jouer un rôle légèrement positif sur les finances publiques. Si elle est mauvaise, elle risque plutôt d'alourdir le fardeau de la dette. Nous verrons plus loin que ce second scénario est probablement plus près de la réalité.

Dans le cas du Québec, on attribue souvent à l'augmentation de la population un avantage clair : celui de contribuer à maintenir le poids du Québec au sein du Canada. Puisque le Canada reçoit, en proportion, plus d'immigrants que le Québec, la part relative de la province ne peut que décroître (*figure 2.5*), d'autant plus que le solde migratoire interprovincial du Québec est généralement négatif. L'enjeu est souvent évoqué par les commentateurs. Le ministère de l'Immigration et des Communautés culturelles le soulignait également dans le document de référence ayant servi à justifier la hausse du volume d'immigration :

Le vieillissement et, dans un avenir de moins en moins éloigné, le déclin probable de la population sont-ils le prélude à la marginalisation du Québec au sein du Canada et, à terme, à la disparition lente et inexorable de la seule société majoritairement francophone en Amérique du Nord[21] ?

Cet argument est évidemment beaucoup plus politique. Il s'appuie sur l'idée qu'il faut maintenir le poids du français au sein du Canada et qu'une diminution du poids relatif du Québec entraîne une diminution du poids du français au sein du Canada. Mais le raccourci est cependant trop rapide. On oublie en effet de mentionner que l'immigration, en accroissant le poids relatif du Québec au sein du Canada, vient du même coup réduire le poids relatif du français au Québec. Nécessairement ? Oui.

L'adoption de la Charte de la langue française a permis d'améliorer considérablement les choses, mais le problème de fond demeure le même. Pour assurer le maintien du poids relatif des francophones au sein du Québec, l'utilisation du français chez les immigrants devrait suivre les tendances observables dans la population native. C'est loin d'être le cas. Au recensement de 2006[22], à peine 37,6 % de tous les immigrants et 38,9 % de ceux qui étaient arrivés entre 2001 et 2006 parlaient le français (seul ou avec d'autres langues) à la mai-

---

21. Ministère de l'Immigration et des Communautés culturelles du Québec, *La Planification de l'immigration au Québec pour la période 2008-2010*.
22. Statistique Canada, *Recensement de la population de 2006*, produit nº 97-555-XCB2006008 au catalogue.

son, contre 89 % de la population native. Toute augmentation de l'immigration a donc pour effet direct de faire diminuer la part de la population utilisant le français à la maison. Certains diront que la langue parlée à la maison n'est pas un indicateur important, qu'il est préférable d'examiner la « connaissance du français » ou l'utilisation du français comme « langue de travail ». Or, quel que soit l'indicateur utilisé, on arrive à la conclusion que les immigrants utilisent considérablement moins le français que la population native *(tableau 2.1)*. Par exemple, dans le cas de la langue parlée au travail, le français fait partie des principales langues utilisées pour 89,8 % des locaux, contre 65,1 % des immigrants.

Et il existe un problème encore plus politique. Plusieurs hésiteront à l'aborder, de peur de diviser la population. Mais il faut bien dire les choses telles qu'elles sont : maintenir le poids politique du Québec au sein du Canada a un sens

Tableau 2.1 — Utilisation et connaissance du français selon le statut d'immigrant et la période d'immigration, Québec, 2006

	Proportion de la population parlant le français[1] à la maison	Proportion de la population utilisant le français[1] au travail	Proportion de la population connaissant le français
Non-immigrants	88,9 %	89,8 %	96,7 %
Immigrants	37,6 %	65,1 %	77,6 %
2001 à 2006	38,9 %	65,4 %	77,7 %
Avant 2001	37,2 %	65,0 %	77,5 %

1. Comprend ceux qui parlent (utilisent) le français en plus d'autres langues.

Source : Statistique Canada, *Recensement de la population de 2006*.

puisque les préférences politiques des Québécois diffèrent de celles des Canadiens, notamment pour tout ce qui est des enjeux linguistiques et constitutionnels. De ce point de vue, utiliser l'immigration pour maintenir le poids relatif du Québec n'a de sens que si les immigrants s'identifient à la majorité et ont très largement les mêmes préférences politiques que les Québécois natifs. Est-ce le cas ?

L'*Enquête sur la diversité ethnique*, menée en 2002 par Statistique Canada, est révélatrice à ce sujet. À Montréal, là où vit la très grande majorité des immigrants, l'enquête révèle que moins de 5 % de ceux-ci s'identifient, totalement ou partiellement, à la culture « québécoise » ou « canadienne-française[23] ». On pourrait penser que leurs enfants, notamment grâce à la loi 101, sont plus nombreux à s'identifier à la majorité. C'est le cas, mais ils sont tout de même nettement minoritaires dans cette situation : seulement un enfant d'immigrant (de père ou de mère) sur cinq s'identifie ainsi.

Les résultats concrets de cette situation s'observent sur la scène politique, là où le vote des non-francophones diffère significativement du vote des francophones[24]. Il est évidemment délicat d'aborder cette question, particulièrement depuis la déclaration déplacée de Jacques Parizeau sur « l'argent et [les] votes ethniques ». Mais vaut-il mieux la passer sous silence, en laissant croire qu'il suffit d'augmenter l'immigration pour maintenir le poids du Québec au Canada ?

---

23. Statistique Canada, *Enquête sur la diversité ethnique — Fichier de microdonnées à grande diffusion*, 2002.

24. Pierre Serré, *Deux poids, deux mesures. L'impact du vote des non-francophones*, Montréal, VLB, 2002.

La réalité est que ce problème n'a pas la même signification selon le parti pour lequel on vote. Ce n'est d'ailleurs un secret pour personne, puisque les sondeurs québécois distinguent depuis des années le vote « francophone » du vote « non-francophone ».

Tout le monde sait que les partis libéraux (du Québec et du Canada) reçoivent l'écrasante majorité des votes des non-francophones du Québec, alors que les partis souverainistes (Parti québécois et Bloc québécois) ne reçoivent que des miettes. Le même phénomène s'observe pour ce qui est de l'appui à la souveraineté[25]. Sur la base de sondages réalisés entre novembre 1995 et mai 1997, Pierre Serré et Nathalie Lavoie ont évalué à 18,4 % l'appui au projet souverainiste chez les Québécois nés à l'extérieur du Canada, alors qu'il s'élevait à 54,7 % chez les répondants nés au Canada (après répartition des indécis). Bien sûr, plusieurs souverainistes cherchent à minimiser les difficultés de leur parti auprès des nouveaux arrivants. La réalité les rattrape cependant lorsqu'ils sont à la recherche d'une circonscription : on fait la file pour se présenter dans les circonscriptions (gagnantes) où il y a peu d'immigrants, alors qu'on peine à trouver des faire-valoir pour se présenter dans les circonscriptions (perdantes) où il y en a une bonne proportion. Comme on dit, les bottines ne suivent pas toujours les babines…

---

25. Pierre Serré et Nathalie Lavoie, « Le comportement électoral des Québécois d'origine immigrante dans la région de Montréal, 1986-1998 », dans Robert Boily (dir.), *L'Année politique au Québec 1997-1998*, Montréal, Presses de l'Université de Montréal, 1999, p. 226.

3
700 000 emplois…

Au cours des prochaines années, le gouvernement Charest espère attirer environ 9 000 immigrants supplémentaires au Québec — ce qui porterait le total à 50 000 nouveaux arrivants annuellement. Un contingent qui comblerait une partie des 700 000 emplois disponibles au Québec d'ici 2011[1].

D'ici trois ans, 700 000 emplois seront à combler au Québec. Pour y arriver, la province a besoin de travailleurs étrangers[2].

Conséquence de la « très faible natalité depuis 20 ans », le Québec aura à combler « 700 000 postes de 2007 à 2011 »,

---

1. Vincent Brousseau-Pouliot, « L'immigration et la pénurie de main-d'œuvre : intégration difficile au marché du travail », *La Presse affaires,* 21 novembre 2008, p. 6.
2. Louise Boisvert, « Des mesures pour combler la pénurie de main-d'œuvre au Québec », *Le Radiojournal,* Radio-Canada, 16 juin 2009.

[a] précisé [Jean Charest]. Si on ne règle pas ce problème, « notre niveau de vie sera affecté », selon lui[3].

Pendant cette mission de cinq jours, qui s'était ouverte avec un entretien accordé au journal *Le Monde*, Yolande James a répété que le Québec aurait d'ici 2012, à cause du vieillissement de la population, 700 000 emplois à pourvoir. Pour faire face à ce besoin, il doit accueillir plus d'immigrants : 50 000 rien qu'en 2010, dont un nombre croissant de Français[4].

« Le Québec ne peut se permettre de se priver du riche capital humain que représentent les immigrants. […] C'est pourquoi nous voulons mettre en œuvre des actions efficaces pour ouvrir plus grandes les portes de l'emploi à ces personnes », a ainsi déclaré la ministre de l'Immigration, Yolande James, rappelant par la même occasion que la province devra pourvoir quelque 700 000 emplois d'ici trois ans[5].

Il n'est sans doute pas facile tous les jours d'être économiste, surtout lorsque les résultats de vos travaux sont utilisés par les politiciens et les journalistes pour commettre des contresens économiques élémentaires. L'économiste qui est

---

3. Jacques Benoît, « Charest veut faciliter la venue de cerveaux », *La Presse affaires*, 9 février 2008, p. 5.
4. Michel Dolbec (Presse canadienne), « Yolande James courtise les immigrants français », 20 septembre 2009.
5. Alexandre Shields, « Immigrants : 68 millions pour percer le marché de l'emploi », *Le Devoir*, 1er avril 2008, p. A4.

arrivé au chiffre magique de 700 000 emplois doit s'en mordre les doigts encore aujourd'hui. Comment pourrait-il faire autrement en constatant les interprétations tordues du fruit de ses calculs ?

Il faut dire que le nombre impressionne : 700 000 emplois. La tentation de l'utiliser à tort et à travers est sans doute irrésistible. Le gouvernement ne s'est d'ailleurs pas gêné pour le faire, utilisant la promesse des 700 000 emplois pour promouvoir au Québec la hausse du volume d'admission et, à l'étranger, l'émigration vers le Québec. Mais que signifie ce nombre exactement ? Et d'où viendront ces centaines de milliers d'emplois qui, semble-t-il, nous tomberont sur la tête ?

Selon les calculs d'Emploi-Québec, l'économie de la province devait créer 240 000 nouveaux emplois entre 2007 et 2011, grâce à la simple croissance économique[6]. Pendant la même période, les prévisions de la Régie des rentes du Québec indiquaient que 460 000 postes seraient laissés vacants par les départs à la retraite des baby-boomers. Faites le calcul : 460 000 + 240 000 = 700 000. Le nombre était si élevé qu'il semblait évident que les Québécois eux-mêmes ne parviendraient pas à combler ces emplois. Alors, n'avaient-ils pas besoin de l'immigration pour y arriver ? La réponse est simple : non. Pour comprendre pourquoi, il faut déboulonner ce qui nous apparaît comme un non-sens économique complet.

---

6. Ministère de l'Emploi et de la Solidarité sociale, *Le Marché du travail au Québec. Perspectives professionnelles 2007-2011*, Québec, 2008.

La première erreur consiste à penser que l'on peut prévoir les postes qui seront à combler par les départs à la retraite. Les économistes appellent cela le « sophisme de la masse de travail fixe[7] ». C'est l'idée selon laquelle il y aurait une quantité globale de travail à effectuer dans une société et qu'il serait possible de se la partager globalement entre les travailleurs. Le sophisme consiste à penser, par exemple, qu'en réduisant la durée de la semaine de travail, on créera un nombre d'emplois équivalant au nombre d'heures libérées. Ou encore, dans le cas qui nous intéresse, il équivaut à penser que les départs à la retraite des baby-boomers créeront un nombre équivalent de postes à combler par les jeunes, les chômeurs ou les immigrants. Le problème est que le marché du travail est beaucoup plus complexe et que rien n'indique qu'un départ à la retraite mènera à une nouvelle embauche. Cela dépend étroitement de l'état du marché du travail, de la dynamique au sein de l'entreprise et d'une foule d'autres variables.

Le sophisme de la masse de travail fixe a souvent été évoqué afin de *limiter* l'immigration. C'est lui qu'on utilise, par exemple, lorsqu'on accuse les immigrants de « voler nos jobs ». En disant cela, on oublie que, si l'immigrant vient combler un emploi, il contribue souvent par sa consommation à en créer un autre. Récemment, le sophisme n'a cependant pas été utilisé pour réduire les niveaux d'immigration, mais bien pour les accroître. Qu'on l'utilise à une fin ou à une autre, toutefois, le raisonnement n'en demeure pas moins erroné.

---

7. Paul Krugman, « Lump of Labor », *The New York Times*, 7 octobre 2003.

La deuxième erreur consiste à penser que les perspectives d'emploi au Québec et l'immigration sont des variables indépendantes. Elles ne le sont pas. L'immigration *détermine* en partie les perspectives de croissance. Comment ? C'est très simple. Les immigrants qui arrivent au Québec ne se contentent pas de travailler, ils consomment. Ils se nourrissent, se trouvent un logement, achètent des biens et des services, etc. Par conséquent, l'immigrant ne vient pas qu'occuper un emploi disponible. Il crée une demande de main-d'œuvre. Et alors ?

Alors, il est complètement absurde d'affirmer qu'une hausse de l'immigration « comblerait une partie des 700 000 emplois disponibles au Québec d'ici 2011[8] ». Pourquoi ? Tout simplement parce que le nombre d'emplois à combler dépend en partie du nombre d'immigrants que nous recevons. Entre 2007 et 2010, le Québec en a admis près de 200 000. S'il en avait admis moins, il y aurait eu moins de gens prêts à travailler, mais aussi moins de postes à combler. Il n'y a là rien de bien mystérieux. L'immigration est le principal vecteur de croissance de la population et… la croissance de la population est l'un des principaux vecteurs de la croissance de l'emploi.

Mais les immigrants ne sont-ils pas davantage présents dans la population en âge de travailler ? Par conséquent, ne peuvent-ils pas venir soulager de réels besoins en matière de main-d'œuvre ? Oui, mais il faut nuancer. Chaque année,

---

8. Vincent Brousseau-Pouliot, « L'immigration et la pénurie de main-d'œuvre : intégration difficile au marché du travail », *La Presse affaires*, 21 novembre 2008, p. 6.

le Québec admet en moyenne de 25 000 à 30 000 immigrants comptant se joindre à la population active (60 % des immigrants admis[9]). Ils pourront entrer en compétition pour les nouveaux emplois créés et les postes laissés vacants par les départs à la retraite. Mais ils ne seront pas seuls. Ils seront en compétition avec les 70 000 ou 80 000 jeunes Québécois qui arrivent chaque année sur le marché du travail. Ils rencontreront aussi les 300 000 chômeurs qui, en théorie ou en pratique, sont à la recherche d'un emploi, de même que les 145 000 bénéficiaires de l'aide sociale sans contrainte à l'emploi qui pourraient décider de réintégrer le marché du travail.

Et ce n'est pas tout. Le taux d'activité du Québec n'est pas coulé dans le roc. Il peut varier en fonction des circonstances. Si les conditions économiques sont mauvaises — à cause d'une récession par exemple —, des centaines de milliers de travailleurs de 55 ans et plus pourraient choisir de retarder leur retraite, sans compter que des retraités pourraient également être forcés de réintégrer le marché du travail. Et hop ! le nombre de « 460 000 postes » laissés vacants par les baby-boomers pourrait diminuer. Et les 55 ans et plus ne sont pas les seuls à savoir s'adapter. Là où la pénurie de main-d'œuvre est réelle, il y a augmentation des salaires. C'est la loi du marché. Quand la main-d'œuvre est rare, il faut payer plus pour en obtenir. Pour plusieurs femmes restées jusque-là en dehors du marché du travail, il y a là un incitatif clair à trou-

---

9. Ministère de l'Immigration et des Communautés culturelles, *Tableaux sur l'immigration permanente au Québec, 2005-2009*, p. 44.

ver un emploi. Même chose pour les jeunes, dont le taux d'activité pourrait s'accroître au cours des prochaines années.

Est-ce tout ? Pas encore. Les immigrants devront également subir la compétition de travailleurs habitant à l'extérieur du Québec, mais qui pourraient être intéressés à y emménager si les conditions de l'emploi y devenaient plus favorables. Traditionnellement, par exemple, le Québec perdait des travailleurs au profit du reste du Canada. Or, depuis quelques années, la tendance semble s'être affaiblie. Voilà d'autant plus de gens qui cherchent du boulot. Finalement, les immigrants seront en compétition avec les autres étrangers qui, ne souhaitant pas immigrer au Québec, pourraient être intéressés à demander un visa pour venir y travailler de manière temporaire. Chaque année, entre 20 000 et 30 000 étrangers en obtiennent un[10].

Alors, combien des « 700 000 emplois » seront comblés par les immigrants et combien par les autres types de travailleurs ? Le gouvernement ne le sait pas. La raison en est que la valeur des variables en jeu est souvent impossible à déterminer, sans compter le produit de leurs interactions ! Est-ce à dire que l'on ne peut rien savoir de l'impact économique de l'immigration ? Pour les raisons que nous avons exposées au chapitre précédent, l'impact économique de

---

10. Citoyenneté et Immigration Canada, « Entrées totales de travailleurs étrangers selon la province ou le territoire et la région urbaine, 2005-2009 », *Faits et chiffres 2009. Aperçu de l'immigration : résidents permanents et temporaires*, en ligne : www.cic.gc.ca/francais/ressources/statistiques/faits2009/temporaires/01.asp

l'immigration ne peut être bien grand. Le volume d'admission est tout simplement trop faible pour que l'immigration vienne renverser les grandes tendances économiques. Cela ne signifie pas que l'impact soit inexistant. Il reste cependant à préciser ce que nous entendons par « impact économique de l'immigration ». L'expression peut désigner plusieurs choses. Parle-t-on de l'impact sur le PIB, les salaires, l'emploi, le chômage, la productivité, les finances publiques, la création d'entreprises ou l'innovation ? Et puis on parle de l'impact de l'immigration sur qui exactement ? Sur les natifs ? Sur les immigrants ? Les réponses possibles sont multiples.

Mettons une chose au clair dès maintenant. L'immigration *a* un impact considérable, dans la mesure où elle entraîne une croissance de la taille globale de l'économie. L'immigration accroît la taille de la population, de sorte qu'il y a plus d'achat de biens et de services, plus de salaires versés, plus de bénéfices pour les entreprises, etc. Dans une économie ouverte comme le Québec, la taille globale de l'économie, le PIB, a cependant peu d'impact sur le niveau de vie des citoyens. Ce qui compte est plutôt le PIB par habitant, à savoir la richesse produite en moyenne par chaque habitant. Ainsi, si l'immigration entraîne une croissance de 10 % de la population d'un pays, il faut qu'elle entraîne une hausse du PIB équivalente, sans quoi le citoyen moyen se sera appauvri. Alors, qu'en est-il ? L'immigration nous rend-elle plus riche ? Avant d'arriver à des éléments de réponse, il faut dire quelques mots des difficultés inhérentes au calcul de l'impact économique de l'immigration, beaucoup plus complexe que celui de l'impact démographique.

Mesurer l'impact économique de l'immigration

Une manière de mesurer l'impact économique de l'immigration sur les natifs est de comparer les performances économiques de ces derniers dans les régions où il y a plus d'immigrants à leurs performances dans les régions où il y en a moins. Par exemple, on sait que la plupart des immigrants viennent s'établir dans l'île de Montréal. Pour connaître l'impact économique de l'immigration sur les natifs, ne pourrait-on pas simplement comparer la performance des natifs de Montréal à celle des natifs des régions ? Si elle est supérieure, ne pourrait-on alors conclure que l'immigration les a enrichis ? Malheureusement, ce n'est pas aussi simple.

Le problème est que plusieurs autres variables peuvent entrer en ligne de compte. L'économiste George Borjas, de l'université Harvard — l'un des meilleurs spécialistes de l'impact économique de l'immigration —, a bien expliqué les problèmes d'une telle approche régionale. Premièrement, il est tout à fait probable que les flux d'immigration soient eux-mêmes déterminés par les conditions économiques en vigueur dans les différentes régions. Si c'est le cas, alors la relation causale va en sens inverse : l'économie de Montréal n'est pas vigoureuse parce que l'immigration s'y concentre, mais l'immigration s'y concentre parce que l'économie y est vigoureuse. Dans ce cas, comparer les revenus des natifs montréalais à ceux des autres natifs ne nous dira rien.

Un deuxième problème est que la migration interrégionale des natifs peut être elle-même affectée par les flux migratoires internationaux. Ainsi, si Montréal reçoit une forte immigration internationale, il peut devenir moins intéressant pour les Québécois du reste de la province de venir s'y établir, surtout pour ce qui est des travailleurs susceptibles d'être le plus en compétition sur le marché du travail avec les nouveaux arrivants. Pour utiliser un stéréotype, si un fort contingent de nouveaux arrivants se bouscule pour devenir chauffeurs de taxi à Montréal, il devient moins intéressant pour le chauffeur de taxi de Victoriaville de venir s'établir à Montréal. Il a tout avantage à rester chez lui.

Plus globalement, si les nouveaux arrivants se concentrent dans les grands centres urbains et entrent en compétition pour des emplois moins payés et moins qualifiés que la moyenne nationale, on verra apparaître le phénomène suivant : les natifs les plus qualifiés se concentreront dans les grands centres urbains, alors que les natifs les moins qualifiés les éviteront pour ne pas être en compétition avec les nouveaux arrivants. Le phénomène créera l'impression que l'immigration « enrichit » la population d'accueil, alors qu'elle ne viendra au fond qu'altérer la dynamique migratoire au sein de la population d'accueil.

Borjas et ses collègues ont démontré empiriquement la présence de ce phénomène de déplacement aux États-Unis[11]. Ils ont comparé l'évolution démographique d'un État recevant beaucoup d'immigrants, la Californie, à celle des autres États, entre 1950 et 1990. Les années 1970 coïncident avec un accroissement rapide du volume d'immigration aux États-Unis. On peut chercher à voir si elles correspondent égale-

---

11. George J. Borjas, Richard B. Freeman, Lawrence F. Katz, John DiNardo et John M. Abowd, « How Much Do Immigration and Trade Affect Labor Market Outcomes ? », *Brookings Papers on Economic Activity*, n° 1 (1997), p. 1-90.

ment à un changement dans la dynamique de migration des Américains eux-mêmes vers la Californie. Une manière de le vérifier consiste à mesurer la proportion de toutes les personnes nées aux États-Unis qui vivent en Californie. Historiquement, cette proportion a augmenté continuellement au cours du XXe siècle. Depuis 1970, cette proportion s'est stabilisée autour de 10 % : un Américain natif sur dix vit en Californie. Entre 1970 et 1990, cependant, le poids relatif de la Californie dans la population américaine a continué de croître, passant de 10,2 % à 12,4 %. Cela s'explique évidemment par l'apport de l'immigration, préférant largement la Californie aux autres États américains. Si, en 1970, 20,1 % des immigrants vivant aux États-Unis habitaient en Californie, cette proportion était passée à 33,8 % en 1990.

Il y a donc une relation assez nette entre l'accroissement de l'immigration internationale vers la Californie et la diminution de la migration interrégionale. Par conséquent, il est raisonnable de penser que, si l'immigration a un impact sur l'économie, celui-ci ne se fera pas sentir seulement là où se concentre l'immigration (par exemple, en Californie), mais se diffusera plus largement au sein du pays. Par exemple, si l'immigration fait diminuer les salaires d'une catégorie de travailleurs, les travailleurs natifs de cette catégorie cesseront d'immigrer en Californie jusqu'à ce que les salaires y redeviennent équivalents à ce qu'ils sont dans le reste du pays. Cela signifie que seule une méthode plus globale permettra d'évaluer l'impact de l'immigration. Une telle méthode existe-t-elle ? Plus ou moins. Pratiquement toutes ont des failles, puisqu'elles finissent par laisser des variables importantes en dehors de l'équation.

Au lieu de se concentrer sur la répartition géographique

de l'immigration, on peut examiner l'effet de l'immigration sur les différents secteurs de l'économie. Les immigrants ont-ils tendance à se regrouper dans tel ou tel secteur d'activité ? Se regroupent-ils, par exemple, dans le domaine de la finance, de l'agriculture, du commerce au détail ? Si oui, peut-être est-il possible de déterminer l'impact de l'immigration en mesurant l'évolution des salaires ou d'autres variables — comme la productivité ou les investissements — dans ces secteurs ?

Malheureusement, les mêmes problèmes apparaissent ici. D'une part, il est de nouveau impossible de distinguer la cause de l'effet. Par exemple, si les immigrants se concentrent dans un domaine où les salaires sont élevés, que doit-on penser ? Est-ce l'immigration qui fait monter les salaires ? Sont-ce les salaires élevés qui encouragent l'immigration ? Pas simple. D'autre part, comment savoir si les natifs modifient ou non leur comportement en fonction de l'arrivée des immigrants ? Par exemple, si l'immigration se concentre dans un secteur, disons la finance, elle y exercera une pression à la baisse sur les salaires. Vraisemblablement, cette pression incitera les natifs à changer de secteur. Voyant les salaires diminuer dans le domaine de la finance, ils choisiront plutôt de se diriger vers le commerce. Et hop ! L'effet que l'on pensait pouvoir observer dans un secteur se diffusera à l'ensemble de l'économie...

Et pourquoi ne pas essayer de mesurer l'impact de l'immigration avant que la société d'accueil ne puisse s'adapter ? Imaginons que, pour une raison ou pour une autre, un pays admette soudainement une population immigrante beaucoup plus élevée qu'à l'habitude. On assisterait dès lors à ce que les chercheurs appellent une « expérience naturelle » :

un événement hors de notre contrôle qui vient modifier de manière pertinente l'état de la population que l'on étudie. On peut donc comparer le phénomène qui nous intéresse *avant* et *après* cet événement pour voir comment il l'affecte. Imaginons que le Québec reçoive soudainement un fort contingent d'immigrants spécialisés en finance. Ne pourrait-on pas mesurer l'effet de ce contingent sur les salaires ou le chômage dans le domaine de la finance *avant* que les Québécois y travaillant ne se réorientent vers un autre domaine ? En principe, oui. Cette comparaison a cependant un intérêt limité. C'est que les performances économiques des immigrants varient fortement en fonction du temps. Il leur faut au moins dix ou quinze ans pour atteindre leur plein potentiel. Par conséquent, une comparaison basée sur les deux ou trois années après leur arrivée ne peut offrir qu'un portrait bien partiel.

Le même problème existe finalement si l'on se concentre sur des catégories particulières d'immigrants. Par exemple, certains pays, comme le Canada, ont tendance à recevoir des immigrants plutôt scolarisés. D'autres, comme les États-Unis, reçoivent une immigration relativement peu scolarisée. Ne pourrait-on donc pas déterminer l'impact économique de l'immigration en mesurant son effet sur ces catégories ? Cela n'est pas complètement impossible. Nous verrons que plusieurs études le font. Mais les mêmes difficultés surgissent, puisque l'immigration peut également influer sur la composition des catégories de travailleurs.

La complication est particulièrement importante dans le cas de l'éducation. Pour prendre un exemple simple, disons que le fait de recevoir une immigration plus scolarisée peut faire chuter les salaires des travailleurs plus scolarisés. Par conséquent, l'avantage salarial lié à l'éducation supérieure diminuera, incitant les jeunes natifs à entrer plus rapidement sur le marché du travail. À l'inverse, le fait de recevoir une importante immigration peu qualifiée exercera une pression à la baisse sur les petits salariés, ce qui incitera les non-immigrants à se scolariser davantage. Encore une fois, l'effet sur une catégorie de travailleurs se diffusera à l'ensemble de l'économie.

Une ambition débordante

Si les analyses par région, par secteur et par catégorie de travailleurs sont toutes imparfaites, ne pourrait-on simplement mesurer l'impact de l'immigration sur l'économie d'un pays en général ? En principe, oui. Le problème dès lors sera de construire un modèle économique suffisamment puissant pour tenir compte de tous les facteurs qui, en dehors de l'immigration, sont susceptibles d'influencer l'évolution du PIB, des salaires, de l'emploi, du chômage, des investissements, de la productivité, des finances publiques, de l'innovation, etc. Ce n'est pas une mince affaire.

Notons que certains économistes ont eu l'ambition d'y parvenir. Des modèles ont été proposés pour déterminer l'impact d'une immigration présentant certaines caractéristiques en matière d'âge, de sexe, de qualification, etc., sur les finances publiques de la société d'accueil, considérant ses caractéristiques démographiques et économiques. Pour les amateurs de modèles économétriques, ces études sont fascinantes. Elles sont le résultat d'immenses efforts de conceptualisation visant à intégrer toutes les variables pertinentes.

Malheureusement pour ceux qui croient que le Québec a besoin d'immigration, elles vont en général plutôt à l'inverse du lieu commun.

L'économiste Hans Fehr et ses collègues ont par exemple développé un modèle économique pour évaluer l'effet de l'immigration sur le vieillissement des pays développés. Ils concluent que

> [même] une expansion importante de l'immigration, qu'elle concerne toutes les catégories de qualification ou seulement quelques-unes, viendrait remarquablement peu modifier les importants manques de capitaux, les problèmes fiscaux et les réductions du salaire réel que l'on s'attend à voir survenir avec la transition démographique[12].

Celui qui croit à l'influence bénéfique de l'immigration sur l'économie notera sans doute aussi un point important dans ces études. Si leurs auteurs montrent pour l'essentiel que l'immigration actuelle a peu d'influence sur l'économie, ils soulignent aussi que l'immigration *pourrait* en avoir si l'on modifiait son nombre et sa composition.

Par exemple, dans le cas américain, Kjetil Storesletten soutient que l'immigration actuelle a peu d'impact sur les finances publiques, mais que le fait de recevoir annuellement 1,6 million de travailleurs qualifiés âgés de 40 à 44 ans pour-

---

12. Hans Fehr, Sabine Jokisch et Laurence Kotlikoff, « The Role of Immigration in Dealing With the Developed World's Demographic Transition », *NBER Working Paper n° 10512*, 2004, p. 1. Nous traduisons.

rait considérablement alléger le poids du vieillissement sur les finances publiques[13]. Dans le cas français, Xavier Chojnicki et ses collègues soutiennent qu'une immigration ayant le profil actuel n'a pas vraiment d'effets sur l'économie, mais qu'une sélection des immigrants, comme au Canada, réduirait « les coûts du vieillissement (en termes de transferts publics ou de pression fiscale), du moins à moyen terme[14] ». Ne voilà-t-il pas enfin des études qui confirment la croyance populaire ? Pas vraiment.

Notons d'abord que ces études s'accordent pour dire que, dans la réalité, l'immigration ne vient pas contrer de façon notable les effets du vieillissement. Ses effets positifs sont des effets que l'immigration *pourrait* avoir. Le problème est que, pour y arriver, il faut que soient réunies des conditions assez peu plausibles. D'abord, ces théories présupposent qu'il est possible pour les pays du Nord de recruter à long terme d'importants volumes de travailleurs qualifiés. En sont-ils vraiment capables ?

Comme nous l'avons vu, cela ne va pas du tout de soi. Par exemple, les États-Unis reçoivent aujourd'hui en moyenne un million d'immigrants par année. Ces immigrants sont de tous âges et de tous niveaux de qualification. Comment pourraient-ils recruter les 1,6 million de travailleurs qualifiés

---

13. Kjetil Storesletten, « Sustaining Fiscal Policy Through Immigration », *Journal of Political Economy*, vol. 108, n° 2 (2000), p. 300-323.

14. Xavier Chojnicki, Frédéric Docquier et Lionel Ragot, « L'immigration "choisie" face aux défis économiques du vieillissement démographique », *Revue économique*, vol. 56 (2005-2006), p. 1381.

âgés de 40 à 44 ans dont Storesletten considère qu'ils auront besoin pour équilibrer leur régime de sécurité sociale ? Comment pourraient-ils recruter uniquement ces travailleurs ? Qu'arriverait-il à leurs conjoints et à leurs enfants ? Pour reprendre l'euphémisme de Storesletten, « le fait d'admettre des immigrants adultes mais d'exclure leurs enfants pourrait ne pas être politiquement faisable[15] ».

On voit rapidement qu'un dilemme apparaît, auquel nous reviendrons. Si on laisse les travailleurs immigrés avec leur famille (ce qui semble la moindre des choses), le volume d'admission nécessaire pour combler le déficit démo-économique monte en flèche. Dans le cas de la simulation de Storesletten pour les États-Unis, il passe à 2,8 millions d'immigrants annuellement, soit trois fois plus qu'actuellement. Si, en revanche, on restreint la politique aux travailleurs sans enfants, où les recrutera-t-on ? D'où viendront ces travailleurs qualifiés âgés de 40 à 44 ans et sans enfants ? La réponse est simple : ils ne viendront pas parce qu'ils n'existent pas en dehors de l'imagination fertile des modélisateurs. Dans la réalité, la vaste majorité des travailleurs qualifiés de 40 à 44 ans ont des familles dont ils ne souhaitent pas se séparer. Il n'existe tout simplement pas de pays merveilleux d'où les travailleurs qualifiés émigrent par millions pour aller aider les pays riches à faire face à leurs problèmes démo-économiques.

Un autre problème avec ces modèles est qu'ils reposent souvent sur des prévisions irréalistes quant aux perfor-

---

15. Kjetil Storesletten, « Sustaining Fiscal Policy Through Immigration », *Journal of Political Economy*, p. 301.

mances économiques des immigrants reçus. La simulation réalisée par Xavier Chojnicki et ses collègues, par exemple, laisse penser que la sélection d'immigrants qualifiés peut aider l'économie française, mais seulement si la proportion de travailleurs qualifiés dans la population immigrée est supérieure à celle des travailleurs natifs dans le reste de la population. La chose est plausible. Mais comment fera-t-on pour déterminer si un candidat à l'immigration est qualifié ?

Une manière d'y arriver est de vérifier s'il détient un diplôme technique ou universitaire. C'est ce que font Chojnicki et ses collègues, qui évoquent la possibilité pour la France d'adopter une politique sélective comme celle qui est « observée en Australie ou au Canada, où la part des hautement qualifiés est plus forte chez les immigrés entrants que chez les natifs[16] ». Fort bien. Mais qu'est-ce qui nous dit que le « niveau de qualification » entendu en ce sens est un bon indicateur de la performance économique des immigrants ? L'expérience canadienne montre que ce présupposé est loin d'aller de soi, comme nous le verrons plus loin. À moins que l'on ne considère « qualification » et « diplôme » comme des synonymes, il faut admettre que le diplôme est un indicateur bien imparfait de la qualification et, incidemment, de la performance économique.

Les modèles économiques peuvent être perfectionnés à l'infini. Rien n'interdit d'y ajouter des contraintes plus réalistes quant à la composition de l'immigration ou à ses per-

---

16. Xavier Chojnicki, Frédéric Docquier et Lionel Ragot, « L'immigration "choisie" face aux défis économiques du vieillissement démographique », p. 1381.

formances économiques attendues. Pour y arriver, il faut cependant se tourner vers l'immigration réelle — et non vers l'immigration provenant du pays merveilleux d'où les travailleurs qualifiés émigrent par millions. Ce pays n'existe pas, et nous n'avons rien à gagner à imaginer le contraire.

Un impact marginal

Nous avons montré comment l'impact de l'immigration était extrêmement difficile à mesurer. Les études qui cherchent à en tracer un portrait global montrent que l'immigration a peu d'influence sur l'économie de la société d'accueil, à moins qu'elles n'introduisent des hypothèses irréalistes pour montrer comment elle *pourrait* en avoir. À l'inverse, les études qui se concentrent sur une région, un secteur de l'économie ou une catégorie de travailleurs sont toutes imparfaites, puisqu'elles ne prennent pas en compte les effets complexes que peut entraîner l'immigration sur l'économie.

Malgré cette imperfection, cependant, il n'est pas inutile de se pencher sur ces études. Prises individuellement, elles ont un intérêt limité. Prises collectivement — et surtout considérées conjointement avec les modélisations plus globales —, toutefois, elles deviennent intéressantes. Pourquoi ? Parce que si chaque étude a une probabilité non négligeable de se tromper et de négliger des facteurs importants, la probabilité qu'elles se trompent toutes est très faible. Si elles pointent toutes vers un même résultat malgré l'utilisation de méthodes différentes, il y a fort à parier que ce résultat sera juste. Donc, quel est ce résultat ? C'est très simple, l'immigration a très peu d'impact sur quoi que ce soit.

Commençons par le portrait global. Une manière pour les chercheurs d'obtenir une vue d'ensemble d'un domaine de recherche est de conduire une « méta-analyse ». La démarche consiste à combiner les résultats obtenus dans une série d'études indépendantes. Les résultats combinés permettent de déterminer statistiquement si un phénomène est robuste malgré l'utilisation de méthodes ou de données différentes. Les méta-analyses sont utilisées fréquemment en médecine, pour voir si les résultats des études cliniques conduites sur une question précise pointent tous vers une même conclusion. Elles sont aussi utilisées en économie, avec le même objectif.

Simonetta Longhi et ses collègues ont mené au cours des dernières années une série de méta-analyses portant sur l'impact économique de l'immigration dans les pays développés : Allemagne, Australie, Autriche, Canada, États-Unis, France, Royaume-Uni, etc. Dans une première méta-analyse regroupant un échantillon de 18 études, Longhi et ses collègues se sont intéressés à l'impact de l'immigration sur les salaires des natifs[17]. Ils montrent qu'en moyenne une augmentation de 1 % de la proportion d'immigrants dans la population s'accompagne d'une baisse de salaire d'environ 0,1 % chez les natifs. L'impact est donc négatif, mais pour le moins modeste.

Dans une seconde méta-analyse, reposant cette fois sur un échantillon de neuf études, Longhi et ses collègues se sont

---

17. Simonetta Longhi, Peter Nijkamp et Jacques Poot, « A Meta-analytic Assessment of the Effect of Immigration on Wages », *Journal of Economic Surveys*, vol. 19, n° 3 (2005), p. 451-477.

intéressés à l'impact de l'immigration sur l'emploi des natifs[18]. Les résultats sont similaires. Une augmentation de 1 % de la part des immigrants dans la population produit cette fois une baisse microscopique (0,02 %) de l'emploi chez les natifs. N'en déplaise aux partisans de la « masse de travail fixe », il semble que les immigrants ne viennent ni « voler nos jobs » ni « occuper des emplois » qui ne demandent qu'à être comblés. Leur présence ne semble rien changer aux perspectives d'emploi et aux perspectives salariales des non-immigrants.

Bien sûr, les résultats ne reposent encore ici que sur un nombre limité d'études. Conscients de ce problème, Longhi et ses collègues ont élargi leur travail, regroupant cette fois 45 études indépendantes portant sur une douzaine de pays industrialisés, comprenant chacun une population immigrante considérable. Ils ont mesuré l'impact de l'immigration sur les salaires, l'emploi, le chômage et le taux d'activité. Qu'ont-ils découvert ?

> Les conclusions de cette recherche de synthèse sont que l'impact de l'immigration sur le marché du travail de la population native est très faible sur le plan quantitatif et que les coefficients estimés sont statistiquement insignifiants plus d'une fois sur deux. Ces résultats viennent

---

18. Simonetta Longhi, Peter Nijkamp et Jacques Poot, « The Fallacy of "Job Robbing": A Meta-analysis of Estimates of the Effect of Immigration on Employment », *Journal of Migration and Refugee Issues*, vol. 1, n° 4 (2005), p. 131-152.

renforcer le consensus qui a émergé dans la littérature concernant l'impact sur le marché du travail au niveau macro[19].

Les auteurs ajoutent bien sûr certains bémols à leurs conclusions. Premièrement, ils soulignent que l'impact de l'immigration est d'autant plus faible que les natifs peuvent « fuir » les villes et les régions où s'installent les immigrants, réduisant ainsi la compétition entre natifs et immigrants et diffusant l'impact de l'immigration selon le mécanisme décrit par Borjas et ses collègues.

Deuxièmement, l'impact de l'immigration est négligeable au niveau macro, mais il peut néanmoins être considérable sur certaines catégories de travailleurs. On pense évidemment à ceux qui, pour une raison ou une autre, sont plus directement en compétition avec les nouveaux arrivants. Par exemple, leur méta-analyse confirme un phénomène de mieux en mieux établi dans la littérature : l'immigration a souvent un effet négatif considérable sur les salaires des immigrants arrivés précédemment. La chose n'est pas étonnante. Comme les immigrants fraîchement arrivés ont souvent un profil similaire à celui des immigrants arrivés dans les années précédentes, on peut s'attendre à ce qu'ils soient en compétition pour les mêmes emplois, au moins pour un certain temps.

---

19. Simonetta Longhi, Peter Nijkamp et Jacques Poot, « Meta-analysis of Empirical Evidence on the Labour Market Impacts of Immigration », Institute for the Study of Labor, *IZA Discussion Papers,* n° 3418 (2008), p. 22. Nous traduisons.

Troisièmement, une telle méta-analyse ne fait qu'envisager l'impact de l'immigration sur une partie de l'économie, c'est-à-dire le marché du travail. Si l'immigration ne change rien à ce que les gens gagnent, peut-être a-t-elle un impact sur d'autres variables ? Et, si oui, lesquelles ?

Commençons par le coût de la vie. L'impact de l'immigration sur les prix a fait l'objet de quelques études. Par exemple, en Israël, l'arrivée massive d'immigrants d'ex-URSS en 1990 a eu un impact sur les prix à la consommation, comme l'a démontré Saul Lach[20]. Une augmentation de 1 % de la population immigrante dans une ville s'est alors traduite par une baisse de 0,5 % des prix dans le commerce au détail. Dans le cas des États-Unis, Albert Saiz a montré que l'immigration pouvait avoir un effet inverse sur l'évolution des prix du logement, une augmentation de 1 % de la population immigrante entraînant une augmentation de 1 % du prix des loyers et de l'immobilier[21]. Toujours dans le cas des États-Unis, Patricia Cortes a montré qu'une augmentation de 10 % de la proportion d'immigrants faiblement qualifiés dans une ville entraînait une diminution de 2 % des coûts de certains services, comme l'entretien ménager ou l'aménagement paysager[22]. Les effets de l'immi-

---

20. Saul Lach, « Immigration and Price », *Journal of Political Economy*, vol. 115, n° 4 (2007), p. 548-587.

21. Albert Saiz, « Immigration and Housing Rents in American Cities », *Journal of Urban Economics*, vol. 61, n° 2 (2007), p. 345-371.

22. Patricia Cortes, « The Effect of Low-skilled Immigration on U.S. Prices : Evidence from CPI Data », *Journal of Political Economy*, vol. 116, n° 3 (2008), p. 381-422.

gration sur les prix sont donc réels, mais demeurent modestes. Ils semblent aussi aller dans des directions opposées, selon les biens et services considérés.

Une économie plus compétitive ?

Si l'immigration a peu d'impact sur le marché du travail et sur les prix, contribue-t-elle à l'économie par un autre biais ? Il est possible que les immigrants apportent une contribution positive à la compétitivité des entreprises, en augmentant leur productivité ou en favorisant l'innovation. Peut-on mesurer un tel effet ? Peut-être. Une manière d'y arriver est d'évaluer la contribution des immigrants aux demandes de brevets. Dans le cas des États-Unis, par exemple, Jennifer Hunt et Marjolaine Gauthier-Loiselle ont montré que les immigrants détenant des diplômes universitaires étaient deux fois plus susceptibles de détenir des brevets que les natifs du même niveau d'éducation[23]. Elles expliquent cette différence par le fait que les immigrants sont davantage susceptibles de détenir des diplômes de science ou d'ingénierie (principales disciplines génératrices de brevets).

Dans une perspective semblable, Gnanaraj Chellaraj et ses collègues se sont intéressés à l'impact des étudiants étrangers des cycles supérieurs dans les universités américaines sur

---

23. Jennifer Hunt et Marjolaine Gauthier-Loiselle, « How Much Does Immigration Boost Innovation ? », *American Economic Journal : Macroeconomics,* vol. 2, n° 2 (2010), p. 31-56.

les demandes de brevets[24]. Ils arrivent à des conclusions similaires concernant la surreprésentation des étudiants étrangers dans les processus d'innovation. Selon leurs calculs, une augmentation de 10 % de la proportion d'étrangers parmi les étudiants des cycles supérieurs coïncide avec une croissance de 4,5 % du nombre total de demandes de brevets.

Il faut cependant être prudent dans l'interprétation de ces résultats. Ce ne sont pas tous les étudiants étrangers qui sont susceptibles de contribuer à l'innovation. Les demandes de brevets proviennent essentiellement des étudiants des cycles supérieurs travaillant dans le domaine des sciences et des technologies. Et encore, il s'agit seulement des *meilleurs étudiants* regroupés dans les *meilleures universités*; bref, il s'agit d'un groupe très peu représentatif de l'ensemble des immigrants. Il ne va donc pas de soi qu'une augmentation du nombre d'étudiants étrangers, et encore moins du nombre d'immigrants, produirait l'effet escompté. Le problème est encore une fois celui de la direction de la relation causale. Les universités américaines sont peut-être les meilleures parce qu'elles attirent les meilleurs étudiants, mais le contraire est davantage plausible : elles attirent les meilleurs étudiants parce qu'elles sont les meilleures. Par conséquent, un pays qui veut favoriser l'innovation ne doit pas d'abord chercher à recruter des étudiants étrangers quels qu'ils soient, mais bien encourager l'excellence de la

---

24. Gnanaraj Chellaraj, Keith E. Maskus et Aaditya Mattoo, « The Contribution of International Graduate Students to US Innovation », *Review of International Economics*, vol. 16, n° 3 (2008), p. 444-462.

recherche dans les domaines scientifiques et techniques. C'est ainsi qu'il risque d'attirer les meilleurs étudiants étrangers, précisément ceux qui se dirigent aujourd'hui massivement vers les grandes universités américaines.

Est-il possible ensuite que l'immigration ait comme influence sur l'économie de favoriser le commerce international ? Cette possibilité est souvent évoquée. Après tout, les immigrants disposent de réseaux de contacts dans leur pays d'origine. Ils sont donc bien placés pour saisir de nouvelles occasions d'affaires. Est-il possible de déterminer si cette influence est réelle ? Oui. Dans un rapport rédigé pour le compte du Conference Board du Canada, Michelle Downie a développé un modèle permettant de la mesurer[25]. Ses données montrent qu'une augmentation de 1 % du nombre d'immigrants au Canada en provenance d'un même pays coïncide avec une augmentation de 0,21 % des importations de ce pays et de 0,11 % des exportations vers ce pays.

L'effet est modeste mais réel. Downie en conclut que l'immigration a un effet favorable sur l'économie et l'innovation au Canada. A-t-elle raison ? Difficile à dire. À première vue, il semble plutôt que l'immigration *nuit* à la balance commerciale du Canada. Mauvaise nouvelle ? Sans doute, mais pas nécessairement. Tout dépend évidemment de ce que l'on importe. Si les immigrants favorisent l'importation d'équipements de haute technologie permettant de renforcer la compétitivité de nos entreprises, c'est plutôt une bonne nouvelle. À l'inverse, s'ils favorisent l'importation de

---

25. Michelle Downie, *Immigrants as Innovators: Boosting Canada's Global Competitiveness*, Conference Board of Canada, octobre 2010.

biens de consommation de base parce qu'ils préfèrent les produits de leur pays d'origine, il est difficile de voir où se trouve le profit pour l'économie canadienne. En attendant d'en savoir plus, mieux vaut donc rester prudent.

Qu'en est-il finalement de l'influence de l'immigration sur les investissements et la productivité ? Si l'immigration a peu d'impact sur les salaires et l'emploi, il serait surprenant qu'elle en ait davantage sur ces nouvelles variables. Ici encore, les partisans des lieux communs risquent donc d'être déçus. Toujours aux États-Unis, Myriam Quispe-Agnoli et Madeline Zavodny ont évalué les effets de l'immigration sur la productivité et les investissements dans le secteur manufacturier entre 1982 et 1992[26]. Elles montrent que les États qui ont connu une augmentation de leur population immigrante ont connu une croissance moins rapide de leur productivité. L'effet est cependant dû à une partie de l'immigration très peu qualifiée et disparaît lorsqu'elles considèrent uniquement les immigrants davantage qualifiés. En somme, l'impact est négligeable ici aussi…

Une étude de Giovanni Peri montre à l'inverse que l'immigration aux États-Unis a des répercussions positives sur la productivité[27]. Le calcul est difficile à réaliser et repose sur un modèle économétrique complexe. Comme c'est toujours le cas avec ces modèles, plusieurs zones grises et incertitudes

---

26. Myriam Quispe-Agnoli et Madeline Zavodny, « The Effect of Immigration on Output Mix, Capital, and Productivity », Federal Reserve Bank of Atlanta, *Economic Review*, 2002, p. 1-11.

27. Giovanni Peri, « The Effect of Immigration on Productivity : Evidence from US States », *NBER Working Paper n° 15507*, 2009.

demeurent. Le mécanisme par lequel Peri pense que l'immigration contribue à l'accroissement de la productivité doit cependant retenir notre attention.

Selon lui, la présence d'immigrants sur le marché du travail encourage les natifs à se concentrer dans les emplois exigeant davantage d'habileté en matière de communication, où ils ont un avantage comparatif par rapport aux immigrants. À l'inverse, les immigrants se concentreraient dans les emplois manuels, où ils seraient plus productifs que les natifs. L'impact positif de l'immigration viendrait donc de la complémentarité des compétences des immigrants et des natifs. Et quel serait l'impact sur les salaires des natifs ? Selon Peri, il serait positif pour les travailleurs qualifiés, et nul pour les travailleurs non qualifiés.

Cette étude montre ainsi que l'immigration peut bel et bien avoir un effet favorable sur un aspect de l'économie : la productivité. Notons cependant que l'approche méthodologique développée par Peri est considérablement nouvelle. Il serait surprenant qu'elle ne fasse pas l'objet de contestations au cours des années à venir. Même dans les meilleures sciences sociales, le désaccord est la norme, et il faut souvent des années de débats et d'études avant de conclure à la véracité d'un phénomène. Remarquons ensuite que le mécanisme derrière le gain de productivité est probablement propre au contexte américain, qui présente des caractéristiques que l'on ne retrouve ni au Québec ni au Canada.

Une de ces caractéristiques est la présence d'une immigration assez peu scolarisée, généralement heureuse de se concentrer dans les métiers manuels. Ce n'est résolument pas le cas d'autres pays d'immigration comme le Canada ou l'Australie, où la population immigrante est plus scolarisée que la population native. Cette population immigrante est moins spontanément portée vers les emplois manuels et, surtout, vers les salaires qu'ils offrent.

Une autre particularité américaine, comme nous le verrons au chapitre suivant, est la faiblesse de la protection sociale, laquelle oblige les immigrants à accepter des emplois souvent mal rémunérés dans des secteurs où les conditions de travail sont difficiles. Si nous sommes nombreux à souhaiter que les immigrants s'intègrent mieux à l'économie au Québec, certains hésiteront pour y arriver à ce que l'on imite les États-Unis. Si l'on sabrait dans nos programmes sociaux, les immigrants travailleraient davantage. Ils seraient tout simplement obligés d'accepter des emplois mal payés et éreintants. Les Américains, peu habitués à la protection sociale, ont évidemment moins de scrupules. (Certains Québécois aimeraient bien que l'on s'engage sur cette voie…)

Ensuite, il faut noter que l'effet observé par Peri se manifeste surtout lorsque l'immigration est assez faible :

> [P]eut-être que les gains d'efficience par immigrant découlant de la spécialisation sont les plus importants lorsque les immigrants forment un petit groupe accédant à des emplois manuels dans le secteur des services, de la construction, de l'agriculture ou manufacturier. Lorsqu'ils en viennent à former une fraction plus importante de la main-d'œuvre, ils accèdent à des emplois où ils n'ont pas d'avantage comparatif important, et le gain d'efficience par immigrant diminue[28].

---

28. *Ibid.*, p. 18. Nous traduisons.

Comme le volume d'immigration doit être très important pour que l'immigration influence l'économie globale, la hausse de la productivité due à l'immigration ne peut donc qu'être très modeste au niveau national.

Finalement, il faut souligner que l'effet bénéfique de l'immigration sur la productivité américaine peut s'accompagner d'effets économiques moins positifs. Peri, contrairement à Borjas, considère que l'immigration ne nuit pas aux salaires des natifs, qu'ils soient qualifiés ou non. L'arrivée de nouveaux immigrants peut cependant avoir un effet négatif considérable sur les immigrants arrivés précédemment et contribuer à détériorer les conditions salariales de ces travailleurs déjà vulnérables. Comme l'immigration accroît les salaires des natifs qualifiés, on peut penser qu'elle accroîtra généralement du même coup les inégalités sociales, notamment entre immigrants et non-immigrants, contribuant à produire une société légèrement plus productive, mais légèrement plus divisée.

Bien sûr, tout le monde ne sera pas ému par ces arguments « gauchistes ». Après tout, si les immigrants — même en subissant la compétition des vagues successives d'immigration — finissent par gagner davantage aux États-Unis que dans leur pays d'origine et si les natifs — instruits ou non — ne gagnent pas moins, quelle raison aurait-on de s'opposer à l'immigration ? Tout le monde n'y gagne pas, mais personne n'y perd. Les conclusions de Peri sont donc importantes, mais dire qu'un faible niveau d'immigration peu qualifiée permet — en l'absence de système de protection sociale — d'accroître la productivité, voilà une conclusion bien modeste ; une conclusion, disons-le, qui a finalement peu à voir avec le contexte québécois actuel et les préjugés qui y règnent sur les répercussions bénéfiques de l'immigration.

Plusieurs méthodes, une seule conclusion

Malgré la diversité des méthodes utilisées, on constate une étonnante convergence vers un même résultat. Dès que l'on cesse de s'intéresser à la taille globale de l'économie, l'impact de l'immigration semble à peu près nul. Malgré les lieux communs qui circulent dans les milieux politiques et journalistiques, ce constat est aujourd'hui largement partagé chez ceux qui ont examiné la question sérieusement.

Dans un rapport très complet sur l'influence de l'immigration sur l'économie du Royaume-Uni, le comité des Affaires économiques de la Chambre des lords conclut ceci :

> Le PIB global, sur lequel le gouvernement a mis l'accent avec ténacité, est un critère non pertinent et trompeur dans l'évaluation de l'impact économique de l'immigration sur le Royaume-Uni. La taille globale de l'économie n'est pas un indicateur de prospérité. L'analyse doit plutôt se concentrer sur les effets de l'immigration sur le revenu par habitant de la population d'accueil. La théorie économique tout comme les données empiriques indiquent que ces effets sont faibles, particulièrement à long terme, alors que l'économie s'est complètement ajustée à l'augmentation de l'offre de main-d'œuvre. À long terme, le principal effet de l'immigration est d'accroître la taille de l'économie et

d'entraîner de faibles coûts et bénéfices quant aux revenus de la population d'accueil[29].

L'argument tient pour le Royaume-Uni comme pour les autres pays d'immigration. Il y a déjà quelques années, Marc Termote concluait essentiellement la même chose au terme d'une recension de la littérature économique :

> Quelle que soit la méthode adoptée, quel que soit le pays analysé, quelle que soit la période considérée, les résultats convergent tous vers la même conclusion : l'immigration n'exerce qu'un effet marginal, non significativement différent de zéro, sur l'évolution du revenu par habitant, du salaire et du taux de chômage[30].

Mais le Québec et le Canada sont-ils vraiment dans le même bateau que les autres pays ? Après tout, les États-Unis sont bien connus pour recevoir une immigration souvent peu qualifiée. Il est normal que l'impact de cette immigration n'y soit pas très positif. Quant aux pays d'Europe, comme l'Allemagne, la France et, jusqu'à tout récemment, le Royaume-Uni, ils ne disposent pas de système de sélection de leurs immigrants. Cela se traduit nécessairement par une

---

29. House of Lords, *The Economic Impact of Immigration*, rapport du Select Committee on Economic Affairs, Londres, 2008, p. 5. Nous traduisons.

30. Marc Termote, « La mesure de l'impact économique de l'immigration internationale. Problèmes méthodologiques et résultats empiriques », *Cahiers québécois de démographie*, vol. 31, n° 1 (2002), p. 63.

intégration à l'emploi incomplète et, par conséquent, un apport moindre à l'économie. Le Canada et le Québec, de leur côté, disposent d'un système de sélection qui favorise les immigrants les plus jeunes et les plus qualifiés. Pour les raisons démographiques que nous avons expliquées, l'immigration au Québec ne peut avoir un grand impact. Mais peut-on au moins être sûr que, grâce à notre système de sélection, cet impact est bénéfique ?

4
Et ici ?

Est-il donc possible que l'impact de l'immigration soit plus bénéfique au Québec et au Canada qu'ailleurs ? Une première manière de répondre à cette question est d'examiner son impact sur les salaires. Cet impact, nous l'avons vu, n'est pas le même pour tous. Plus vous êtes en compétition avec les immigrants, plus votre salaire risque d'être affecté négativement. Alors, le processus de sélection canadien et québécois vient-il modifier la donne ? Peut-être.

Abdurrahman Aydemir et George Borjas ont comparé l'impact de l'immigration sur différentes catégories de travailleurs au Canada et aux États-Unis pour la période allant de 1980 à 2000[1]. Ils ont montré que, dans les deux pays, une augmentation de 10 % du nombre de travailleurs issus de l'immigration se traduisait par une baisse de salaire de 3 à 4 % pour les autres travailleurs. Le Canada se distingue cependant des États-Unis par un point important :

---

1. Abdurrahman Aydemir et George J. Borjas, « Cross-country Variation in the Impact of International Migration: Canada, Mexico, and the United States », *Journal of the European Economic Association*, vol. 5, n° 4 (2007), p. 663-708.

ce ne sont pas les mêmes catégories de travailleurs qui y sont affectées.

Aux États-Unis, l'afflux massif de travailleurs non qualifiés nuit de manière prépondérante aux travailleurs peu qualifiés, surtout ceux qui n'ont pas de diplôme d'études secondaires. Au Canada, à l'inverse, le système de sélection favorise l'afflux d'immigrants détenant un diplôme universitaire. À cause de cette politique, l'immigration au Canada a un impact négatif sur les diplômés universitaires, mais un impact plutôt positif sur les salaires des travailleurs les moins qualifiés. En somme, l'immigration aux États-Unis viendrait accroître les inégalités entre les natifs : elle rend les riches plus riches et les pauvres plus pauvres. Au Canada, à l'inverse, elle vient les réduire.

Il faut cependant rester prudent face à ces calculs, qui reposent sur des présupposés qui pourraient s'avérer problématiques, notamment l'idée que les immigrants et les natifs appartenant à une même catégorie sont parfaitement substituables l'un à l'autre ou, en d'autres termes, qu'ils sont en compétition les uns avec les autres[2]. Si les résultats sont exacts, ils montrent néanmoins que le système de sélection canadien a une vertu importante : réduire les inégalités chez les natifs. Bien entendu, cela ne veut pas dire qu'il a pour effet de réduire les inégalités en général. Le niveau d'inégalité dans la population totale dépendra de l'intégration économique des immigrants eux-mêmes.

---

2. Gianmarco I. P. Ottaviano et Giovanni Peri, « Immigration and National Wages: Clarifying the Theory and the Empirics », *NBER Working Paper nº 14188*, 2008.

Cela ne veut pas dire non plus que l'impact économique de l'immigration au Québec et au Canada soit bénéfique. Tout dépend de la variable que l'on considère. Si l'on considère le PIB en général, il va de soi que l'immigration contribue à le faire croître. Si l'on parle du PIB par habitant, la chose est plus complexe. La réponse dépend entre autres de la performance économique des immigrants et, notamment, de leur revenu. Combien gagnent-ils ? S'ils gagnent beaucoup, ils contribueront à en augmenter la moyenne. S'ils gagnent peu, ils contribueront à la faire baisser.

On peut aussi considérer l'impact de l'immigration sur les finances publiques. Il s'agit sans contredit de l'aspect qui doit nous intéresser le plus. Après tout, l'inquiétude face au vieillissement de la population est surtout liée au fardeau que risque de faire peser sur les coffres de l'État une population plus dépendante. On présume qu'avec les départs massifs des baby-boomers à la retraite, les rentrées fiscales diminueront, alors même que les dépenses sociales (particulièrement en santé) exploseront. L'arrivée massive d'immigrants peut-elle réduire ce fardeau ? Est-il possible à l'inverse qu'elle en augmente le poids ? Ici encore, la réponse est simple : tout dépend de leurs performances économiques.

L'assimilation économique

Quand un immigrant arrive dans un nouveau pays, comment s'intègre-t-il à l'économie ? De combien de temps a-t-il besoin pour trouver un emploi ? Combien gagne-t-il ? Parvient-il à améliorer son sort au fil des années ? Ces questions ont été largement explorées par les économistes au cours des trois dernières décennies. Un pionnier dans ce domaine fut l'économiste Barry Chiswick, de l'université de l'Illinois, à Chicago. Dans un article classique de 1978, il examinait l'« assimilation économique » des immigrants aux États-Unis. Il montrait qu'à leur arrivée les immigrants obtenaient un revenu largement inférieur à celui des natifs, mais qui progressait cependant rapidement par la suite et qui, une quinzaine d'années après leur arrivée, finissait même par le dépasser.

Dans les années suivantes, plusieurs auteurs ont étudié les diverses facettes de l'assimilation économique : le processus était-il le même pour les minorités visibles ? Pour les hommes et les femmes ? Pour les jeunes et les vieux ? La méthode développée par Chiswick a également été appliquée à d'autres pays, dont le Canada. Les premières études canadiennes ont montré qu'on observait un phénomène semblable au nord et au sud de la frontière. Ronald Meng, par exemple, a établi dans les années 1980 que les hommes immigrants parvenaient après 14 ans au Canada à obtenir des revenus dépassant ceux des natifs[3].

C'était une bonne nouvelle. Si les revenus des immigrants finissent par dépasser ceux des natifs, on peut s'attendre à ce que la contribution de l'immigration au PIB par habitant ne soit pas négative à long terme. Avec un peu de chance, elle pourrait même s'avérer positive. Il suffirait pour cela que les revenus supérieurs obtenus par le travailleur assi-

---

3. Ronald Meng, « The Earnings of Canadian Immigrant and Native-born Males », *Applied Economics,* vol. 19 (1987), p. 1107-1119.

milé compensent les revenus inférieurs obtenus pendant sa période d'assimilation.

Malheureusement, de bien mauvaises nouvelles nous attendaient. Déjà au début des années 1990, Bloom et Gunderson montraient que l'assimilation économique des immigrants avait fortement ralenti depuis le début des années 1970[4]. Toutes les études subséquentes ont montré que la situation s'est largement détériorée au cours des années 1990 et 2000[5]. Les choses ne sont pas plus roses au Québec. En fait, elles sont plus sombres. Depuis la fin des années 1970 et le début des années 1980, l'intégration économique des nouveaux immigrants va de mal en pis.

On peut considérer d'abord le taux d'activité et le taux de chômage. Dans quelle mesure les immigrants au Québec

---

4. David E. Bloom et Morley Gunderson, « An Analysis of the Earnings of Canadian Immigrants », dans John M. Abowd et Richard B. Freeman (dir.), *Immigration, Trade, and the Labor Market,* Chicago, University of Chicago Press, 1991, p. 321-342.

5. Jeffrey Reitz, « Immigrant Success in the Knowledge Economy: Institutional Changes and the Immigrant Experience in Canada, 1970-1995 », *Journal of Social Issues,* vol. 57 (2001), p. 579-613 ; Marc Frenette et René Morissette, « Convergeront-ils un jour ? Les gains des travailleurs immigrants et de ceux nés au Canada au cours des deux dernières décennies », *Études analytiques, documents de recherche sur l'analyse économique,* n° 11F0019MIF2003215, Ottawa, Statistique Canada, 2003 ; Garnett Picot et Arthur Sweetman, « Dégradation du bien-être économique des immigrants et causes possibles : mise à jour 2005 », *Études analytiques, documents de recherche sur l'analyse économique,* n° 11F0019MIT2005262, Ottawa, Statistique Canada, 2005.

s'intègrent-ils au marché du travail et y dénichent-ils un emploi ? Au recensement de 2006, le taux d'activité des immigrants âgés de 25 à 54 ans au Québec était de 80 %, soit plus de sept points en dessous de celui des natifs du même âge (87 %[6]) *(tableau 4.1)*. Non seulement les immigrants étaient moins susceptibles de joindre le marché du travail, mais ils avaient moins tendance à y trouver un emploi. À 11,2 %, leur taux de chômage était plus de deux fois plus élevé que celui des natifs (5,2 %).

Ces données générales masquent cependant un portrait contrasté, notamment lorsque l'on considère l'année d'arrivée des immigrants. Alors que le taux d'activité, d'emploi et de chômage des immigrants plus anciens a pratiquement rejoint celui des natifs, les immigrants plus récents présentent un retard très marqué. Dans le cas des immigrants récents, arrivés entre 2001 et 2006, la situation est même catastrophique, avec un taux d'emploi de 58,2 % et un taux de chômage de 19,3 %, près de quatre fois supérieur à celui des natifs.

Bien sûr, il ne faut pas trop s'inquiéter des mauvaises performances des immigrants les plus récents. Après tout, la plupart d'entre eux sont toujours dans une phase de transition professionnelle et culturelle. On peut penser que leur situation s'est considérablement améliorée depuis 2006 et qu'elle continuera de le faire dans l'avenir. Plus inquiétantes sont les performances des immigrants arrivés entre 1991 et 1995. Alors qu'ils sont au Québec depuis plus de dix ans, les membres de cette cohorte affi-

---

6. Statistique Canada, *Recensement de la population de 2006*.

chent toujours un taux d'emploi de 9,5 % inférieur à celui des natifs et un taux de chômage de 4,6 % supérieur (presque le double). On peut penser que ce portrait serait encore plus sombre si ce n'était de l'émigration (plusieurs immigrants qui rencontrent des difficultés sur le marché du travail quittent tout simplement le Québec). Visiblement, la dynamique qui permettait aux immigrants de rejoindre les performances économiques des natifs au bout de dix ou quinze ans n'existe plus.

Théoriquement, l'immigration pourrait avoir des retombées légèrement favorables sur l'économie en augmentant de façon modeste la proportion de la population en âge de travailler. Or, pour que cet impact théorique se traduise en impact réel, encore faut-il que les immigrants se joignent au marché du travail et y dénichent un emploi. S'ils

Tableau 4.1 — Taux d'activité, d'emploi et de chômage des 25 à 54 ans en fonction du statut d'immigrant et de la période d'immigration, Québec, 2006

	Taux d'activité	Taux d'emploi	Taux de chômage
Population totale	86 %	80,9 %	6 %
Non-immigrants	87,1 %	82,6 %	5,2 %
Immigrants	80,2 %	71,2 %	11,2 %
Avant 1991	84,6 %	78,6 %	7,1 %
1991 à 1995	81,2 %	73,2 %	9,8 %
1996 à 2000	81,5 %	72,4 %	11,2 %
2001 à 2006	72,2 %	58,2 %	19,3 %

Source : Statistique Canada, *Recensement de la population de 2006*.

le font dans une proportion inférieure à la population native, l'effet négatif de leur faible participation à l'emploi annulera l'effet positif de l'immigration sur la structure par âge. Au Québec, aujourd'hui, nous avons toutes les raisons de penser que c'est le cas.

Le Québec réussit-il moins bien ?

Le Québec a besoin d'immigrants pour faire face au vieillissement de la population, le lieu commun est bien connu. Mais ce n'est pas le seul lieu commun au sujet de l'immigration. Un autre consiste à penser que le Québec réussit considérablement moins bien que ses voisins à intégrer ses immigrants à l'économie. Cette idée a été défendue par des chercheurs crédibles, bien au fait des données économiques. Pierre Fortin, économiste à l'UQAM, affirmait en 2008 : « La situation économique des immigrants au Québec est tragique comparativement à celle des autres provinces du pays [...]. Le Québec intègre très mal ses immigrants à son économie[7]. »

Le même argument a été longuement défendu dans une étude du Centre interuniversitaire de recherche en analyse des organisations (CIRANO), réalisée par Brahim Boudarbat et Maude Boulet[8]. L'étude a été largement commentée

---

7. Cité dans Vincent Brousseau-Pouliot, « L'immigration et la pénurie de main-d'œuvre : intégration difficile au marché du travail », *La Presse affaires,* 21 novembre 2008, p. 6.
8. Brahim Boudarbat et Maude Boulet, *Immigration au Québec :*

par les médias, justifiant plusieurs commentaires sur les difficultés des immigrants à intégrer le marché du travail québécois et leurs causes probables[9].

Que disent Boudarbat et Boulet ? Leur étude débute par une adhésion sans nuances à l'idée que le Québec a *besoin* d'immigrants :

> Pour réduire [les] retombées négatives [liées au vieillissement], l'immigration représente une solution de choix qui permet une réponse plutôt rapide et qui permet aussi de déterminer la qualité des nouveaux entrants sur le marché du travail. Cependant, l'efficacité de cette mesure dépend largement des résultats obtenus par les immigrants sur le marché du travail[10].

L'affirmation comprend au moins deux faussetés. Premièrement, comme nous le verrons plus loin, nos politiques d'immigration n'exercent qu'un contrôle très modeste sur la « rapidité » de la réponse offerte par l'immigration et sur la « qualité des nouveaux entrants sur le marché du travail ». Deuxièmement, comme nous l'avons déjà vu, l'immigration n'est pas une solution de choix au

---

politiques et intégration au marché du travail, rapport de projet 2010RP-05, Montréal, CIRANO, avril 2010.

9. Voir Marie-Andrée Chouinard, « Immigration : potentiel élevé », *Le Devoir,* 9 avril 2010, p. A8, et Lisa-Marie Gervais, « Le paradoxe de l'immigration », *Le Devoir,* 10 avril 2010, p. C1.

10. Brahim Boudarbat et Maude Boulet, *Immigration au Québec : politiques et intégration au marché du travail,* p. 8.

problème du vieillissement puisque, même si l'intégration des immigrants à l'emploi ne rencontrait aucune embûche — ce qui est évidemment impossible —, l'impact sur le vieillissement demeurerait marginal.

Heureusement, le reste de l'affirmation est vrai — l'impact de l'immigration sur l'économie dépend des résultats obtenus par les immigrants sur le marché du travail —, et l'étude de Boudarbat et Boulet offre un portrait très complet des performances économiques des immigrants au Québec et au Canada. À plusieurs égards, la comparaison interprovinciale est désavantageuse pour le Québec. D'abord en ce qui concerne le taux d'activité et le taux de chômage. Si les Québécois natifs ont des performances similaires à celles des autres Canadiens natifs, les immigrants résidant au Québec souffrent quant à eux d'un retard. Les données sont particulièrement frappantes pour ce qui est du taux de chômage. En Ontario et en Colombie-Britannique, par exemple, le taux de chômage des immigrants se rapproche de celui des natifs. Au Québec, il atteint pratiquement le double *(tableau 4.2)*.

Boudarbat et Boulet montrent que l'écart entre le Québec et le Canada concerne la plupart des catégories d'immigrants. On l'observe, par exemple, aussi bien chez les hommes que chez les femmes, ou pour les différentes périodes d'immigration. Par exemple, les immigrants arrivés au Québec avant 1991 risquent moins d'être au chômage que les immigrants plus récents, mais affichent toujours un taux de chômage supérieur à celui des natifs (7,1 % par rapport à 5,2 %). L'écart s'observe également pour les immigrants de toutes les régions d'origine, à l'exception de ceux qui proviennent d'Europe occidentale et des États-Unis, dont la participation à l'emploi est très similaire à celle des natifs.

Tableau 4.2 — Taux d'activité et taux de chômage des 25 à 54 ans en fonction du statut d'immigrant, Québec, Ontario et Colombie-Britannique, 2006

	Taux d'activité		Taux de chômage	
	Non-immigrants	Immigrants	Non-immigrants	Immigrants
Québec	87,1 %	80,2 %	5,2 %	11,2 %
Ontario	87 %	83,3 %	4,2 %	6,2 %
Colombie-Britannique	86,4 %	81,7 %	4,8 %	5,5 %

Source : Statistique Canada, *Recensement de la population de 2006*.

Si l'écart entre le Québec et le Canada existe pour pratiquement toutes les catégories d'immigrants, les mêmes variables semblent avoir une influence sur l'intégration à l'emploi. Au Québec comme au Canada, certaines catégories d'immigrants performent nettement mieux que les autres :

- les immigrants arrivés il y a plus longtemps ;
- les immigrants arrivés alors qu'ils étaient plus jeunes ;
- les immigrants qui ont obtenu leur diplôme au Canada.

On doit évidemment se désoler de l'écart qui subsiste entre le Québec et le reste du Canada. Il faut cependant souligner que les taux d'emploi et de chômage sont des indicateurs plutôt limités de l'intégration économique. Avoir un emploi, c'est déjà un bon départ, mais ce n'est pas tout. Encore faut-il avoir un salaire. Si quelqu'un demeure sous le seuil de pauvreté malgré le fait qu'il occupe un emploi, on ne peut pas dire qu'il est « bien intégré » à l'économie.

Conscients de cet aspect du problème, Boudarbat et Boulet s'intéressent également aux salaires des immigrants.

Les statistiques sur les salaires offrent cependant un portrait bien différent de celles sur l'emploi. Lorsque l'on considère les salaires hebdomadaires des gens ayant travaillé toute l'année, on note que ceux des immigrants sont plus bas que ceux des natifs, au Québec comme ailleurs au Canada. Contrairement à ce que l'on observe dans le domaine de l'emploi, cependant, la position salariale des immigrants au Québec ne semble pas démesurément désavantageuse. En fait, l'écart entre le salaire des immigrants québécois et des immigrants canadiens est similaire à l'écart entre celui des Québécois natifs et des Canadiens natifs. En 2005, par exemple, le salaire hebdomadaire moyen des Québécois natifs de 25 à 54 ans ayant travaillé toute l'année représentait 79 % de celui des Ontariens du même groupe *(tableau 4.3)*. Au même moment, l'immigrant québécois gagnait 78 % du salaire de l'immigrant ontarien.

Un deuxième point à noter est que l'écart salarial entre les immigrants et les natifs s'est considérablement creusé

Tableau 4.3 — Salaires hebdomadaires moyens des 25 à 54 ans ayant travaillé toute l'année selon le statut d'immigrant, Québec, Ontario et Colombie-Britannique, 2005

	Non-immigrants	Immigrants	Écart
Québec	910,90 $	795,10 $	− 12,7 %
Ontario	1 155,30 $	1 018,80 $	− 11,8 %
Colombie-Britannique	1 060,40 $	907,20 $	− 14,4 %

Source : Brahim Boudarbat et Maude Boulet, *Immigration au Québec. Politiques et intégration au marché du travail*, Rapport de projet 2010RP-05, CIRANO, Montréal, avril 2010, p. 68.

depuis 1980. À l'époque, il variait de 1,6 % (en C.-B.) à 4,3 % (en Ontario). Vingt-cinq ans plus tard, il s'était accru d'une dizaine de points de pourcentage, variant de 11,8 % (en Ontario) à 14,4 % (en C.-B.).

Ces données nous permettent de nuancer fortement l'idée selon laquelle l'intégration économique des immigrants se déroule moins bien au Québec que dans les autres provinces. C'est certainement le cas en matière d'emploi et de chômage, mais ça ne l'est pas en matière de salaires. Les immigrants dans le reste du Canada sont plus susceptibles de travailler, mais pas d'obtenir un meilleur salaire par rapport aux natifs.

Et ailleurs dans le monde ?

Un point de vue complet sur l'intégration économique des immigrants demande également d'élargir notre horizon. Pourquoi se comparer uniquement au Canada ? Pourquoi ne pas également examiner la situation dans les autres pays développés ayant reçu au cours des dernières décennies une immigration importante ? L'OCDE offre des statistiques particulièrement intéressantes à ce sujet. Elle dispose de données comparant le taux de chômage des natifs à celui des immigrants. Une manière de voir comment divers pays parviennent à intégrer leurs immigrants à l'emploi consiste à produire un ratio en divisant le taux de chômage des immigrants par celui des natifs. Plus le ratio est élevé, moins l'intégration à l'emploi des immigrants est favorable par rapport à celle des natifs.

Ce petit calcul permet de constater qu'il existe une

grande variabilité dans l'intégration à l'emploi des immigrants d'un pays à l'autre. Dans le cas des États-Unis, par exemple, si l'on divise le taux de chômage des immigrants (4,5 %) par celui des natifs (4,9 %), on obtient un ratio de 0,9. Le fait que le ratio soit inférieur à 1 indique que le taux de chômage des immigrants est plus faible que celui des natifs. Les États-Unis sont d'ailleurs le seul pays de l'OCDE ayant reçu une immigration considérable où l'on observe cette situation. À l'autre bout du spectre, on retrouve un pays comme la Suisse, où le chômage des immigrants (7,1 %) est beaucoup plus élevé que celui des natifs (2,6 %), produisant un ratio de 2,8.

Le calcul du même ratio pour tous les autres pays d'immigration révèle un phénomène intéressant. Les pays ayant un modèle social similaire tendent à obtenir des ratios similaires. Les pays scandinaves, par exemple, présentent un ratio élevé. Le Danemark est à 2,4, la Norvège à 2,2 et la Suède à 2,3. En Europe de l'Ouest, l'Allemagne et la France offrent une performance moyenne (1,8), alors que les Pays-Bas (2,4), la Belgique (2,5), l'Autriche (2,5) et la Suisse (2,8) présentent des ratios autant ou plus élevés que les pays d'Europe du Nord. À l'autre bout du spectre, les pays anglo-saxons présentent des ratios faibles : États-Unis (0,9), Australie (1,0), Canada (1,1), Irlande (1,3) et Royaume-Uni (1,6). Il en va de même des pays d'Europe du Sud : Grèce (1,0), Portugal (1,2), Italie (1,3) et Espagne (1,3).

On peut faire un lien entre ces performances et ce que l'économiste danois Gøsta Esping-Andersen a appelé les « trois mondes de l'État-providence » : le monde scandinave, d'inspiration sociale-démocrate, le monde anglo-saxon, d'inspiration libérale, et le monde continental, d'inspiration conservatrice[11]. Les États scandinaves se ressemblent par l'importance de leur système de protection sociale, de même que de leurs mesures d'intégration à l'emploi. On y trouve à la fois un faible taux de chômage, un faible niveau d'inégalité de revenus et un fort taux de syndicalisation. Il est intéressant de noter que l'intégration des immigrants à l'emploi est plutôt mauvaise dans ces pays, qui ont l'habitude de dominer les autres pour pratiquement tous les indicateurs sociaux.

Les États anglo-saxons, quant à eux, font plutôt bonne figure. Le taux de chômage des immigrants y est bas, comme celui des natifs. Le libre marché y joue généralement un rôle plus important dans la protection sociale, qu'il s'agisse du financement des retraites ou de la protection contre la maladie. Le niveau de syndicalisation y est faible et les inégalités sociales, relativement fortes, les gens y étant davantage laissés à eux-mêmes.

Le monde des États continentaux forme quant à lui un ensemble plus hétéroclite, incluant aussi bien la Belgique que l'Allemagne et l'Italie. Esping-Andersen y regroupe des pays où la protection et l'égalité sociales sont davantage présentes que dans les pays libéraux, mais moins que dans les pays scandinaves. Le marché du travail y est plus rigide qu'ailleurs et le taux de chômage, relativement élevé. Malgré ces similitudes, il existe des différences marquées entre ces pays, lesquelles se sont souvent approfondies au fil des réformes des années 1990 et 2000.

Certains pays possèdent un marché du travail plutôt

---

11. Gøsta Esping-Andersen, *Les Trois Mondes de l'État-providence*, Paris, PUF, 1999.

flexible (Pays-Bas) et d'autres, davantage rigide (France). La participation des femmes au marché du travail est très élevée dans certains pays (Pays-Bas, France), mais plus faible dans d'autres (Allemagne, Italie). La générosité de la protection sociale et des mesures d'intégration à l'emploi varie aussi largement d'un pays à l'autre. En général, on peut dire que les pays d'Europe du Sud (Espagne, Grèce, Italie et Portugal) offrent une protection sociale beaucoup plus restreinte que ceux d'Europe du Nord (Allemagne, Autriche, Belgique, Pays-Bas et Suisse). On y retrouve également des inégalités sociales plus marquées. Le chômage des natifs tend à être plus élevé au Sud qu'au Nord, ce qui explique le ratio plutôt faible que nous obtenons pour ces pays. Ce n'est donc pas que ces pays intègrent bien leurs immigrants à l'emploi, c'est plutôt qu'ils les intègrent aussi mal que les natifs.

Ces résultats sont peut-être de nature à troubler ceux parmi nos lecteurs dont le cœur bat à gauche. Il semble en effet s'en dégager une tendance claire : les pays où le ratio est le plus bas sont également les pays les plus… « à droite ». À l'inverse, les icônes de l'égalité sociale-démocrate — les pays nordiques — font plutôt mauvaise figure. Ce n'est pas qu'une impression. Il existe bien une forte corrélation entre les inégalités sociales et l'intégration des immigrants à l'emploi. Pour le montrer, on peut créer un graphique mettant en relation le ratio de chômage des immigrants par rapport aux natifs et le coefficient de Gini *(figure 4.1)*. Le coefficient de Gini permet de comparer les inégalités sociales entre les pays. Plus il est élevé, plus un pays est inégalitaire. La ligne de régression qui traverse le graphique montre la tendance générale qui se dégage des données. En moyenne, l'augmentation du coefficient de Gini prédit 55,3 % de la diminution

Figure 4.1 — Relation entre le coefficient de Gini et le ratio du taux de chômage des immigrants sur celui des natifs, sélection de pays, 2007 ou dernière année disponible*

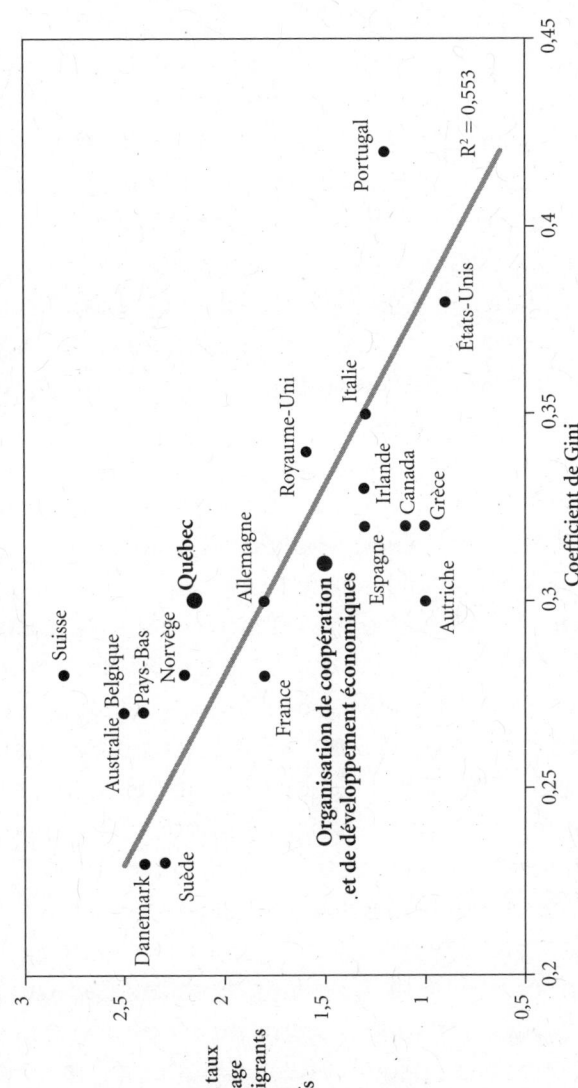

* Pour le chômage, les données datent de 2007 ou de la dernière année disponible (2006 pour le Québec). Pour le coefficient de Gini, il a été calculé à partir des revenus de 2004, 2005 ou 2006 selon les pays (2006 pour le Québec).

Sources : OCDE, *Panorama des statistiques de l'OCDE 2009 : Économie, environnement et société*, Éditions OCDE, Paris, 2009. Pour le Québec, Statistique Canada, *Recensement de la population de 2006*, Produit n° 97-562-XCB2006013 au catalogue de Statistique Canada, et Institut de la statistique du Québec, *Coefficient de Gini calculé selon des concepts de revenu différents, Québec, 1996 à 2007*, 14 août 2009.
www.stat.gouv.qc.ca/donstat/societe/famls_mengs_niv_vie/revenus_depense/ginitab96_2007.htm

du ratio du taux de chômage des immigrants sur celui des natifs.

Ces données permettent de relativiser l'écart entre le Québec et le Canada en matière d'intégration à l'emploi. Le chômage des immigrants au Québec est beaucoup plus élevé que celui des natifs, mais, avec un ratio de 2,15, le Québec n'est pas une anomalie au sein des pays d'immigration. Il se trouve au-dessus des pays anglo-saxons et d'Europe du Sud, mais en dessous des pays d'Europe du Nord. La chose ne devrait pas nous surprendre, puisqu'on présente souvent le système social québécois comme plus généreux que celui des pays anglo-saxons, tout en l'étant moins que celui des pays d'Europe du Nord.

La même tendance apparaît si l'on utilise une autre manière d'évaluer la générosité des systèmes sociaux : les données de l'OCDE sur les dépenses sociales *(figure 4.2)*. Ces dépenses incluent les dépenses publiques d'assurance maladie, d'assurance chômage, d'aide sociale, d'intégration à l'emploi, etc. Nous incluons également les « dépenses privées obligatoires » pour tenir compte d'un pays comme la Suisse, où les citoyens sont obligés de souscrire une assurance maladie privée, pour ensuite recevoir des subsides gouvernementaux si leurs revenus sont suffisamment faibles.

Les données sur les dépenses sociales indiquent une tendance très semblable aux données sur le coefficient de Gini. La corrélation avec le ratio du taux de chômage des immigrants sur celui des natifs est même plus forte : l'augmentation des dépenses publiques prédit 71 % de l'augmentation de ce ratio. En d'autres mots, plus les dépenses sociales sont élevées, plus le chômage des immigrants est élevé par rapport à celui des natifs.

Figure 4.2 — Relation entre les dépenses sociales et le ratio du taux de chômage des immigrants sur celui des natifs, sélection de pays, 2007 ou dernière année disponible*

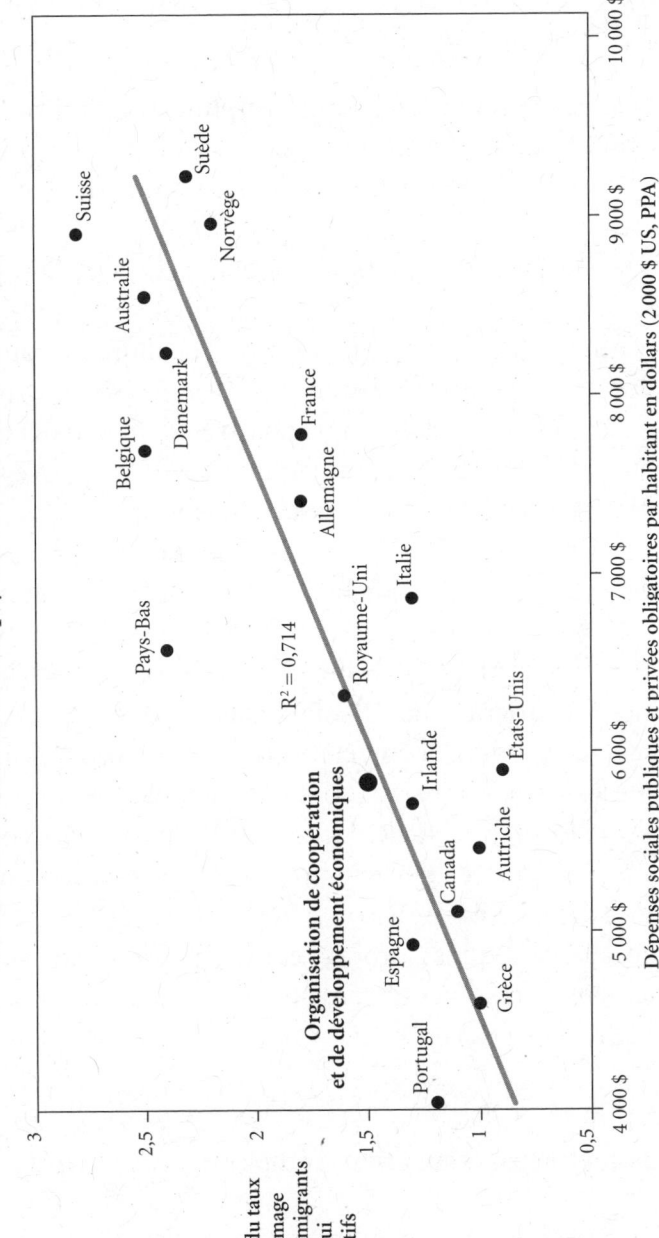

* Pour le chômage, les données datent de 2007 ou de la dernière année disponible. Pour les dépenses sociales, elles datent de 2005.

Sources : OCDE, *Panorama des statistiques de l'OCDE 2009 : Économie, environnement et société*, Éditions OCDE, Paris, 2009, et OCDE, *Base de données sur les dépenses sociales, 1980-2005*.
www.oecd.org/els/social/depenses

Il faut évidemment éviter de simplifier les choses. La situation à l'intérieur des différents pays n'est pas la même. La composition de l'immigration, de l'économie et du marché du travail varie fortement d'un pays à l'autre. Une grande part de la variance n'est pas prédite par le coefficient de Gini ou les dépenses sociales. Mais la corrélation demeure néanmoins importante. Comment peut-on l'expliquer ? Pourquoi les pays les plus « à droite » — c'est-à-dire les pays anglo-saxons et les pays d'Europe du Sud — ont-ils de meilleurs résultats que les pays les plus « à gauche » — c'est-à-dire les pays d'Europe de l'Ouest et du Nord ?

L'explication la plus probable est que, dans un système où la protection sociale est faible, les gens dont l'intégration au marché du travail est plus problématique sont tout de même obligés de travailler. Ils ne peuvent pas bénéficier de généreux programmes d'aide sociale ou de formation. C'est ce qui produit la corrélation que nous observons. Lorsque les systèmes sociaux sont plus généreux, les immigrants sont les premiers à décrocher du marché du travail ou à retarder leur entrée. Bien entendu, cela ne signifie pas que l'intégration à l'économie soit « meilleure » dans les pays économiquement plus à droite. Les immigrants y sont tout simplement forcés d'accepter le premier emploi venu pour ne pas se retrouver à la rue.

Le diplôme, un passeport pour l'emploi ?

On pourrait objecter que la situation du Québec, du Canada et de l'Australie n'est pas comparable à celle de pays comme la Suède, les Pays-Bas ou la Belgique, puisque ces derniers ne disposent pas d'un système de sélection de leurs immigrants. Par conséquent, le chômage élevé des immigrants serait compréhensible là-bas (où les immigrants sont moins qualifiés), mais pas ici (où ils le sont davantage). Cet argument s'appuie sur une idée à première vue raisonnable : les gens ayant un niveau de scolarité plus élevé s'intègrent généralement plus facilement au marché du travail. Par conséquent, on attend de sociétés comme l'Australie, le Canada ou le Québec — qui sélectionnent des immigrants ayant un niveau de scolarité plus élevé — qu'elles affichent une meilleure intégration à l'emploi. À l'inverse, les pays où l'immigration est moins scolarisée devraient connaître des difficultés supérieures.

Cette théorie est intuitive, mais elle n'est pas tout à fait juste. Pour un immigrant, le niveau de scolarité est loin d'être un indicateur d'intégration à l'emploi. Les États-Unis, par exemple, sont reconnus pour recevoir une immigration (légale et illégale) faiblement qualifiée, notamment mexicaine. Ces immigrants travaillent souvent pour de bas salaires, que ce soit dans les services de garde, la restauration, l'aménagement paysager ou l'entretien ménager. La présence de ce fort contingent de travailleurs non qualifiés ne change rien au fait que le chômage des immigrants aux États-Unis est très faible. En fait, il est même plus faible que celui des natifs.

La raison de ce faible chômage n'est pas difficile à comprendre. Les services publics américains sont peu développés, ce qui crée de bonnes occasions d'emploi pour les immigrants à bas salaire. Les Américains de la classe moyenne n'envoient pas leurs enfants dans des garderies à 7 $. Ils embauchent des « nounous », souvent mexicaines, qu'ils paient un salaire modeste. Les inégalités sociales créent aussi de bonnes occasions d'emploi : on compte beaucoup de gens très riches aux États-Unis, ce qui n'est pas le cas au Québec. Ces gens ont souvent les moyens d'embaucher un cuisinier, un jardinier et une femme de ménage.

Par ailleurs, la faiblesse de la protection sociale américaine encourage la participation des immigrants à l'emploi : ceux qui ne travaillent pas se retrouvent sans le sou. En acceptant un emploi, ils peuvent obtenir un soutien gouvernemental considérable, grâce au Earned Income Tax Credit, principal programme de redistribution sociale aux États-Unis. Le faible chômage des immigrants aux États-Unis ne signifie pas que leur intégration économique soit bonne. En fait, quand on y compare leurs revenus à ceux des natifs, elle est plutôt médiocre. Mais les immigrants n'y chôment pas.

La situation au Canada est passablement différente. Le système de sélection y a permis l'accueil d'une population plutôt scolarisée (majoritairement d'origine asiatique). Pas moins de 34 % des immigrants de 25 à 54 ans détenaient un diplôme universitaire en 2006, contrairement à 21 % des natifs. Cette proportion est d'ailleurs en rapide augmentation, puisqu'elle est passée de 28 % chez les immigrants arrivés entre 1991 et 1995 à 44 % chez les immigrants arrivés entre 1996 et 2000, puis à 53 % chez les immigrants arrivés entre 2001 et 2006[12].

Notons d'abord que les immigrants au Canada gagnent à être plus scolarisés. Au sein de chaque cohorte d'immigrants, les plus scolarisés s'intègrent mieux à l'emploi. En

---

12. Statistique Canada, *Recensement de la population de 2006*.

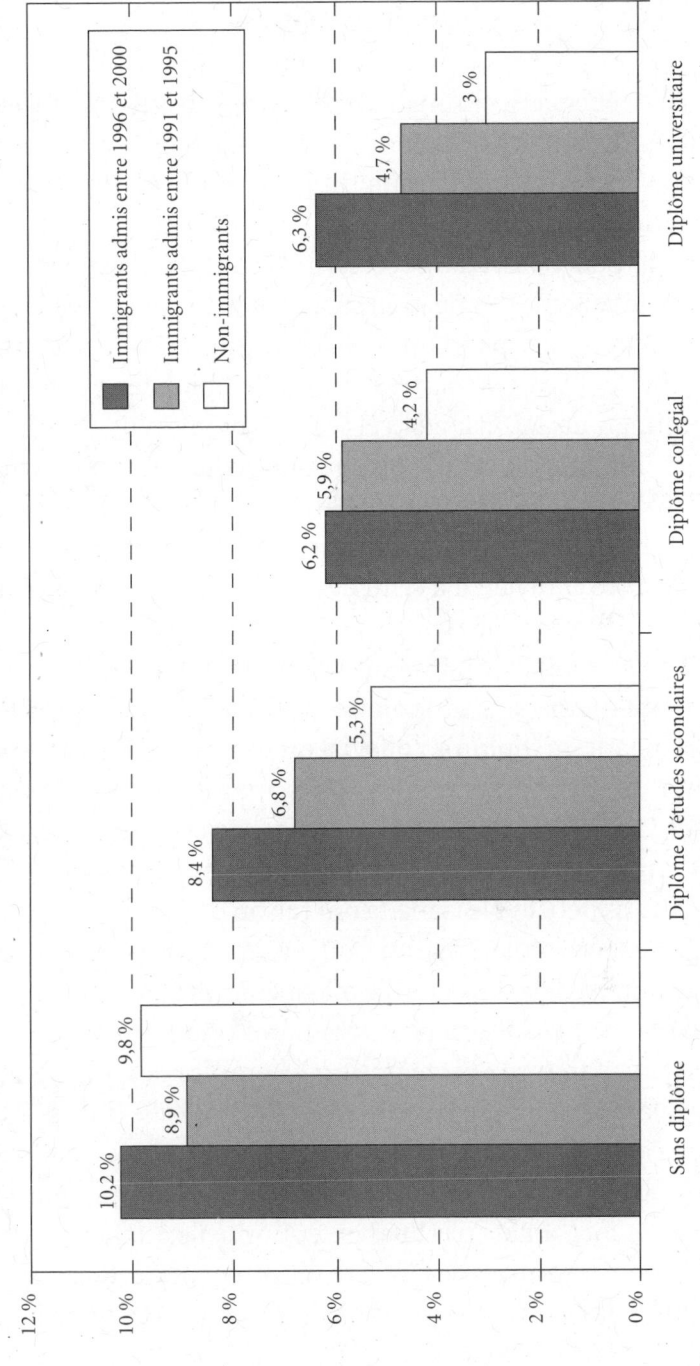

Figure 4.3 — Taux de chômage de la population âgée de 25 à 54 ans en fonction du niveau de scolarité et du statut d'immigrant, Canada, 2005

Source : Statistique Canada, *Recensement de la population de 2006*.

règle générale, les immigrants détenant un diplôme collégial ou universitaire ont plus de chances d'occuper un emploi que les immigrants sans diplôme ou avec un diplôme d'études secondaires *(figure 4.3)*. Les immigrants comme les natifs bénéficient d'une scolarité plus élevée, ce qui montre que le système de sélection canadien n'est pas inutile.

On note cependant que l'éducation ne permet pas de combler l'écart de participation à l'emploi des natifs et des immigrants. Au Canada, cet écart est même plus grand pour les diplômés du collège ou de l'université que pour les non-diplômés. Il fait en sorte que le taux de chômage des immigrants détenant un diplôme universitaire ou collégial est à peu près équivalent à celui des natifs détenant un diplôme d'études secondaires.

Des tendances similaires s'observent au Québec ; elles y sont même plus prononcées *(figure 4.4)*. Les immigrants détenant un diplôme collégial ou universitaire sont moins à risque de chômer que les autres, mais davantage que tous les Québécois natifs, à l'exception de ceux qui n'ont pas terminé leurs études secondaires. En somme, on peut dire que le Québec et le Canada ont raison de préférer les immigrants plus scolarisés, qui s'intègrent mieux à l'emploi que les autres. Cela dit, l'arrivée massive d'immigrants plus scolarisés n'y produira pas en général une population plus active, parce que l'intégration à l'emploi des immigrants scolarisés demeure largement en deçà de celle de la plupart des natifs.

La mauvaise intégration à l'emploi des immigrants scolarisés au Canada n'est pas exceptionnelle. En fait, les données comparatives de l'OCDE montrent que cette tendance existe dans tous les pays d'immigration. La figure 4.5 pré-

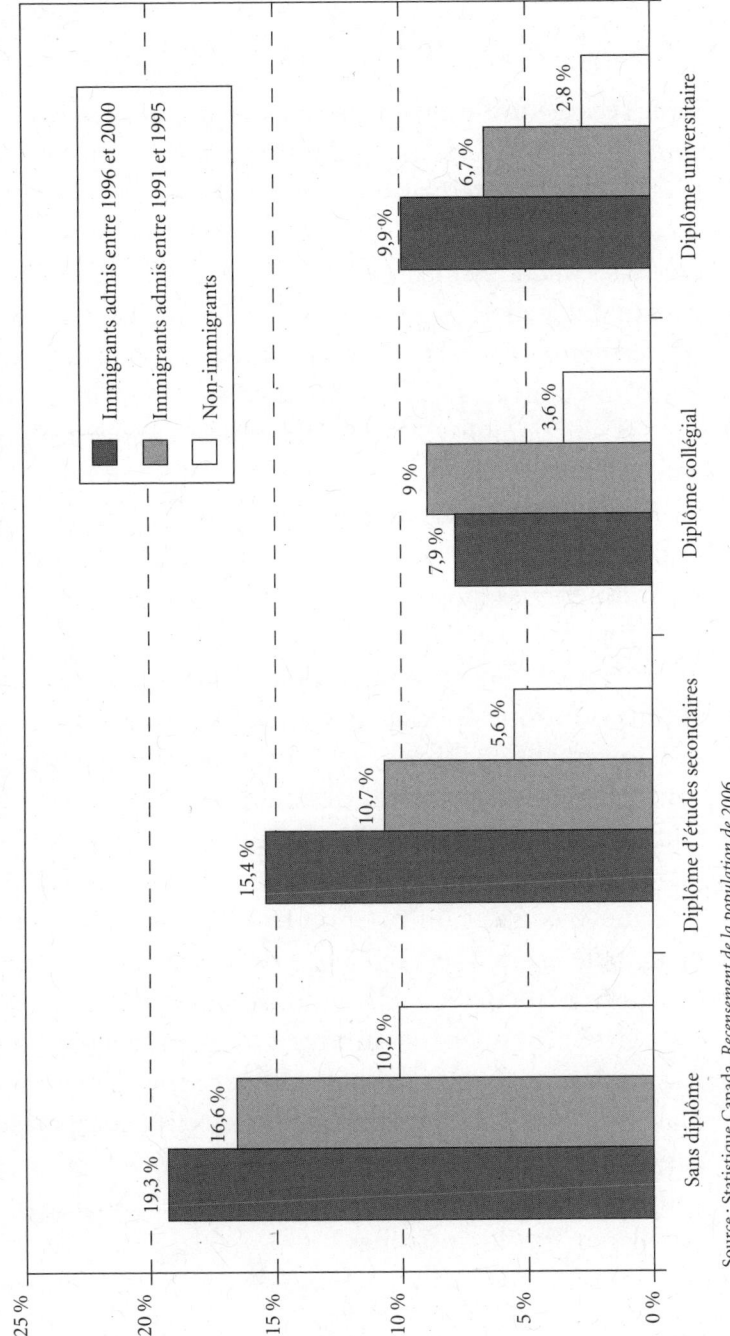

Figure 4.4 — Taux de chômage de la population âgée de 25 à 54 ans en fonction du niveau de scolarité et du statut d'immigrant, Québec, 2005

Source : Statistique Canada, *Recensement de la population de 2006*.

sente l'écart entre le taux d'emploi de la population native et celui de la population immigrante en fonction de deux niveaux de scolarité. Dans ces données, l'expression « faiblement qualifiée » réfère à la population n'ayant pas dépassé les études secondaires. L'expression « fortement qualifiée » renvoie quant à elle à la population détenant une formation universitaire. Un écart négatif signifie que le taux d'emploi des immigrants est supérieur à celui des natifs. À l'inverse, un écart positif signifie que la participation à l'emploi des natifs est supérieure.

Une tendance lourde se dégage de ces données. Dans la population faiblement qualifiée, la participation à l'emploi des immigrants tend à être supérieure à celle des natifs dans plusieurs des pays. C'est le cas notamment des pays où la protection sociale est la plus faible : les pays anglo-saxons et ceux d'Europe du Sud et de l'Est. Mais dans la population fortement qualifiée, c'est la tendance inverse qui prévaut. Dans la quasi-totalité des pays, les natifs sont beaucoup plus susceptibles d'occuper un emploi que les immigrants.

Quelle conclusion peut-on tirer de ces données ? La principale est qu'il est irréaliste de prétendre hausser le niveau de participation à l'emploi de la population québécoise en sélectionnant des immigrants fortement scolarisés. La situation québécoise semble plutôt profondément normale lorsqu'on la place dans une perspective comparative large. La participation à l'emploi des immigrants est beaucoup plus faible que celle des natifs dans les couches de la population les plus instruites.

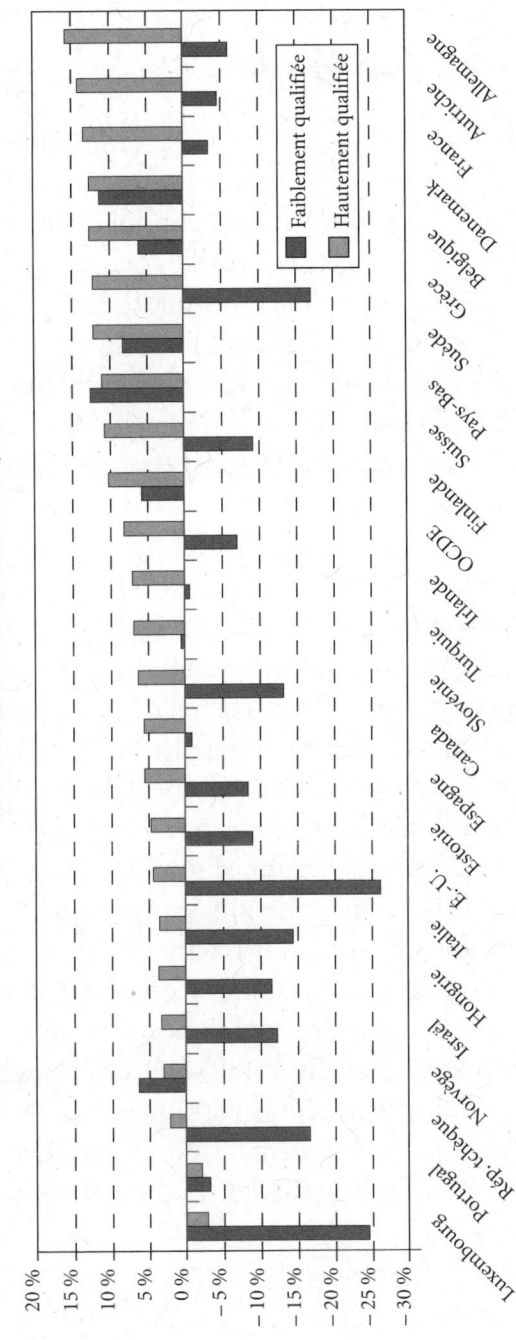

Figure 4.5 — Écart de taux d'emploi entre les populations native et immigrante en fonction du niveau de scolarité, 2007

Source : OCDE, *Panorama des statistiques de l'OCDE 2009 : Économie, environnement et société*, Éditions OCDE, Paris, 2009.

Au-delà de l'emploi : le revenu

Les discussions sur l'intégration économique des immigrants ont tendance à porter sur la participation à l'emploi. À combien s'élèvent les taux d'emploi et de chômage des immigrants ? Celui des natifs ? Ces questions sont importantes, mais n'offrent qu'un portrait très partiel de l'intégration et, a fortiori, de l'impact de l'immigration sur l'économie. Pour obtenir un portrait plus global, il faut poser davantage de questions. Par exemple, quel salaire obtiennent les immigrants une fois qu'ils ont déniché un emploi ? Nous avons présenté plus haut les données de Boudarbat et Boulet indiquant un écart considérable entre le salaire des natifs et celui des immigrants, écart qui s'est fortement accru depuis le début des années 1980.

Plus largement, on peut se demander quel revenu total les immigrants parviennent à obtenir. Cette question est cruciale, puisque c'est le revenu qui détermine la consommation, les investissements et, par conséquent, une grande part de l'apport des immigrants dans l'économie. C'est également le revenu qui détermine l'impôt qui sera payé par les immigrants et la valeur de plusieurs des prestations auxquelles ils auront droit. Indirectement, c'est donc le revenu des immigrants qui détermine la force de l'impact de l'immigration sur les finances publiques. Il est aussi intéressant de considérer le revenu total — et pas uniquement les salaires, comme le font plusieurs auteurs —, puisque plusieurs immigrants possèdent des capitaux et investissements qui leur rapportent des bénéfices considérables et sur lesquels ils paient de l'impôt.

À quoi ressemble donc le revenu des immigrants au

Québec et au Canada ? La figure 4.6 présente l'évolution entre 1980 et 2005 des revenus moyens des Québécois et des Canadiens en fonction de leur statut d'immigrant. Que dit-elle ? D'abord, on constate que le Canada a un avantage par rapport au Québec, avantage dont l'ampleur est à peu près la même pour les natifs et pour les immigrants. Les Canadiens sont tout simplement plus riches en général. Ensuite, on remarque que le revenu des immigrants s'est considérablement détérioré par rapport à celui des non-immigrants au cours des trois dernières décennies.

En 1980, les immigrants avaient un revenu supérieur à celui des natifs, tant au Québec (de 11 %) qu'au Canada (de 9 %). Cet avantage s'est réduit au fil des années, et les revenus des immigrants et des natifs ont atteint la parité vers 1990 au Québec et 1995 au Canada. La situation n'en est pas restée là. Le revenu relatif des immigrants a continué de se détériorer, particulièrement au Québec. En 2005, le revenu des immigrants du Québec était inférieur de près de 13 % à celui des natifs, alors que dans l'ensemble du Canada, l'écart était de 7 %. La détérioration du revenu des immigrants n'est pas seulement observable en termes comparatifs. En dollars constants, le pouvoir d'achat des immigrants du Québec en 2005 était inférieur à ce qu'il était en 1980. Les immigrants se sont donc non seulement appauvris comparativement au reste de la population, mais également en termes réels.

Il est important de rappeler que l'intégration économique des immigrants prend plusieurs années. Au mieux, l'immigrant aura besoin de dix ou quinze ans avant de montrer son plein potentiel. La figure 4.7 montre clairement que le revenu des immigrants s'accroît de façon considérable avec le temps. Peut-on penser que les immigrants arrivés

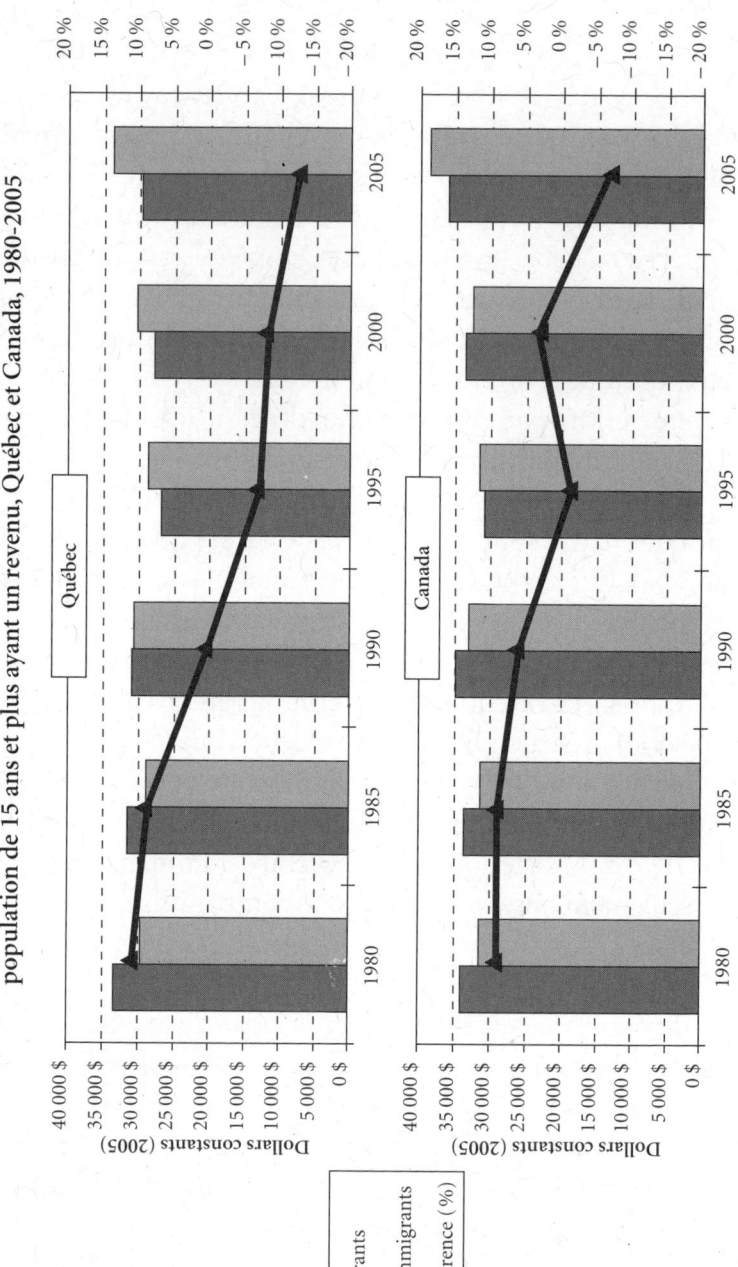

Figure 4.6 — Revenus moyens (en dollars constants de 2005) en fonction du statut d'immigrant, population de 15 ans et plus ayant un revenu, Québec et Canada, 1980-2005

Source : Statistique Canada, *Recensement de la population de 2006*.

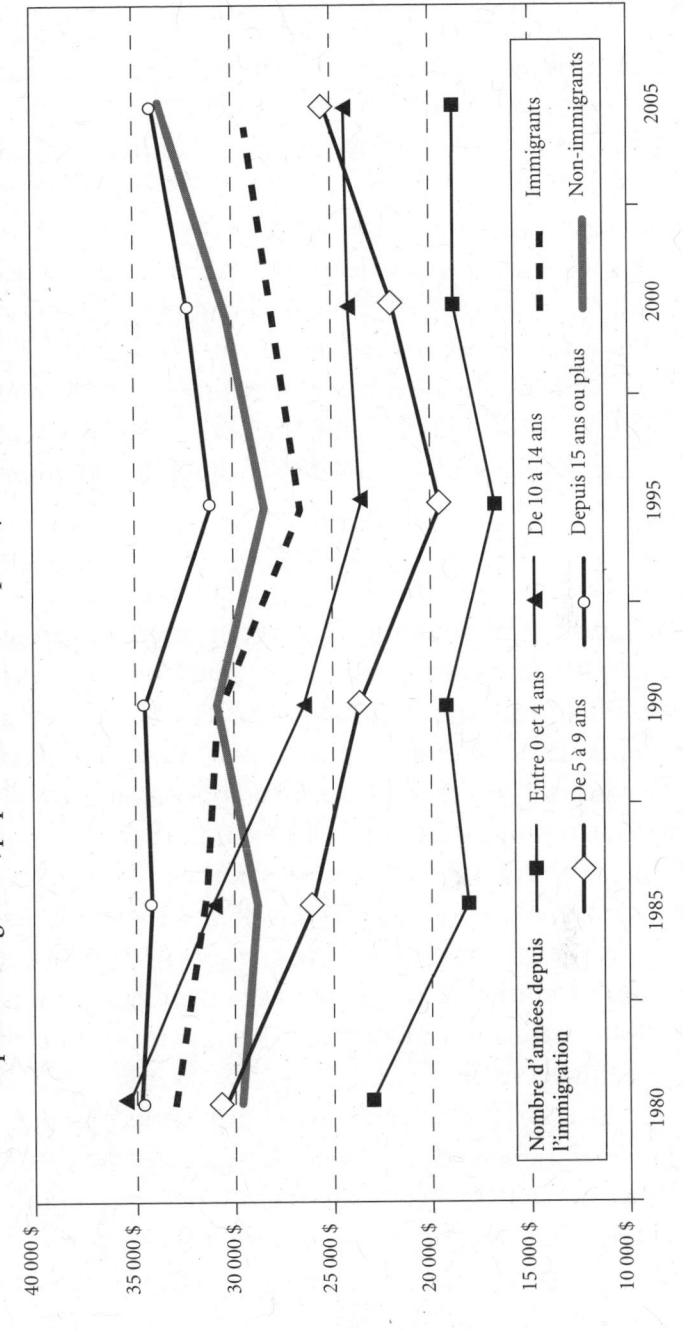

Figure 4.7 — Revenu des immigrants (en dollars constants de 2005) selon le nombre d'années depuis l'immigration, population de 15 ans et plus ayant un revenu, Québec, 1980 à 2005

Source : Statistique Canada, *Recensement de la population de 2006*.

récemment rejoindront (ou même dépasseront) un jour la moyenne canadienne, comme l'ont fait les immigrants arrivés avant 1980 ? Il est évidemment très difficile de le dire. Nous pouvons cependant examiner les tendances récentes pour voir si cette hypothèse est plausible.

La figure 4.7 compare les revenus des immigrants à différents recensements, en fonction du nombre d'années qui se sont écoulées depuis leur arrivée au Canada. Elle laisse croire que le revenu des immigrants plus récents ne rejoindra pas celui des natifs. Le temps passé depuis le moment de l'immigration a toujours un effet favorable sur les revenus, mais il s'est considérablement atténué entre 1980 et 2005. En 1980, le revenu des immigrants arrivés depuis seulement cinq à dix années avait rejoint celui des natifs. En 1985, la parité n'était atteinte que pour les immigrants présents depuis plus de dix ans. La situation a continué de se détériorer par la suite. À partir de 1995, le revenu des immigrants présents depuis dix ou quinze ans ne représentait plus qu'environ 80 % du revenu des natifs, pourcentage toujours valide de nos jours. La situation des immigrants récents se dégrade elle aussi au fil des années. En 1980, le revenu des immigrants récents était déjà considérablement inférieur à celui des natifs (il représentait un peu plus de 75 % de celui-ci). Mais depuis 1995, le revenu des immigrants arrivés depuis moins de cinq ans ne représente plus qu'environ 60 % du revenu des natifs.

La détérioration du revenu des immigrants n'est pas que relative. On observe aussi une baisse de leur revenu réel. Entre 1980 et 1995, le pouvoir d'achat des immigrants de toutes les cohortes s'est dégradé. La situation demeure à peu près constante depuis cette date, et ce, malgré l'enrichissement global de la société (le revenu réel des natifs a augmenté de plus de 15 % entre 1995 et 2005). En 2005, les immigrants récents avaient un revenu réel inférieur de près de 20 % à celui des immigrants récents en 1980. De la même manière, la situation s'est dégradée pour les immigrants de plus longue date.

La tendance générale est claire : les immigrants sont de plus en plus pauvres à leur arrivée, et la hausse de leur revenu est de moins en moins rapide. S'il est vrai que les personnes ayant immigré depuis plus de quinze ans ont encore un revenu équivalent à celui des natifs en 2005, c'est parce qu'une grande partie d'entre elles est arrivée avant la détérioration généralisée survenue au cours des trois dernières décennies.

Pour certaines cohortes d'immigrants, on peut constater une croissance de revenu rapide. Par exemple, les immigrants arrivés entre 1996 et 2000 ont vu leur revenu annuel croître de plus de 6 000 $ (en dollars constants de 2005) entre 2000 et 2005, contre un peu plus de 3 000 $ pour les natifs. Il s'agit d'un bond spectaculaire, mais qui ne doit pas masquer l'écart toujours considérable qui sépare cette cohorte d'immigrants des natifs (25 %). Même si leur revenu continuait de croître à cette vitesse spectaculaire, ils auraient besoin d'une quinzaine d'années encore afin de rattraper les natifs. On peut malheureusement douter que ces immigrants poursuivent sur leur lancée. Il est en effet beaucoup plus probable que la croissance de leur revenu adopte un rythme plus normal au fur et à mesure que se prolongera leur séjour au Québec.

Notons finalement que la croissance exceptionnelle des revenus au cours des premières années suivant l'immigration cache une autre réalité : plusieurs immigrants décident de quitter le Québec peu après leur arrivée. Ces immigrants sont souvent ceux qui rencontrent le plus de difficulté d'intégration économique. En quittant le Québec, ils disparaissent des statistiques, faisant ainsi augmenter le revenu moyen de ceux qui restent.

Et les finances publiques ?

Si le revenu et les gains sont si importants pour déterminer l'impact économique de l'immigration, c'est qu'ils déterminent en grande partie les contributions des immigrants aux finances publiques ainsi que plusieurs des prestations auxquelles ils auront droit. Ces informations sont évidemment cruciales. Si le vieillissement de la population pose problème, c'est d'abord et surtout du point de vue des finances publiques. D'un côté, une population plus âgée signifie moins de gens sur le marché du travail, des revenus moins élevés pour les particuliers et des entrées fiscales moins importantes pour l'État. De l'autre, elle signifie une demande accrue en soins de santé, c'est-à-dire des dépenses supplémentaires pour l'État.

Nécessairement, ceux qui pensent que le Québec a *besoin* d'immigrants estiment que ces derniers contribuent à renverser ces tendances. En d'autres mots, ils croient qu'au cours de leur vie active les immigrants contribueront de façon importante au trésor public, tout en en dépendant peu. Autrement, ils ne pourraient pas soutenir que l'immigration mitige les effets négatifs du vieillissement de la population. Ont-ils raison ? La question est complexe. À notre connaissance, personne au Québec n'a cherché à y répondre. Troublant ? Bien sûr, d'autant plus que la nécessité de « soulager les finances publiques » est la principale justification de la hausse du volume d'immigration vigoureusement promue par Québec. Quand un politicien affirme sans sourciller qu'« immigration = prospérité[13] », il ne faut pas penser qu'il a derrière lui une armée d'économistes ayant étudié les tenants et aboutissants de l'affaire. Personne ne l'a fait, et celui qui chercherait à y arriver rencontrerait des difficultés méthodologiques insurmontables.

Pour déterminer l'impact de l'immigration sur les finances publiques, il faut en effet développer des modèles comptables qui prennent en considération l'apport de l'immigrant, au cours de sa vie, au trésor public ainsi que son coût. La chose semble simple, mais elle ne l'est pas.

Un premier problème est que nous n'avons aucune idée des performances économiques à long terme des immigrants. Nous pouvons mesurer celles des immigrants que nous avons reçus il y a 30 ans, mais nous ignorons ce que seront dans 10, 20 ou 30 ans les performances des arrivants que nous accueillons aujourd'hui. La réalité est que les performances économiques ont tellement changé au cours des dernières années qu'il faut être plutôt téméraire pour avancer des pronostics.

Deuxième problème : nous ne savons pas comment se débrouilleront les enfants et les petits-enfants des immigrants arrivés récemment. Si l'on s'appuie sur les perfor-

---

13. Kathleen Lévesque, « Charest : immigration = prospérité », *Le Devoir,* 17 septembre 2007, p. A1.

mances des enfants des immigrants que nous avons accueillis dans les années 1960 et 1970, on peut penser qu'elles seront bonnes. Or, la situation des immigrants s'est tellement détériorée au cours des trois dernières décennies qu'il est difficile de tenir cela pour acquis.

Un troisième problème est qu'il y a plusieurs manières de déterminer combien un individu « coûte » à l'État et combien il lui « rapporte ». Dans le cas des revenus, la chose est relativement simple. Après tout, la plus grande part des revenus de l'État provient des taxes et des impôts payés par les particuliers, qui sont en grande partie liés à leur revenu. Dans le cas des impôts, il est même possible d'en avoir une idée assez exacte en plongeant dans les fichiers du recensement canadien.

La chose est cependant plus complexe du côté des dépenses. Certaines des dépenses du gouvernement vont directement aux particuliers. C'est ce qu'on appelle les « transferts gouvernementaux » : aide sociale, assurance chômage, allocations familiales, etc. C'est la partie la plus simple à calculer. Les données de Statistique Canada permettent d'ailleurs de connaître les montants reçus par les immigrants et par les natifs.

Plus difficile s'avère le calcul du coût des services dont bénéficient les citoyens, mais qui ne prennent pas la forme de transferts directs. Les plus importants sont les services de santé, d'éducation et de sécurité (la police). Une manière simple de contourner le problème consiste à dire qu'au cours de sa vie l'immigrant utilisera les mêmes services que le natif. Si cela est plausible pour les services de sécurité et les soins de santé (qui surviennent principalement à la fin de la vie), ce ne l'est pas nécessairement pour l'éducation. On peut penser que les immigrants bénéficient moins de ces services, bien que plusieurs retournent aux études à leur arrivée au Québec et qu'ils bénéficient de programmes de soutien à l'intégration et à la francisation.

Il existe un autre type de dépenses pour lequel l'impact de l'immigration est encore plus difficile à déterminer. Il s'agit des dépenses qui ne prennent pas la forme de services aux particuliers : la défense nationale, les affaires étrangères, l'administration publique, l'environnement, les communications, les infrastructures, la recherche, etc. Ces dépenses croissent parfois de façon proportionnelle à la population, parfois non. Dans plusieurs cas, l'évolution de ces dépenses répond à une logique essentiellement politique, en fonction des ressources disponibles et des jeux d'influence au sein du gouvernement.

Il n'existe malheureusement pas de façon efficace de résoudre ce problème. Au mieux, il est possible de le contourner. Dans un rapport préparé pour le Centraal Planbureau (le bureau néerlandais de la planification stratégique), Hans Roodenburg et ses collègues proposent une manière élégante de le faire[14]. En s'appuyant sur des données historiques, il suppose que ces dépenses croîtront à la même vitesse que le PIB. Comme la contribution des immigrants au PIB dépend largement de leur performance économique, l'immigration aura d'autant moins d'impact sur cette composante des dépenses publiques que l'intégration des immi-

---

14. Hans Roodenburg, Rob Euwals et Harry ter Rele, *Immigration and the Dutch Economy*, La Haye, Centraal Planbureau, Special Publication 47, 2003.

grants à l'économie sera mauvaise. À l'inverse, si la situation économique des immigrants est meilleure, l'immigration contribuera davantage à faire croître ces dépenses. La solution est un peu bancale, mais nous ne voyons pas ce que nous pourrions faire de plus. À moins, bien sûr, d'acheter une boule de cristal...

Les conclusions de Roodenburg et de ses collègues pour les Pays-Bas sont néanmoins intéressantes. D'abord, ils soulignent que l'effet de l'immigration sur les finances publiques est plutôt modeste. Cela ne devrait pas nous surprendre, étant donné ce que nous avons vu jusqu'à présent. Ensuite, ils soulignent que cet effet est négatif. Loin d'alléger le fardeau du vieillissement, l'immigration vient l'alourdir. Cette situation s'explique par le fait que les immigrants aux Pays-Bas affichent en moyenne de moins bonnes performances économiques que les natifs et, par conséquent, paient moins d'impôts, tout en recevant davantage en transferts gouvernementaux[15].

Peut-on penser que la situation est semblable au Québec ? L'immigration représente-t-elle un fardeau pour les dépenses publiques ? Pour les raisons que nous avons mentionnées plus haut, il est impossible de répondre à cette question de manière certaine. Il est néanmoins possible de s'en faire une petite idée en examinant les indicateurs les moins problématiques : les transferts gouvernementaux reçus et l'impôt payé par les immigrants.

Dans le recensement canadien, la variable « total des transferts gouvernementaux » inclut les revenus de pension

---

15. *Ibid.*, p. 80-81.

de la sécurité de la vieillesse, le supplément de revenu garanti, les allocations au survivant, les prestations de la Régie des rentes du Québec ou du Régime de pensions du Canada, les prestations d'assurance emploi, les prestations pour enfants et les autres revenus de sources publiques, comme l'aide sociale, les prestations de soutien au revenu et les remboursements de taxe de vente.

Pour éviter de prendre en considération les revenus de pension — qui font exploser les transferts reçus par les personnes plus âgées —, on peut se concentrer sur la population âgée de 25 à 54 ans. La figure 4.8 indique le montant des transferts gouvernementaux reçus par les Québécois et Canadiens en fonction de leur origine (natifs ou immigrants) et de leur période d'immigration. Le premier point à noter est que les Québécois — immigrants ou non — reçoivent en moyenne des transferts beaucoup plus importants que les autres Canadiens. Un Québécois natif, par exemple, recevait 2 928 $ en 2005, pratiquement une fois et demie ce que recevait un natif du reste du Canada, qui devait se contenter de 2 086 $. On le dit souvent, l'État social québécois est plus développé que l'État social canadien. En voilà une illustration éloquente.

Un deuxième point à noter est que les immigrants québécois arrivés avant 1991 tendent à recevoir des transferts à peu près équivalents à ceux des natifs, mais que les immigrants arrivés après cette date tendent à recevoir beaucoup plus. Cette évolution s'explique très certainement par la dégradation de l'intégration des immigrants à l'économie après 1980. Le revenu des immigrants arrivés récemment est nettement inférieur à celui de ceux qui sont arrivés précédemment. Les immigrants récents ont donc plus fréquem-

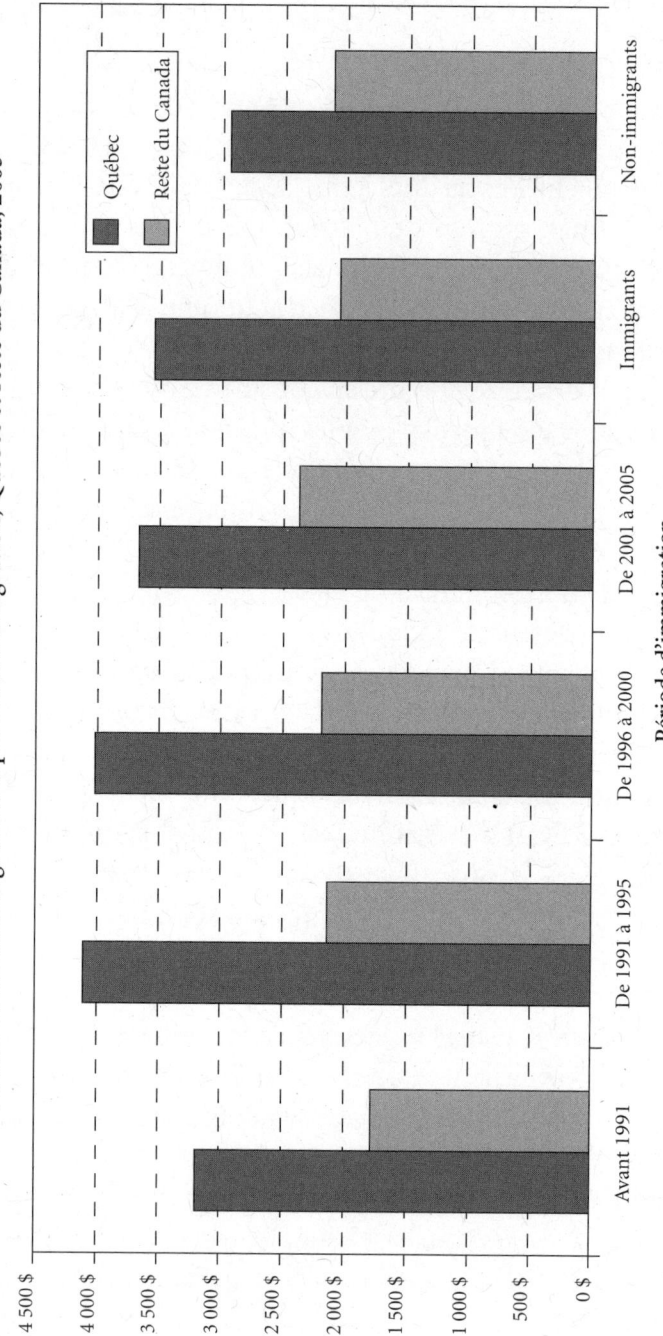

Figure 4.8 — Moyenne des transferts gouvernementaux reçus par la population âgée de 25 à 54 ans selon le statut d'immigrant et la période d'immigration, Québec et reste du Canada, 2005

Source : Statistique Canada, *Recensement de la population de 2006*.

ment recours aux différents programmes de soutien au revenu, dont l'aide sociale.

Dans leur étude sur l'intégration des immigrants au marché du travail, Boudarbat et Boulet soulignent que le Québec se distingue du reste du Canada par le fait que les immigrants y reçoivent davantage de transferts gouvernementaux que les natifs. Les auteurs utilisent cependant les données du recensement de 2000, qu'ils ne ventilent pas en fonction de l'année d'immigration. Cela a pour effet de laisser penser que les immigrants sont un fardeau pour les finances publiques au Québec, alors que le Canada, grâce à son État social moins développé, parvient à limiter les transferts gouvernementaux aux immigrants.

Les données de 2005 montrent cependant que la situation dans le reste du Canada suit une tendance qui n'est pas si éloignée de celle qui prévaut au Québec. En 2005, les transferts gouvernementaux reçus par les immigrants du reste du Canada (2 034 $) avaient rejoint ceux qui étaient reçus par les natifs (2 086 $). Les immigrants arrivés plus récemment — depuis le début des années 1990 — recevaient des transferts légèrement supérieurs à la moyenne des natifs. Comme cette tendance est surtout marquée chez les immigrants les plus récents, le prochain recensement révélera sans doute que les immigrants du reste du Canada — comme ceux du Québec — bénéficient davantage des transferts gouvernementaux que les natifs. La présence d'un système social moins développé — plus « à droite » pourrait-on dire — permet au Canada de faire un peu d'économies en ce sens, mais ne l'immunise pas contre les tendances lourdes que l'on observe au Québec. Partout au Canada, une plus faible intégration des immigrants à l'économie au cours des dernières décennies coïncide avec une plus grande dépendance aux transferts gouvernementaux.

Le fait que les immigrants reçoivent plus en transferts gouvernementaux que les natifs laisse penser que l'immigration nuit aux finances publiques québécoises davantage qu'elle n'y contribue. Les transferts ne représentent cependant qu'un seul côté de l'équation. Il en existe un autre : les recettes fiscales. Dans leur étude de l'impact de l'immigration aux Pays-Bas, Hans Roodenburg et ses collègues soulignent que cette variable est encore plus importante que les transferts sociaux[16]. Pourquoi ? C'est très simple. L'écart entre l'impôt payé par les immigrants et celui que paient les natifs est tout simplement plus grand que l'écart entre les transferts et services qu'ils reçoivent respectivement. Aux Pays-Bas comme au Canada, l'impôt sur le revenu est progressif. Par conséquent, un écart de revenu a un impact important sur l'impôt payé, alors que l'impact sur les transferts et services reçus est plus modeste.

Pour le Canada, la preuve de l'écart entre les natifs et les immigrants se trouve à nouveau dans les données du recensement, qui nous permettent d'estimer l'impôt payé par différents groupes. La figure 4.9 présente les données pour l'année 2005. Que peut-on en dire ? D'abord, on constate que les Québécois paient considérablement moins d'impôts que les autres Canadiens, qu'ils soient immigrants ou non. Curieux ? On vous avait dit que le Québec était l'endroit le plus « taxé » en Amérique du Nord ? Ça dépend de la façon dont on voit les choses. Les taux d'imposition au Québec

---

16. *Ibid.*, p. 80-81.

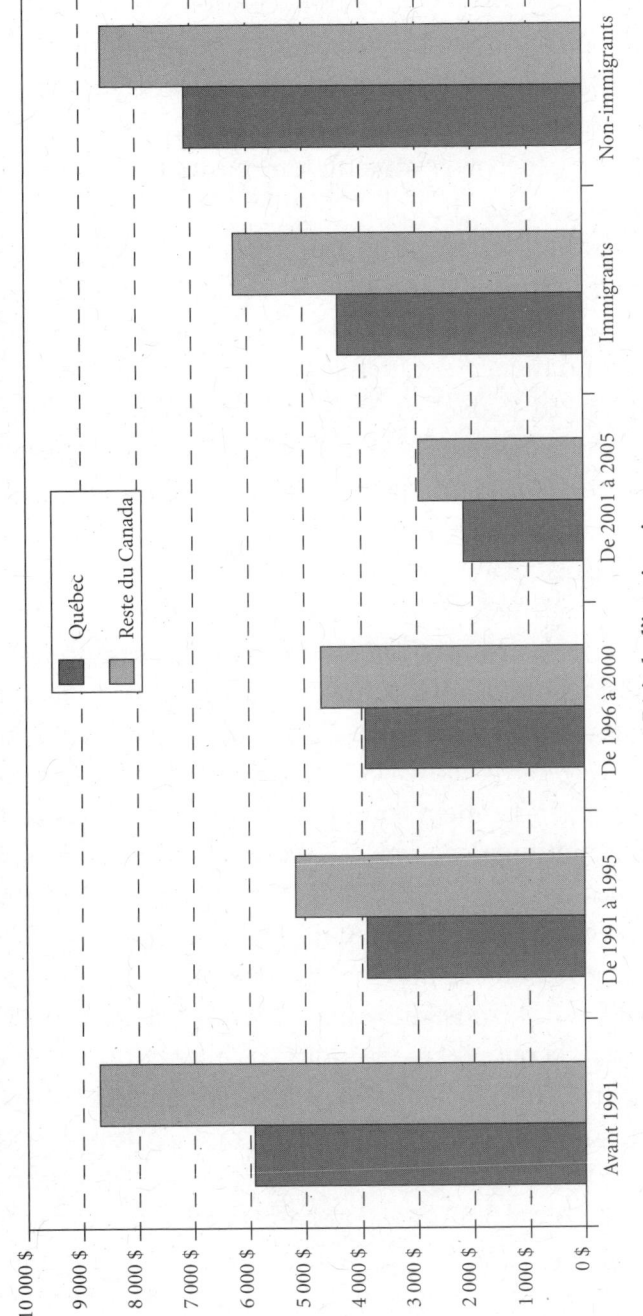

Figure 4.9 — Moyenne des impôts gouvernementaux payés par la population âgée de 25 à 54 ans selon le statut d'immigrant et la période d'immigration, Québec et reste du Canada, 2005

Source : Statistique Canada, *Recensement de la population de 2006*.

sont relativement élevés, mais les revenus des Québécois sont aussi plus bas que ceux des autres Canadiens. En valeur absolue, les Québécois comptent donc parmi les Canadiens qui paient le moins d'impôts. Voilà de quoi célébrer.

Ensuite, il faut noter que les immigrants paient en moyenne moins d'impôts que les natifs et que seule la cohorte arrivée avant 1991 dans le reste du Canada échappe à la tendance. Au Québec, les immigrants paient en moyenne 61 % de l'impôt payé par les natifs, et le niveau est encore plus bas pour les cohortes arrivées depuis 1991. Dans le reste du Canada, où leur taux d'emploi est pourtant largement supérieur, les immigrants ne paient que 72 % de l'impôt que paient les natifs.

Si le Canada réussit mieux que le Québec dans ce domaine, les immigrants y sont encore très loin d'avoir rejoint les natifs pour ce qui est de l'impôt payé. Il est bien entendu difficile de tirer des conclusions définitives pour les cohortes plus récentes. Leur processus d'intégration à l'économie canadienne n'étant pas complété, l'impôt qu'elles paient continuera de croître au cours des prochaines années. Mais les choses sont plus inquiétantes pour les immigrants arrivés entre 1991 et 1994. Alors qu'ils sont au Canada depuis dix à quinze ans, l'impôt qu'ils paient ne représente encore que 60 % de la moyenne canadienne. Quelle est la probabilité qu'ils la rejoignent un jour ? Il n'existe pas de méthode pour la calculer, mais elle est nécessairement très faible…

La question de l'impôt payé est rarement abordée dans les études sur l'intégration économique des immigrants. Pourtant, cette donnée est probablement la plus importante pour déterminer l'impact général de l'immigration sur les finances publiques. Si l'on croit que l'immigration vient réduire les pressions sur les finances publiques occasionnées par le vieillissement, c'est nécessairement parce que l'on croit que la contribution fiscale des immigrants est relativement importante. Si la rectitude politique nous donne *une* raison d'adhérer à cette croyance, les données du recensement nous donnent *toutes* les raisons de penser le contraire.

5
Il suffirait de presque rien...

Faisons le point. L'immigration n'a qu'un impact faible sur la structure par âge de la population et sur l'offre sur le marché du travail. L'immigration ne peut pas être assez forte pour renverser les tendances à l'œuvre dans le reste de la population. Elle peut néanmoins contribuer modestement et temporairement à ralentir la diminution de la part de la population en âge de travailler, ce qui peut s'avérer bénéfique si les performances économiques des immigrants rejoignent rapidement celles des natifs. Or, ce n'est pas le cas — ni au Québec ni au Canada — pour les cohortes arrivées au cours des trois dernières décennies.

Si l'impact de l'immigration sur les salaires est probablement négligeable à long terme, l'impact sur les finances publiques est probablement négatif, les immigrants recevant davantage de transferts fiscaux et payant moins d'impôts. Il n'existe aucune raison de penser que cette situation s'améliorera au cours des prochaines années, les tendances récentes suggérant plutôt une détérioration.

Devant la montagne de données démontrant l'absence d'effets positifs de l'immigration sur l'économie québécoise et canadienne, deux attitudes sont possibles. La première est le déni : comment est-ce possible, alors que tous les politiciens et tous les chroniqueurs affirment le contraire ?

La seconde attitude consiste à reconnaître que la réalité est moins rose qu'on le voudrait, mais à soutenir du même souffle qu'il suffit de l'infléchir pour que l'immigration révèle son « plein potentiel ». La situation actuelle est présentée comme « anormale » : si les performances des immigrants sont mauvaises, la logique voudrait qu'elles soient bonnes. Il ne reste dès lors qu'à trouver la bonne variable sur laquelle agir pour rétablir les choses. De toute façon, nous n'avons pas le choix, puisque l'immigration est essentielle pour éviter la « catastrophe du vieillissement ».

Un exemple de ce genre de réponse se trouve dans un texte de Marie-Andrée Chouinard, commentant l'étude de Boudarbat et Boulet sur l'intégration économique des immigrants au Québec :

> Au Québec, les nouveaux arrivants sont de plus en plus scolarisés, maîtrisent davantage le français et se retrouvent dans la tranche d'âge la plus active sur le marché de l'emploi. Dans l'absolu, sur fond de démographie chancelante et de pénurie de main-d'œuvre, ils ont tout pour plaire, et on les choisit précisément pour consolider une activité économique menacée. En pratique, ils peinent, hélas ! à exploiter leur expérience. Et le « potentiel élevé » ne suffit pas à soutenir une famille. Le Québec multiplie les opérations de charme auprès d'une population immigrante dont il a cruellement besoin, mais il se désiste au moment crucial de l'insertion professionnelle[1].

---

1. Marie-Andrée Chouinard, « Immigration : potentiel élevé », *Le Devoir*, 9 avril 2010, p. A8.

La thèse est pour le moins claire : le Québec a besoin d'immigrants, les immigrants « ont tout pour plaire » et, pourtant, ils n'y parviennent pas. Évidemment, on pourrait également en conclure que le Québec n'a pas besoin d'immigrants, ou encore que les immigrants n'ont pas tout pour plaire. Chouinard évite cependant cette conclusion désagréable pour en choisir une plus commode : le Québec « se désiste au moment crucial de l'insertion professionnelle ». Mais en quoi le Québec se désiste-t-il ? La réponse de Chouinard est convenue :

> Les facteurs qui expliquent cet écart sont multiples, mais reposent tous sur une intégration défaillante. Les conditions d'accès sévères aux professions expliquent en partie le taux élevé d'inactivité des immigrants. L'expliquent aussi le corporatisme abusif de certains ordres professionnels ; le dédain des employeurs pour le diplôme étranger ; la francisation défaillante ; les pratiques d'embauche discriminatoires causées par l'opacité des barrières culturelles ; la faiblesse des modes de recrutement[2].

Examinons l'un après l'autre les facteurs évoqués qui ont en commun de faire peser la responsabilité de l'échec de l'intégration économique sur les épaules des institutions québécoises.

---

2. *Ibid.*

Un corporatisme abusif

Les conditions d'accès aux professions sont difficiles pour les immigrants, il va sans dire, mais le « corporatisme abusif » des ordres professionnels a le dos large dans le débat sur l'intégration des immigrants. Les médecins, les ingénieurs et les avocats ne sont évidemment pas irréprochables. Les ordres professionnels auxquels ils appartiennent ont une double nature qui a toujours posé problème. D'un côté, ils doivent protéger la société contre les mauvaises actions de leurs membres. De l'autre, ils doivent défendre les intérêts de leurs membres contre le reste de la société. Évidemment, une manière de défendre les intérêts économiques est de restreindre l'accès à la profession, de façon à entretenir une pénurie artificielle. Ainsi, les immigrants ont de la difficulté à entrer dans la profession, mais on peut dire la même chose des natifs.

Le corporatisme des ordres professionnels n'est pas une vue de l'esprit, mais il n'est pas susceptible d'expliquer les difficultés d'intégration des immigrants admis au Québec. D'abord, la vaste majorité de ces immigrants n'exercent pas une profession régulée par un ordre professionnel. Ensuite, il ne faut pas surestimer la résistance des ordres aux demandes d'équivalence. Selon Louis Beaulieu, président du Conseil interprofessionnel du Québec, environ 10 % des immigrants présentent une demande d'équivalence et 84 % des demandes présentées entre 1997 et 2006 ont été acceptées[3]. Il est bien sûr possible que certains immigrants ne pré-

---

3. Louis Beaulieu, « Les immigrants et les ordres professionnels : mythes et réalités », *Le Devoir*, 5 décembre 2007, p. A7.

sentent pas de demande d'équivalence, par crainte d'être refusés, mais quelle preuve existe-t-il à cet effet ?

Finalement, il ne va pas de soi que les ordres *devraient* reconnaître les diplômes étrangers. Le monde professionnel québécois possède en effet des spécificités importantes qui expliquent l'importance pour les professionnels d'acquérir leur formation ici. On peut penser notamment à la connaissance de l'environnement juridique et réglementaire des professions que ne peuvent avoir les gens formés hors Québec. En somme, on ne voit pas spontanément quel changement aux ordres professionnels viendrait modifier de façon importante l'intégration économique des immigrants.

Un dédain pour les diplômes étrangers ?

Le « dédain des employeurs pour le diplôme étranger » est très relatif. Nous ne connaissons aucun employeur ayant du dédain pour les diplômes de Harvard, de Yale ou d'Oxford. Pourquoi ? Parce que ce sont les meilleures universités au monde. Elles sélectionnent les meilleurs étudiants, embauchent les meilleurs professeurs et disposent d'impressionnantes infrastructures d'encadrement et de recherche. Le « dédain » concerne d'abord et avant tout les diplômes acquis dans les pays les moins avancés, dans les régions du monde — Asie, Afrique, Amérique latine et Caraïbes — où se concentrent les universités moins reconnues, disposant de beaucoup moins de ressources que leurs consœurs des pays riches. Qu'est-ce que cela signifie concrètement ? Que ces universités ont moins de soutien pour les étudiants, moins d'infrastructures scientifiques, de moins bonnes bibliothèques, un accès plus difficile à la littérature scientifique et une plus faible capacité à attirer des professeurs et des chercheurs compétents.

À cela s'ajoute un problème de taille : la corruption qui mine la plupart des pays économiquement moins avancés. L'un d'entre nous (Dubreuil) a séjourné il y a quelques années en Russie. Il a pu y constater les effets qu'a la corruption lorsqu'elle s'infiltre dans un système universitaire. Non seulement les étudiants doivent offrir des pots-de-vin pour obtenir des places dans les bonnes universités, mais il y est aussi courant de payer les professeurs pour obtenir de bonnes notes. À cela s'ajoute l'omniprésence des faux diplômes, vendus pour quelques dollars sur Internet et dans les marchés aux puces. Cela ne signifie pas que tous les diplômés russes soient incompétents, mais il faut être bien naïf pour considérer un diplôme russe comme un indicateur fiable de compétence. Qui peut vraiment soutenir qu'il en va autrement d'autres pays sources de l'immigration ?

Une francisation défaillante ?

Que signifie maintenant une « francisation défaillante » ? L'expression laisse entendre qu'il est possible de mettre sur pied un système de francisation idéal, c'est-à-dire capable d'amener les immigrants que nous recevons actuellement à un niveau de compétence linguistique qui éliminerait leur désavantage par rapport aux natifs. Il ne reste plus qu'à trouver ce système… Évidemment, on nage ici dans le rêve. Les efforts de francisation du gouvernement sont certes louables, mais ils ne peuvent que donner un coup de pouce aux immigrants les plus motivés à apprendre le français.

Pour obtenir de meilleurs résultats en francisation, le

gouvernement a le choix entre deux méthodes, qui ne sont pas mutuellement exclusives : le bâton et la carotte. Du côté du bâton, il peut réserver l'accès à différents droits ou services aux immigrants qui apprennent le français. C'est ce que proposait le projet de loi sur l'identité du Parti québécois, présenté en 2007, qui suggérait de créer une citoyenneté québécoise dont l'obtention aurait pour condition la connaissance du français[4]. Cela pourrait également s'appliquer à certaines prestations sociales.

Du côté de la carotte, il pourrait décider d'investir massivement dans le soutien à la francisation. Actuellement, un immigrant sans connaissance du français a droit à trois cours de 11 semaines chacun. Il peut aussi bénéficier d'un soutien financier de 115 $ par semaine pendant qu'il suit ces cours. Il serait évidemment possible d'augmenter le nombre de cours offerts gratuitement aux immigrants. On peut penser que certains immigrants seraient heureux d'étudier plus longtemps le français.

Mais le problème est que la grande majorité des immigrants ne souhaitent pas se prévaloir de cours de francisation. Ils préfèrent accéder plus rapidement au marché du travail et améliorer leurs connaissances linguistiques « sur le tas ». On pourrait bien sûr les inciter à se franciser en augmentant la valeur du soutien auquel ils ont droit. Le problème est que, pour les convaincre de rester sur les bancs de l'école, il faudrait probablement leur donner davantage que ce qu'ils gagnent sur le marché du travail. En 2005, le revenu

---

4. Robert Dutrisac, « Marois veut une loi 101 de l'identité », *Le Devoir*, 19 octobre 2007, p. A1.

moyen d'un immigrant récent âgé de 25 à 44 ans était de 21 148 $. Comme revenu, c'est plutôt faible, mais s'il faut payer ce montant pour convaincre l'immigrant de participer à des cours de francisation, la facture explosera rapidement.

Des pratiques d'embauche discriminatoires ?

Pour certains, la discrimination traverse le marché du travail québécois d'un bout à l'autre, agissant comme une force sourde pipant les dés contre les immigrants au moment de l'embauche. Pourtant, la discrimination seule n'est pas en mesure d'expliquer les résultats défavorables des immigrants sur le marché du travail.

Imaginez un marché du travail où 50 % des travailleurs ont les cheveux blonds et 50 % ont les cheveux bruns. Puis, imaginez que la couleur des cheveux de ces travailleurs n'est pas du tout corrélée avec leur compétence, c'est-à-dire que le fait d'avoir les cheveux blonds ou bruns n'a rien à voir avec le fait d'être un travailleur compétent ou non. Imaginez ensuite que certains employeurs — pour une raison qui n'a rien à voir avec l'économie — n'aiment pas les travailleurs aux cheveux blonds et refusent d'en embaucher. Que se passera-t-il ? Ces employeurs devront embaucher dans un bassin de main-d'œuvre plus restreint : les travailleurs aux cheveux bruns.

Les travailleurs aux cheveux bruns auront avantage à poser leur candidature chez les employeurs qui discriminent, alors que les blonds auront avantage à poser leur candidature chez ceux qui ne discriminent pas. On se retrouvera alors avec un marché du travail segmenté — les blonds et les bruns travaillant pour des employeurs différents —, mais qui ne présentera pas nécessairement un écart entre les salaires des deux types de travailleurs. Évidemment, un différentiel salarial peut apparaître si les employeurs qui discriminent sont beaucoup plus nombreux que ceux qui ne discriminent pas. Mais cette situation ne peut être que temporaire. Pourquoi ?

Imaginez que vous êtes un employeur et que tous vos compétiteurs choisissent — en dehors de toute logique économique — de ne pas embaucher de travailleurs blonds. Que devez-vous faire ? Si les travailleurs blonds sont aussi compétents que les bruns, la réponse est simple : embaucher uniquement des blonds. Comme personne n'en veut, vous pourrez les payer moins cher. Votre avantage comparatif vous permettra de gagner des parts de marché, de prendre de l'expansion et d'embaucher davantage de blonds. Vous pourrez maintenir cette stratégie tant et aussi longtemps que l'équilibre économique n'aura pas été atteint, c'est-à-dire tant et aussi longtemps que la demande pour les blonds demeurera inférieure à la demande pour les bruns.

Où voulons-nous en venir avec cet exemple ? À une conclusion simple : dans une économie de marché compétitive, la discrimination gratuite ne peut pas durer bien longtemps. La raison n'est pas difficile à comprendre : un employeur qui discrimine gratuitement se nuit. Il ne fait que renoncer à utiliser des ressources disponibles sur le marché du travail. Plus il discrimine, plus il incite ses compétiteurs à ne pas discriminer.

Évidemment, cela ne veut pas dire que la discrimination n'existe pas. Plusieurs études ont montré que les employeurs pouvaient refuser des candidats sur la base de critères discriminatoires : nom, origine, religion, couleur de la peau. Dans une expérience réalisée dans la région de Toronto, par exemple, Phil Oreopoulos a montré qu'à expérience et diplômes équivalents, les candidats dont le nom avait une consonance britannique, comme « Greg Johnson » ou « Emily Brown », étaient à 50 % davantage susceptibles de recevoir une réponse que ceux dont le nom avait une consonance chinoise, comme « Dong Liu » ou « Fang Wang[5] ». Le problème est que la discrimination apparaît dans un contexte social et institutionnel beaucoup plus large. Si large, en fait, qu'il n'y a généralement pas beaucoup de sens à l'étudier ou à la combattre isolément, sans considération pour la multitude de facteurs auxquels elle est liée.

L'un des problèmes est que l'origine ethnique ou l'appartenance culturelle est souvent liée à des caractéristiques économiquement pertinentes : compétences linguistiques, cheminement scolaire, valeurs, connaissances des institutions et des codes culturels, etc. Un employeur doit souvent arrêter son choix parmi plusieurs dizaines de candidats. Il n'a ni les moyens ni le temps de réaliser une enquête sur chacun. Le fait de discriminer les candidats sur la base de leur origine culturelle — qu'il le fasse de manière consciente ou non — est souvent une façon pour lui de cibler ce qui lui apparaît comme une valeur sûre. Le phénomène n'est évidemment pas le propre des majorités nationales historiques, mais il s'observe également au sein des communautés culturelles : un épicier libanais fera davantage confiance à un candidat

---

5. Phil Oreopoulos, « Why Do Skilled Immigrants Struggle in the Labour Market ? A Field Experiment with Six Thousand Resumes », *NBER Working Paper nº 15036*, 2009.

libanais qu'à un candidat chinois, alors qu'un restaurateur chinois discriminera volontiers en faveur d'un candidat chinois.

Nous nous rapprochons peut-être ici de ce que Chouinard appelle « l'opacité des barrières culturelles ». De tout temps, les relations économiques ont été traversées par un problème crucial : la confiance. Comment s'assurer que la personne avec qui l'on entre en relation d'affaires respectera sa part d'obligations ? Comment faire en sorte qu'elle n'abusera pas de notre naïveté et qu'elle ne tirera pas profit de nous ? Depuis toujours, les gens ont utilisé des critères simples et rapides pour estimer la fiabilité d'autrui. D'où vient-il ? Qui connaît-il ? Que sait-il faire ? Quelle est sa réputation ?

Les « barrières culturelles opaques » dont parle Chouinard désignent précisément ces codes qui se mettent en place au sein des sociétés afin de permettre des interactions économiques fructueuses. Les employeurs savent que telle école, telle université, tel programme ou tel professeur sont fiables, alors que tels autres ne le sont pas. Ils savent qu'une expérience de travail dans telle entreprise permet d'acquérir telle compétence ou tel réseau de contacts. Ils savent à qui téléphoner pour en savoir davantage sur tel candidat. Ils ont confiance lorsqu'ils ont affaire à des gens dont le parcours est similaire au leur.

En revanche, ils sont perplexes devant des cheminements qui ne leur disent rien : une formation dans une université inconnue, une expérience chez un employeur dont ils n'ont jamais entendu parler et que la barrière de la langue les empêche de contacter, etc. Comment exactement doit-on lever ces vilaines « barrières culturelles » qui représentent autant d'obstacles à l'emploi ? En créant un code universel permettant d'évaluer dans le détail et de façon objective l'ensemble des aptitudes d'un candidat ? Bonne chance...

Des modes de recrutement défaillants ?

Que dire ensuite de la « faiblesse des modes de recrutement » ? Les employeurs québécois ont recours à une pluralité de modes de recrutement : sites Web d'entreprises ou du gouvernement, journaux, événements spéciaux, banques de CV, agences de personnel, bouche à oreille, etc. On présume que la « faiblesse des modes de recrutement » renvoie à l'importance des critères informels, auxquels les deux tiers des entreprises québécoises ont recours[6]. Comme les immigrants ont souvent besoin de plusieurs années avant de s'intégrer à des réseaux sociaux, ils sont moins susceptibles de bénéficier du bouche à oreille que les natifs.

Certains n'hésitent pas à envoyer au banc des accusés ces vilains réseaux sociaux si cruciaux à l'embauche. Pierre Nepveu, professeur de littérature à l'Université de Montréal, souligne dans un article sur le « racisme au Québec » que

> le recrutement se fait largement de bouche à oreille et qu'on a donc tendance à maintenir les réseaux déjà constitués : anciens condisciples, cercles d'amis et de collègues existants, etc. Rien ne sert de nier le fait que la société québé-

---

6. Centre d'étude sur l'emploi et la technologie, « Enquête sur le recrutement et l'emploi au Québec, dimension régionale, données de 2008 », série *Les indicateurs du CETECH,* Montréal, 2010, p. 16.

coise est petite, tricotée serrée [...]. [C]ette taille et cette structure peuvent créer des zones de forte résistance à l'intégration de l'autre[7].

Le message est clair : si les employeurs n'avaient ni amis ni anciens collègues — bref, s'ils n'étaient intégrés à aucun tissu social —, ils seraient moins résistants à l'« Autre ». Possible. Mais il existe une autre manière de voir les choses. Elle consiste à reconnaître que les réseaux sociaux sont au fondement de notre vie économique. Ce sont eux qui rendent notre économie productive, en permettant l'apparition de liens de confiance entre les individus. Cela n'a rien à voir avec la société québécoise ou son prétendu « tricotage serré », mais avec la nature des relations humaines. Le fait que plusieurs immigrants aient besoin de temps avant d'accéder à un réseau social ne montre pas qu'il y a quelque chose qui ne tourne pas rond avec la société d'accueil, mais bien qu'il y a des limites à ce que l'on peut espérer de l'immigration sur le plan économique.

Il existe évidemment un remède simple permettant de combler les lacunes des immigrants : le temps. Ce n'est d'ailleurs pas un hasard si leurs conditions économiques s'améliorent normalement de façon substantielle avec les années. Il n'est pas interdit de penser que l'on peut donner un coup de pouce à l'intégration. Plusieurs organismes communautaires, par exemple, font un travail louable pour faciliter l'insertion des immigrants dans le tissu social québécois. Ici

---

7. Pierre Nepveu, « Le racisme au Québec : éléments d'une enquête », *Liberté*, n° 285 (2009), p. 61-62.

comme ailleurs, il faut cependant se méfier des faiseurs de miracles. Un immigrant ne peut pas construire ici en quelques années des liens de confiance équivalant à ceux qu'un natif construit depuis sa naissance.

La tâche semble d'autant plus impossible que la plupart des immigrants que nous accueillons ne fréquenteront pas nos écoles, collèges et universités, principaux lieux de socialisation des jeunes Québécois. Plusieurs d'entre eux arrivent dans la trentaine, âge auquel ils ont déjà fondé une famille et où les occasions de socialisation sont plus limitées.

Que s'est-il passé ?

Les explications dont nous avons parlé jusqu'à présent ont toutes en commun de montrer du doigt la société et les institutions québécoises. Il serait évidemment inacceptable de voir dans l'échec de l'intégration le résultat de processus économiques normaux pour lesquels personne n'est à blâmer et sur lesquels nous ne pouvons exercer collectivement qu'un contrôle marginal.

Depuis quelques années, plusieurs chercheurs canadiens se sont penchés sur les causes de la détérioration des conditions économiques des immigrants. Si les causes exactes du phénomène font encore l'objet de débats, un consensus s'est créé quant à l'importance de certains facteurs. D'abord, il faut noter que l'immigration a changé au cours des trois dernières décennies. Au recensement de 2006, le Canada comptait 1 952 000 immigrants nés aux États-Unis ou dans la vieille Europe. La grande majorité de ces immigrants (86 %) étaient arrivés au Canada avant 1991. Au même moment, il y avait au Canada 2 683 000 immigrants originaires d'Afrique, d'Asie et du Moyen-Orient. Pas moins de 61 % d'entre eux étaient arrivés au Canada après 1991. Le changement est massif. Il correspond à ce que les spécialistes de l'immigration au Canada appellent le passage d'une immigration « traditionnelle » à une immigration « non traditionnelle ».

Les spécialistes de la question s'entendent pour dire que l'évolution de la composition de l'immigration peut expliquer jusqu'au tiers de la dégradation des performances des immigrants au cours des dernières décennies[8]. Les immigrants originaires des régions non traditionnelles se débrouillent en moyenne moins bien à leur arrivée que les autres, même à niveaux d'instruction et d'expérience égaux. Comment expliquer cette situation ? Il existe plusieurs possibilités que les économistes ont de la difficulté à départager. Les connaissances linguistiques y sont sans doute pour quelque chose. Traditionnellement, le Canada comptait un grand nombre d'immigrants originaires de pays anglophones (États-Unis ou Royaume-Uni), ou parlant des langues européennes relativement proches du français ou de l'anglais. La proximité culturelle entre le Canada et le pays d'origine de ces immigrants était grande, rendant la transition d'autant plus facile. Puisque l'intégration à l'économie

---

8. Abdurrahman Aydemir et Mikal Skuterud, « Explications de la détérioration des gains au niveau d'entrée des cohortes d'immigrants au Canada : 1966-2000 », *Études analytiques, documents de recherche sur l'analyse économique*, Ottawa, Statistique Canada, n° 11F0019MIT2004225 au catalogue, 2004 ; Garnett Picot et Arthur Sweetman, « Dégradation du bien-être économique des immigrants et causes possibles : mise à jour 2005 ».

dépend de la maîtrise de codes culturels informels et de la compréhension du fonctionnement des institutions, l'importance de ce facteur n'est probablement pas négligeable, même si elle est difficile à quantifier.

Finalement, comme les nouveaux immigrants appartiennent davantage aux minorités visibles, il n'est pas impossible que la discrimination soit en partie responsable de leurs difficultés. Les économistes (contrairement aux journalistes) n'évoquent cependant cette possibilité qu'avec prudence, sachant qu'« il est très difficile de démêler cet ensemble de caractéristiques fortement liées les unes aux autres, comme la capacité linguistique et le statut de minorité visible, associées à l'évolution des pays d'origine[9] ».

Un second facteur expliquant la détérioration des revenus des immigrants est la baisse du rendement de l'expérience de travail acquise par eux avant leur arrivée au Canada. Les économistes parlent d'un déclin de la « transférabilité internationale du capital humain ». Selon Aydemir et Skuterud, ce facteur est aussi important que les changements dans la composition de l'immigration[10]. Il n'expliquerait pas moins que le tiers de la détérioration observée au cours des dernières décennies. Que s'est-il passé ?

Autrefois, un immigrant qui arrivait au Canada pouvait

---

9. Garnett Picot et Arthur Sweetman, « Dégradation du bien-être économique des immigrants et causes possibles : mise à jour 2005 », p. 17.

10. Abdurrahman Aydemir et Mikal Skuterud, « Explications de la détérioration des gains au niveau d'entrée des cohortes d'immigrants au Canada : 1966-2000 ».

y faire valoir l'expérience qu'il avait acquise à l'étranger. Aujourd'hui, les employeurs semblent ne plus accorder d'importance à cette expérience. Par conséquent, les immigrants qui arrivent au Canada à un stade plus avancé de leur carrière ont beaucoup plus de difficulté à s'intégrer à l'économie que ceux qui arrivent plus jeunes[11]. Il est important de noter que la dévaluation de l'expérience acquise à l'étranger vaut d'abord et avant tout pour les immigrants originaires de régions non traditionnelles. Aujourd'hui comme hier, les immigrants provenant des États-Unis, de France ou du Royaume-Uni ont beaucoup moins de difficulté à faire valoir leur expérience étrangère.

Le capital humain ne s'acquiert bien sûr pas uniquement sur le marché du travail. La formation est également cruciale. Qu'en est-il donc de la transférabilité du capital acquis sur les bancs de l'école ? Les études à ce sujet ont conduit à des résultats en partie étonnants. D'abord, comme on peut s'y attendre, les employeurs ont tendance à accorder moins de valeur aux diplômes étrangers qu'aux diplômes canadiens. Cela est particulièrement vrai pour les diplômes acquis dans les pays moins développés, plus largement représentés qu'autrefois dans l'immigration. Les immigrants qui obtiennent un diplôme canadien ou occidental tendent à en tirer un profit similaire à celui qu'en tirent les Canadiens natifs, particulièrement s'ils ont immigré alors qu'ils étaient jeunes. Rien de cela n'est vraiment surprenant.

---

11. Joseph Schaafsma et Arthur Sweetman, « Immigrant Earnings: Age at Immigration Matters », *Revue canadienne d'économique*, vol. 34, n° 4 (2001), p. 1066-1099.

Ce qui l'est davantage, c'est que la valeur inférieure attribuée aux diplômés provenant de pays moins développés n'explique pas la dégradation des conditions économiques des immigrants au cours des dernières décennies. Nous avons vu au chapitre précédent que les immigrants fortement scolarisés gagnaient beaucoup moins que les natifs, mais qu'ils avaient toujours un avantage marqué par rapport aux immigrants moins scolarisés. Les études montrent que la rétribution de la scolarité des immigrants est demeurée relativement stable au cours des dernières décennies[12]. Les revenus des immigrants fortement scolarisés se sont considérablement détériorés, mais le gain relatif de l'instruction demeure le même.

Dans un article de 2008, Ferrer et Riddell ont démontré que les immigrants gagnaient non seulement à être plus scolarisés, mais également à détenir des diplômes[13]. Comme les natifs, ils bénéficient de l'« effet parchemin ». De quoi s'agit-il ? C'est très simple. Le marché du travail tend à récompenser les années de scolarité, mais également le fait de détenir un diplôme. Par exemple, il vaut mieux avoir fait des études universitaires pendant trois ans plutôt que deux, mais trois

---

12. Ana Ferrer et Craig Riddell, « Education, Credentials and Immigrant Earnings », TARGET Working Paper 020, Université de la Colombie-Britannique, Département d'économie, 2004 ; Abdurrahman Aydemir et Mikal Skuterud, « Explications de la détérioration des gains au niveau d'entrée des cohortes d'immigrants au Canada : 1966-2000 ».

13. Ana Ferrer et Craig Riddell, « Education, Credentials and Immigrant Earnings », Revue canadienne d'économique, vol. 41, n° 1 (2008), p. 186-216.

ans à l'université valent encore plus si elles mènent à l'obtention d'un diplôme.

L'effet parchemin serait même plus grand chez les immigrants que chez les natifs. Ferrer et Riddell estiment, par exemple, que l'obtention d'un diplôme de premier cycle universitaire accroît d'environ 9 % les revenus des hommes natifs, mais de 14 % ceux des hommes immigrants[14]. L'effet parchemin est encore plus fort chez les immigrants provenant de régions non traditionnelles, particulièrement aux cycles supérieurs. Aydemir et Skuterud évoquent la possibilité que la force de l'effet parchemin chez les immigrants s'explique par un fait simple. Comme les immigrants ont « accès à des réseaux sociaux moins nombreux ou de moins bonne qualité » que les non-immigrants, les titres de compétences constituent sans doute pour eux « un déterminant plus important de l'obtention d'emplois bien rémunérés[15] ».

Un troisième type de facteurs évoqués pour expliquer la détérioration des conditions économiques des immigrants concerne l'évolution du marché du travail canadien lui-même. Des économistes ont cherché à savoir si, par exemple, les cycles économiques avaient une influence sur l'intégration des immigrants à l'économie. Dans le cas canadien, McDonald et Worswick ont montré il y a quelques années que l'écart entre le taux de chômage des natifs et celui des immigrants devenait plus important en période de récession, puis

---

14. *Ibid.*, p. 213.

15. Abdurrahman Aydemir et Mikal Skuterud, « Explications de la détérioration des gains au niveau d'entrée des cohortes d'immigrants au Canada : 1966-2000 », p. 16.

se rétractait en période d'expansion économique[16]. Abdurrahman Aydemir, de son côté, a montré que le fait pour un immigrant d'arriver en période de récession avait un effet négatif à long terme sur ses performances économiques[17].

D'autres tendances lourdes, en dehors des cycles économiques, semblent également avoir eu des conséquences négatives sur les conditions économiques des immigrants. Jeffrey Reitz[18] a soutenu que l'économie canadienne compte aujourd'hui beaucoup plus de diplômés universitaires que dans les années 1960 et 1970. Les immigrants fortement scolarisés auraient ainsi perdu l'avantage comparatif qu'ils pouvaient avoir autrefois. De façon peut-être plus importante, David Green et Christopher Worswick ont fait la preuve que, depuis le début des années 1980, les immigrants n'étaient pas les seuls à avoir vu se détériorer leurs conditions d'entrée sur le marché du travail canadien[19]. En effet, les conditions aux-

---

16. James Ted McDonald et Christopher Worswick, « Unemployment Incidence of Immigrant Men in Canada », *Analyse de politiques,* vol. 23, n° 4 (1997), p. 353-373.

17. Abdurrahman Aydemir, « Effects of Business Cycles on the Labour Market Participation and Employment Rate Assimilation of Immigrants », dans Charles Beach, Alan Green et Jeffrey Reitz (dir.), *Canadian Immigration Policy for the 21st Century,* Montréal, McGill-Queen's University Press, 2003, p. 373-412.

18. Jeffrey G. Reitz, « Immigrant Success in the Knowledge Economy: Institutional Change and the Immigrant Experience in Canada, 1970-1995 », *Journal of Social Issues,* vol. 57, n° 3 (2001), p. 579-613.

19. David A. Green et Christopher Worswick, « Immigrant Earnings Profiles in the Presence of Human Capital Investment:

quelles font face les jeunes Canadiens arrivant sur le marché du travail sont également plus difficiles qu'elles ne l'étaient pour les cohortes précédentes. Il est donc probable qu'une partie de la détérioration des conditions des immigrants découle d'un phénomène plus large, sans lien avec l'immigration, mais concernant tous ceux qui se joignent au marché du travail canadien.

Un potentiel élevé ?

La détérioration des performances économiques des nouveaux immigrants semble ainsi résulter de plusieurs facteurs. Les immigrants ne viennent pas des mêmes régions qu'auparavant, les employeurs accordent peu de valeur à l'expérience de travail acquise dans ces régions et l'évolution du marché du travail rend la vie plus difficile à ceux qui souhaitent s'y joindre. Évidemment, il n'est pas facile d'agir sur ces différentes variables. Faciliter l'arrivée des nouveaux entrants sur le marché du travail impliquerait une stratégie dépassant largement le domaine de l'immigration, si une telle stratégie est même possible.

Modifier la composition de l'immigration est plus facile. Le Canada pourrait, par exemple, se limiter à sélectionner des immigrants provenant de régions traditionnelles, dont l'intégration à l'économie est beaucoup moins problématique. Cela diminuerait radicalement le nombre d'immi-

---

Measuring Cohort and Macro Effects », *Working paper 04/13*, Institute for Fiscal Studies, Londres, 2004.

grants reçus mais permettrait d'améliorer substantiellement les performances moyennes des immigrants sélectionnés. Il faut aussi dire que l'idée d'utiliser le pays ou la région d'origine comme critère de sélection répugne à plusieurs, qui y voient une forme de discrimination que l'objectif d'une meilleure intégration économique de l'immigration ne suffit pas à justifier.

Une troisième avenue consisterait à augmenter la valeur — aux yeux des employeurs canadiens — des compétences des immigrants issus des pays non traditionnels, qu'elles s'incarnent dans un diplôme, dans l'expérience de travail ou dans les habiletés linguistiques. Est-ce possible ? Pour y arriver, il faudrait d'abord savoir pourquoi l'expérience et les diplômes de ces immigrants sont évalués défavorablement. Il existe deux possibilités, mutuellement compatibles, mais appelant des interventions tout à fait distinctes.

La première possibilité est que les employeurs ont de la difficulté à évaluer les travailleurs immigrants, leur formation et leur expérience étrangère. Nous aurions alors affaire à ce que les économistes appellent un « problème d'information ». En d'autres mots, les employeurs aimeraient bien tirer profit des compétences des immigrants, mais ne le feraient pas parce qu'ils seraient incapables d'en déterminer la valeur. C'est à cette possibilité que pensent ceux qui croient que le Québec et le Canada ne font pas un usage approprié du « potentiel élevé » de l'immigration[20]. Si nous avons affaire à un problème d'information, la solution consiste évidem-

---

20. Marie-Andrée Chouinard, « Immigration : potentiel élevé », *Le Devoir*, 9 avril 2010, p. A8.

ment à faire en sorte que les employeurs soient mieux informés des compétences des immigrants. On pourrait en principe favoriser la reconnaissance des diplômes, soutenir le réseautage ou produire des outils permettant de déterminer de façon plus objective ce dont ils sont capables.

Mais il existe une seconde possibilité. Il est en effet probable que le potentiel de l'immigration ne soit pas si élevé et que les employeurs aient raison — partiellement ou entièrement — d'accorder une valeur moindre aux candidats originaires des pays non traditionnels, à leur expérience et à leur diplôme acquis à l'étranger. Dans ce cas, une intervention viserait soit à sélectionner de façon plus restrictive l'immigration, soit à augmenter le capital humain des immigrants admis, en leur offrant (ou en les obligeant à suivre) des formations d'appoint.

En pratique, départager ce qui découle du problème d'information et d'un écart réel de compétences est loin d'être simple. Que penser d'une situation où il existe un écart réel de compétences entre deux groupes, mais où les employeurs tendent à exagérer cet écart ? Dans cette situation, les employeurs — observant que les compétences de certains travailleurs sont significativement moindres — cherchent à éviter ces derniers à tout prix, produisant des conditions économiques démesurément défavorables pour eux. Dans un cas pareil, la réalité et l'imaginaire se renforcent mutuellement pour créer une situation néfaste.

Quelques économistes ont voulu vérifier empiriquement si l'écart de salaire entre les immigrants et les natifs correspondait à un écart de compétences. Comment ont-ils fait ? Ils ont tenté de trouver des indicateurs objectifs de la qualité des compétences des différentes catégories d'immigrants. Arthur Sweetman, par exemple, a cherché à savoir si la qualité de l'éducation dans un pays donné prédisait le succès économique au Canada des immigrants qui en étaient originaires[21]. L'argument est simple : un immigrant a moins de chance d'avoir développé des compétences s'il vient d'un pays où l'éducation est de moins bonne qualité. Par conséquent, il devrait obtenir un revenu moins important sur le marché du travail canadien.

Mais trouver un indicateur simple permettant de comparer la qualité de l'éducation entre les différents pays n'est pas une tâche facile. Heureusement, de grandes enquêtes réalisées dans des dizaines de pays depuis plusieurs années permettent des comparaisons plus ou moins objectives. Sweetman utilise, par exemple, six ensembles d'examens internationaux dans le domaine des mathématiques et des sciences pour comparer la qualité du système d'éducation dans 80 pays. Il montre ensuite qu'il existe une corrélation assez forte entre les gains des immigrants au Canada et la qualité de l'éducation dans leur pays d'origine. Par exemple, lorsqu'il compare les immigrants provenant des 15e et 70e pays dans son classement, il trouve un écart de salaire annuel d'environ 10 000 $ pour les hommes et de 5 000 $ pour les femmes[22].

---

21. Arthur Sweetman, « Qualité de l'éducation des immigrants dans leur pays d'origine et résultats sur le marché du travail canadien », *Études analytiques, documents de recherche sur l'analyse économique*, n° 11F0019MIF2004234 au catalogue, Ottawa, Statistique Canada, 2004.

22. *Ibid.*, p. 33.

La qualité d'un système d'éducation semble donc avoir un impact particulièrement important sur la rétribution que tirent les immigrants de leur scolarité : moins la qualité d'un système d'éducation est élevée dans un pays, moins une année de scolarité acquise dans ce pays sera rétribuée au Canada. L'étude de Sweetman permet de nuancer fortement l'idée qu'il existe un problème avec la « reconnaissance » de la scolarité acquise à l'étranger. En général, elle suggère qu'une rétribution moindre correspond à des compétences moindres. Voilà un bon argument pour les tenants de la théorie économique classique, mais une mauvaise nouvelle pour ceux qui voudraient prouver que les problèmes d'intégration peuvent se résoudre facilement. Alors que notre gouvernement est incapable de réduire le décrochage scolaire à Montréal, on l'imagine mal réussir à améliorer de façon substantielle la qualité de l'éducation en Chine, au Pakistan ou au Maroc.

Une autre étude fort instructive, réalisée par Bonikowska, Green et Riddell, a cherché à déterminer de façon objective si la plus faible rémunération des immigrants correspondait à de moindres compétences[23]. Pour y arriver, les auteurs ont utilisé des données tirées du volet canadien de l'Enquête internationale sur l'alphabétisation et les compétences des adultes. Cette enquête a l'avantage de comprendre à la fois

---

23. Aneta Bonikowska, David A. Green et W. Craig Riddell, « Littératie et marché du travail : les capacités cognitives et les gains des immigrants », *Enquête internationale sur l'alphabétisation des adultes*, n° 89552MIF2008020 au catalogue, Ottawa, Statistique Canada, 2008.

des données sur le travail, les salaires et les résultats de test de compétences en littératie (la capacité à comprendre des textes), en numératie (les aptitudes en calcul) et en résolution de problème. Ces tests permettent de mesurer la capacité d'un individu à appliquer à des problèmes courants ses compétences de base en lecture, en calcul et en raisonnement. Or, ce sont précisément ces problèmes qu'un employeur souhaite voir ses employés résoudre. On peut donc s'attendre à ce que ceux qui obtiennent les meilleurs résultats dans ces examens cognitifs soient en moyenne mieux rémunérés. C'est d'ailleurs ce que concluent Bonikowska, Green et Riddell : plus un Canadien obtient un résultat élevé aux examens, plus son salaire est élevé. Toutes choses étant égales par ailleurs, une augmentation de 100 points aux examens de compétence cognitive correspond à des gains salariaux de 30 %.

Leur première conclusion est que les natifs ont des résultats nettement supérieurs à ceux des immigrants aux examens *(figure 5.1)*, malgré le fait que les immigrants soient plus nombreux à avoir fait des études universitaires. Alors que la moyenne des résultats des hommes immigrants varie de 241 à 252, la moyenne des natifs varie de 274 à 281[24]. L'écart est encore plus grand chez les femmes. Il est important de noter que ces résultats ne signifient pas que les immigrants sont moins « intelligents ». Les examens sont passés en français et en anglais, ce qui crée nécessairement un problème pour ceux qui maîtrisent mal ces langues. Les auteurs observent d'ailleurs que l'écart entre les natifs et les immi-

---

24. *Ibid.*, p. 21.

Figure 5.1 — Notes aux tests de l'Enquête internationale sur l'alphabétisation et les compétences des adultes (EIACA), population de 16 ans et plus, Canada, 2003

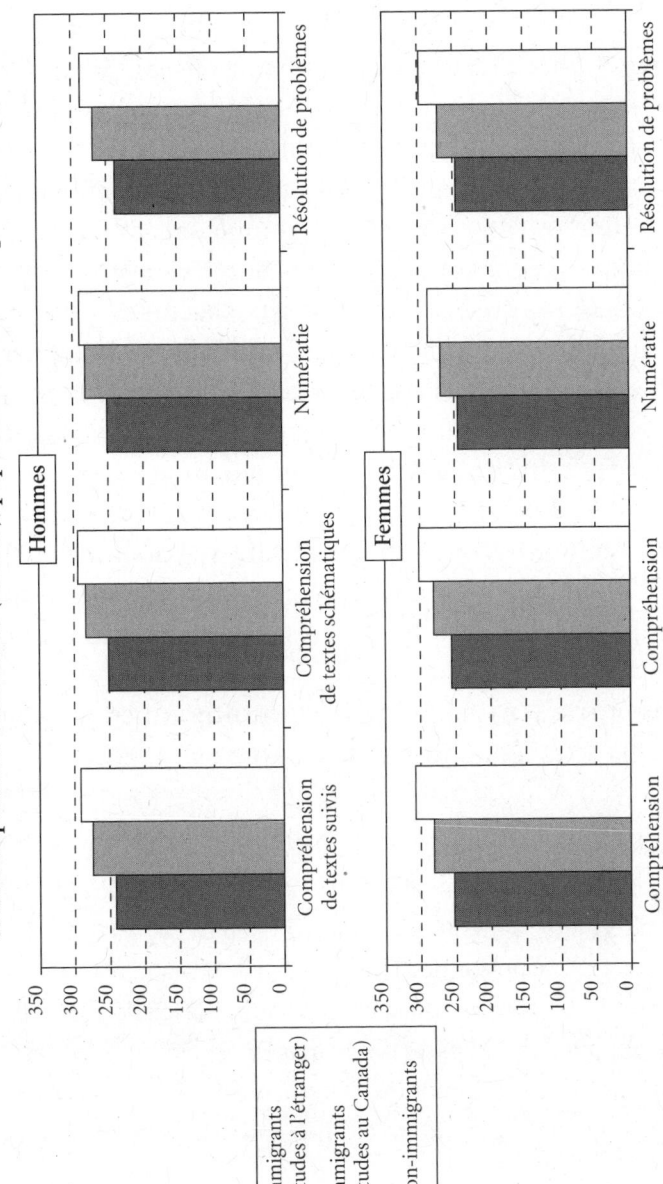

Source : Aneta Bonikowska, David A. Green et W. Craig Riddell, « Littératie et marché du travail : les capacités cognitives et les gains des immigrants », *Enquête internationale sur l'alphabétisation des adultes*, n° 89552MIF2008020 au catalogue, Ottawa, Statistique Canada, 2008, p. 22-23.

grants est plus grand pour les examens de littératie — qui dépendent davantage des compétences linguistiques — que pour les examens de numératie.

L'écart entre les résultats est néanmoins pertinent pour comprendre l'intégration des immigrants au marché du travail canadien. Les moins bons résultats des immigrants n'impliquent pas qu'ils soient moins intelligents en général, mais signifient certainement qu'ils sont plus dépourvus dans le contexte canadien, où l'anglais et le français sont essentiels. Nous sommes désolés pour ceux qui adhèrent à une vision simpliste et désincarnée de l'être humain, mais « être compétent » n'est pas une chose qui existe en dehors de tout contexte culturel ou linguistique. Les auteurs ont tout à fait raison d'interpréter « les notes obtenues aux tests comme un indice des capacités cognitives "utilisables" dans l'économie canadienne[25] ».

Comme le remarquent Don Drummond et Francis Fong, tous deux économistes à la Banque TD,

> ce ne sont pas seulement les « connaissances linguistiques » au sens traditionnel qui sont en jeu ici. La capacité à lire et à écrire, même à un niveau avancé, dit peu de choses de la capacité d'une personne à communiquer de manière efficace. Des compétences plus subtiles, comme le fait de pouvoir expliquer ses pensées d'une manière cohérente, succincte et facile à comprendre — particulièrement dans un contexte d'affaires où les compétences linguistiques

---

25. *Ibid.*, p. 68.

impliquent quelque chose de tout à fait différent de la simple capacité à converser avec une personne moyenne —, font partie intégrante de l'intégration efficace au marché du travail[26].

La deuxième trouvaille de Bonikowska et ses collègues est que les compétences en littératie sont beaucoup plus élevées chez les immigrants qui ont fait leurs études au Canada. Elles n'atteignent pas les compétences des natifs mais s'en rapprochent sérieusement. Cela coïncide étroitement avec les données sur les revenus qui montrent que les études au Canada sont beaucoup plus payantes que les études à l'étranger, particulièrement celles qui sont réalisées dans des pays non traditionnels.

La troisième conclusion des auteurs est que les immigrants ne tirent pas moins profit de leurs compétences cognitives que les natifs. En fait, dans le cas des hommes immigrants, le rendement tiré des compétences cognitives est même supérieur à celui des natifs. Une augmentation de 100 points aux examens correspond à un gain salarial de 37 %, par rapport à 24 % pour les hommes nés au Canada. Cette conclusion n'est pas banale. Selon les auteurs, leurs résultats excluent « qu'on puisse attribuer à la discrimination les écarts salariaux entre les travailleurs immigrants et leurs homologues nés au Canada[27] ».

---

26. Don Drummond et Francis Fong, « An Economics Perspective on Canadian Immigration », *Options politiques,* juillet-août 2010, p. 32.

27. Aneta Bonikowska, David A. Green et W. Craig Riddell, « Litté-

Voilà un clou supplémentaire dans le cercueil de la thèse selon laquelle la discrimination est à la source des mauvaises performances économiques des immigrants. Tout indique au contraire que les employeurs évaluent plutôt bien les compétences des natifs et des immigrants. Il faudra peut-être un jour conclure que les commentateurs et journalistes ont davantage de préjugés par rapport au fonctionnement de l'économie de marché que les employeurs n'en ont par rapport aux compétences des immigrants.

Le monde a bien changé

Il serait abusif de dire que l'on comprend parfaitement aujourd'hui les causes des mauvaises performances économiques des immigrants et de leur détérioration au cours des dernières décennies. Dans le cas du Québec, notre ignorance est encore plus grande, puisque la plupart des études portent sur le Canada en entier. Le phénomène de fond n'est pourtant pas bien difficile à saisir. Le Canada et le Québec tendent à sélectionner des immigrants scolarisés, mais plusieurs d'entre eux ont acquis leur scolarité dans des pays dont le système d'éducation est de moins bonne qualité qu'ici. Arrivés au Canada, ils voient les barrières culturelles et linguistiques hypothéquer encore davantage leurs compétences, ce que les employeurs reconnaissent facilement.

Et qu'en est-il de la situation depuis les trois dernières

---

ratie et marché du travail : les capacités cognitives et les gains des immigrants », p. 63.

décennies ? Pourquoi les choses vont-elles si mal aujourd'hui ? Pourquoi les employeurs ne reconnaissent-ils pas l'expérience acquise en Asie, en Amérique latine ou en Afrique comme ils reconnaissaient autrefois l'expérience acquise en Europe ou aux États-Unis ? Le phénomène, encore une fois, n'est pas bien difficile à comprendre. Les marchés du travail au Nord et au Sud ne fonctionnent pas de la même manière. L'écart est particulièrement important dans les emplois les plus qualifiés — où l'usage des technologies est crucial et où les entreprises du Nord sont beaucoup plus productives que les entreprises du Sud. Pourquoi le capital acquis dans un marché devrait-il être transférable dans l'autre ? Selon les employeurs canadiens, il ne l'est pas. Quelle preuve a-t-on qu'ils se trompent ?

Les problèmes liés au transfert des compétences du Sud au Nord n'ont pu que s'accroître, et ce, considérablement, au cours des trois dernières décennies. En 1980, Tim Raines venait tout juste de rejoindre les Expos de Montréal, et Peter Šťastný — qui venait de fuir la Tchécoslovaquie — entamait sa première saison avec les Nordiques de Québec. L'URSS en avait encore pour dix ans à vivre, et la Chine — tout juste sortie du délire meurtrier de Mao Tsétoung — ne faisait qu'entrouvrir la porte au développement capitaliste. À Montréal, le canal Lachine était encore bordé d'usines. Voilà qui nous rappelle à quel point le monde a changé. Les Expos n'existent plus, on rêve d'un retour des Nordiques, et Peter Šťastný siège au Parlement européen, où il représente une Slovaquie devenue indépendante peu de temps après la chute de l'URSS. La Chine est en voie de devenir la deuxième puissance économique mondiale, et ses usines ont pris la place de celles du canal

Lachine, désormais transformées en lofts de luxe pour professionnels sportifs.

L'économie québécoise est plus productive que jamais, mais elle a traversé — et traverse encore — une phase prolongée de désindustrialisation. Les emplois en usine ont été remplacés par des emplois dans le secteur des services, précisément là où les aptitudes en communication et en traitement de l'information sont essentielles. Il n'est pas bien difficile de comprendre l'impact de ces transformations sur la « transférabilité du capital humain » des immigrants. Le succès économique dans les pays du Nord dépend de plus en plus de la capacité à manipuler l'information et à maîtriser des environnements institutionnels complexes. Or, c'est précisément à ce chapitre que les immigrants ont le plus grand désavantage comparatif.

Carlos Leitao, économiste à la Banque Laurentienne, est originaire du Portugal. Il est aujourd'hui considéré comme l'un des meilleurs économistes québécois. Il commente ainsi la détérioration des conditions d'intégration des immigrants à l'économie : « L'économie québécoise a beaucoup changé au cours des 35 dernières années. Quand mes parents sont venus au Québec, il y avait plein d'emplois non spécialisés avec lesquels il était tout à fait faisable de mener un niveau de vie décent. Ce genre d'emplois est très rare aujourd'hui[28]. » Il est clair que Leitao ne croit pas au mythe d'une immigration qui sauverait le Québec de son vieillissement : « Pour la

---

28. Cité dans Vincent Brousseau-Pouliot, « L'immigration et la pénurie de main-d'œuvre : intégration difficile au marché du travail », *La Presse affaires*, 21 novembre 2008, p. 6.

pénurie de main-d'œuvre, la solution numéro un reste la formation de la main-d'œuvre. Dans ce contexte-là, on peut toujours aller chercher des immigrants dans des domaines spécialisés, mais l'immigration ne réglera pas la pénurie de main-d'œuvre de façon générale[29]. »

La désindustrialisation du Québec et du Canada n'est pas un phénomène passager. La probabilité est beaucoup plus élevée de voir les Nordiques (et même les Expos !) revenir au Québec que de voir les usines se rétablir sur les berges du canal Lachine. L'économie du Québec continuera pour longtemps à produire de nouveaux emplois dans le secteur des services, là où il faut de bonnes capacités en communication et en traitement de l'information. Dans ce contexte, les difficultés d'intégration économique des immigrants provenant de régions non traditionnelles ne sont pas surprenantes. Elles sont au contraire tout à fait naturelles et prévisibles. Leur scolarité supérieure n'y changera rien. Non seulement il existe des raisons de penser que l'éducation qu'ils ont reçue est de moindre qualité, mais, la plupart du temps, leurs compétences ne peuvent pas être mises à profit dans un contexte linguistique et institutionnel complètement différent.

Que faire ?

Les journalistes et les commentateurs politiques, lorsqu'ils discutent des mauvaises performances économiques des immigrants, aboutissent souvent à des solutions convenues :

---

29. *Ibid.*

lutter contre la discrimination, mieux reconnaître l'expérience et la scolarité étrangères, améliorer la francisation, développer le mentorat, etc. Ce sont les réponses « gentilles », celles qui impliquent que les problèmes viennent de la société d'accueil et de ses préjugés. Mais qu'en est-il des gens mieux informés, c'est-à-dire des gens qui ont lu attentivement les recherches sur la question ? Ont-ils de meilleures suggestions ?

La plupart des chercheurs dont nous avons parlé jusqu'à présent sont des économistes, cherchant à documenter l'ampleur d'un phénomène, à établir un diagnostic et non pas à y trouver des solutions. Certains auteurs — particulièrement ceux qui contribuent aux publications des *think tanks* — n'hésitent cependant pas à s'avancer sur le terrain des politiques publiques et à suggérer des manières de favoriser l'intégration économique des immigrants. Les mesures qu'ils proposent peuvent être regroupées en trois solutions générales : 1) résoudre les problèmes d'information, 2) investir dans le capital humain, et 3) réformer les modes de sélection. Examinons rapidement ces propositions.

Les problèmes d'information

Favoriser davantage la reconnaissance des diplômes et des compétences acquises à l'étranger est l'une des solutions les plus fréquemment évoquées. Gérard Bouchard et Charles Taylor en font l'une des principales recommandations de leur rapport sur les accommodements raisonnables[30]. Cou-

---

30. Gérard Bouchard et Charles Taylor, *Fonder l'avenir. Le temps de*

sineau et Boudarbat proposent quant à eux de « favoriser la reconnaissance des acquis en réglant efficacement et rapidement les questions de reconnaissance des diplômes avant l'entrée au pays[31] ».

La logique de cette proposition est simple. L'évaluation des compétences des immigrants représente un coût que les employeurs ne souhaitent pas assumer. Par conséquent, ils préfèrent embaucher des non-immigrants, causant ainsi un problème d'accès à l'emploi pour les nouveaux venus ; en bout de ligne, cela produit une situation aussi nuisible pour les immigrants que pour la société d'accueil. Alboim, Finnie et Meng — dans une étude qu'ils signent pour l'Institut C. D. Howe — soulignent qu'en facilitant la reconnaissance des diplômes le gouvernement s'attaquerait au mauvais fonctionnement du marché du travail et produirait un investissement avantageux pour tous[32]. Mais que devrait-il faire au juste ?

Une possibilité consisterait à mettre sur pied un système d'équivalence complet, permettant de comparer de façon objective la valeur des diplômes étrangers par rapport aux diplômes canadiens. Cette idée se retrouve chez Boudarbat

---

la conciliation, Québec, Commission de consultation sur les pratiques d'accommodement reliées aux différences culturelles, 2008, p. 254.

31. Jean-Michel Cousineau et Brahim Boudarbat, « La situation économique des immigrants au Québec », *Relations industrielles,* vol. 64, n° 2 (2009), p. 244.

32. Naomi Alboim, Ross Finnie et Ronald Meng, « The Discounting of Immigrants' Skills in Canada: Evidence and Policy Recommendations », *IRPP Choices,* vol. 11, n° 2 (2005), p. 14.

et Cousineau[33], de même que dans une étude réalisée par Christopher Worswick, toujours pour le compte du C. D. Howe[34]. Alboim, Finnie et Meng, de leur côté, proposent en plus la mise en place d'un système objectif d'évaluation des compétences linguistiques des immigrants, afin de résoudre les problèmes d'information dans ce domaine[35].

L'insistance mise sur la reconnaissance des acquis n'est pas surprenante. Il s'agit après tout d'une mesure peu controversée : qui peut être contre la reconnaissance des acquis ? Alors, pourquoi ne le fait-on pas ? C'est que les choses ne sont pas si simples. D'abord, il n'est pas certain que les problèmes d'intégration des immigrants soient dus à un problème d'information. Comme nous l'avons vu à la section précédente, l'écart entre les compétences de base des immigrants et celles des natifs explique déjà en bonne partie l'écart salarial. Qui plus est, il n'existe aucune raison de penser que le capital humain acquis dans un tel contexte culturel et institutionnel *doive* être transférable à un autre. En réalité, le bon sens suggère plutôt le contraire, particulièrement lorsque l'économie est centrée sur les services et la communication.

---

33. Brahim Boudarbat et Jean-Michel Cousineau, « Un emploi correspondant à ses attentes personnelles ? Le cas des nouveaux immigrants au Québec », *International Migration and Integration*, vol. 11 (2010), p. 171.

34. Christopher Worswick, « Immigrants' Declining Earnings: Reasons and Remedies », *C. D. Howe Institute Backgrounder*, n° 81 (2004), p. 7-8.

35. Naomi Alboim, Ross Finnie et Ronald Meng, « The Discounting of Immigrants' Skills in Canada », p. 18.

Tout cela ne signifie pas qu'il n'existe pas de problèmes d'information qui nuisent aux immigrants sur le marché du travail. Alors, le gouvernement peut-il faire quelque chose ? Le problème ici est que la plupart des propositions demeurent au stade d'ébauche et que les auteurs qui tentent de développer des solutions plus concrètes rencontrent un problème de fond : comment fait-on exactement pour évaluer de façon « objective » l'expérience et les diplômes acquis par des centaines de milliers d'immigrants dans des milliers d'universités et d'entreprises situées sur les cinq continents ? Quelle unité de mesure universelle nous permettra de réaliser cette tâche titanesque ?

Combien vaut, par exemple, un diplôme en anthropologie de l'université d'Alger par rapport à un diplôme en linguistique ? Ou encore, combien vaut un diplôme de l'université d'Alger par rapport à un diplôme dans le même domaine mais émis par l'université du Penjab à Lahore, au Pakistan ? La valeur de ces diplômes est-elle stable dans le temps ? Un diplôme acquis en 1987 a-t-il la même valeur qu'un diplôme acquis en 1995 ? Dans le cas des universités, nous pouvons nous appuyer sur les classements internationaux — bien que leur valeur soit limitée —, mais qu'en est-il des entreprises ? Que vaut une expérience en administration des affaires dans telle firme de Bucarest par rapport à telle autre ? Par où commencera le fonctionnaire chargé d'établir la « juste valeur » de l'expérience acquise à l'étranger ? Et qu'est-ce qui nous dit que les employeurs accorderont de la crédibilité à cette évaluation ?

Il ne s'agit pas de nier que le gouvernement peut parfois résoudre des problèmes d'information. Il le fait, par exemple en imposant un recensement obligatoire dont tout le monde tire profit. Mais la tentative d'établir de façon centralisée la valeur des diplômes et des expériences de travail se rapproche dangereusement de ce que Friedrich Hayek appelait de façon péjorative le « planisme ». Il utilisait ce terme pour critiquer les régimes socialistes, qui souhaitaient pouvoir diriger leur économie de façon centralisée, en décidant du nombre de paires de chaussettes dont la population avait besoin et du prix qu'elle devait payer pour les obtenir. Quelles raisons avons-nous de croire que le planisme des compétences fonctionnera là où le planisme des chaussettes a échoué ? En d'autres mots, quelles raisons avons-nous de croire que le gouvernement est mieux placé que le libre marché pour évaluer les acquis étrangers ?

Mais le problème ne s'arrête pas là. Osons imaginer l'impossible : le gouvernement découvre une méthode permettant de comparer la juste valeur des diplômes internationaux, une mesure qui tiendrait compte de l'université, du domaine d'études et de l'année de délivrance du diplôme. Qu'est-ce qui prouve que la valeur d'un diplôme ainsi calculée sera déterminante à l'embauche ? On croit généralement que c'est le cas, parce que les travailleurs les plus diplômés ont tendance à obtenir de meilleurs salaires. Il est aussi vrai que la possession d'un diplôme est souvent requise pour poser sa candidature à un poste. Mais qu'est-ce qui nous dit que le diplôme est le critère déterminant ?

Dans la majorité des embauches, il ne l'est pas. Dans le cas des ordres professionnels, de la fonction publique ou de plusieurs grandes entreprises, l'accès à l'emploi est déterminé par des concours très compétitifs, permettant à l'organisation de recruter uniquement les meilleurs candidats. Dans le cas des employeurs privés, le bouche à oreille est souvent déterminant, le diplôme étant tout au plus un prérequis. Est-il irrationnel pour les employeurs de procéder de cette façon ? Pas du tout. Après tout, que dit un diplôme des compétences d'un candidat ? Il en dit bien moins qu'un collègue ou un ami qui le connaît depuis longtemps : son caractère, son tempérament, sa capacité d'adaptation, sa connaissance de dossiers précis, ses aptitudes à communiquer, à travailler en équipe, à rédiger, à respecter les échéances, etc. Voilà autant d'informations que ne fournit pas un diplôme.

Les auteurs de ces lignes sont diplômés des cycles supérieurs en démographie, en philosophie et en science politique. Nous sommes très heureux d'avoir fait ces études, qui nous ont permis de développer de multiples compétences. Mais nous sommes aussi conscients qu'il existe une grande variabilité de compétences entre les candidats diplômés d'un même programme et d'une même université. Les docteurs en philosophie sont souvent formidablement intelligents et doués. Mais il ne faut pas se fermer les yeux : certains d'entre eux sont complètement dysfonctionnels sur le plan professionnel. Est-ce à dire qu'il ne faut pas embaucher les diplômés en philosophie ? Bien sûr que non, mais il vaut mieux le faire sur la recommandation d'un ami qui connaît bien le candidat et en qui on a confiance. C'est précisément ce que font les employeurs et, à ce jour, nous attendons toujours la preuve qu'ils devraient faire autrement.

Investir dans le capital humain

Plusieurs auteurs sont conscients que les difficultés économiques des immigrants ne découlent pas d'abord de problèmes d'information, mais s'ancrent dans un déficit réel de compétence, qu'il soit de nature linguistique, culturelle ou autre. Une manière de s'attaquer à ce problème est d'investir dans les compétences des immigrants. C'est le deuxième type de remède le plus souvent évoqué pour améliorer leurs performances économiques.

Alboim, Finnie et Meng, par exemple, soutiennent qu'après avoir documenté l'écart de compétence entre les immigrants et les natifs, le gouvernement peut chercher à financer des « mises à niveau[36] ». Chicha et Charest, de leur côté, recommandent au gouvernement d'« augmenter de façon sensible le financement de la politique d'intégration[37] ». Il pourrait le faire en offrant des cours d'appoint ou des stages en entreprise pour les immigrants[38], une idée également évoquée par Cousineau et Boudarbat[39]. Dans leur rapport sur les accommodements raisonnables, Bouchard et Taylor recommandent quant à eux d'investir davantage dans l'enseignement du français aux immigrants[40].

Les recommandations visant à accroître le capital humain des immigrants ont une chose en commun : elles ne sont pas chiffrées. Ceux qui les avancent ne prennent géné-

---

36. Naomi Alboim, Ross Finnie et Ronald Meng, « The Discounting of Immigrants' Skills in Canada », p. 19.

37. Marie-Thérèse Chicha et Éric Charest, « L'intégration des immigrés sur le marché du travail à Montréal : politiques et enjeux », *Choix IRPP*, vol. 14, n° 2 (2008), p. 40.

38. *Ibid.*, p. 41.

39. Jean-Michel Cousineau et Brahim Boudarbat, « La situation économique des immigrants au Québec », p. 244.

40. Gérard Bouchard et Charles Taylor, *Fonder l'avenir*, p. 255.

ralement pas le temps d'établir à combien devrait s'élever l'investissement pour faire une différence. Pour l'essentiel, nous nageons en pleine spéculation. S'agit-il de financer une formation d'appoint de trois mois ou de subventionner un emploi pendant cinq ans ? Sur le plan linguistique, de combien de temps aura besoin un professionnel originaire de Colombie, de Chine ou du Bangladesh pour atteindre en français ou en anglais écrit les compétences d'un Canadien ou d'un Québécois natif ?

Nous sommes pleinement favorables aux politiques de soutien à l'intégration, mais nous affirmons qu'il faut aussi être réaliste et les évaluer froidement en fonction de leur coût et de leur efficacité. Comme nous l'avons dit plus haut, le principal problème n'est pas d'offrir des formations d'appoint, mais de convaincre les immigrants de suivre une formation d'appoint *plutôt* que d'entrer directement sur le marché du travail. L'immigrant dans la trentaine qui arrive au Canada avec sa famille pense d'abord à améliorer son revenu. Il n'acceptera de passer un, deux ou trois ans sur les bancs de l'école que s'il peut y gagner autant ou davantage que sur le marché du travail. En investissant dans une formation d'appoint, le gouvernement peut améliorer ses perspectives d'emploi, mais les coûts de l'investissement risquent de s'avérer rapidement considérables.

La sélection

Un investissement dans le capital humain des immigrants est susceptible d'améliorer leurs perspectives d'emploi et, pour cette raison, il peut être souhaitable du point de vue de la cohésion sociale et de l'égalité. Cet investissement cadre cependant assez mal avec les objectifs économiques de notre politique d'immigration. S'il faut investir dans le capital humain des immigrants — alors que nous les sélectionnons précisément en fonction de leur capital humain —, il y a un problème. Comment s'assurer que l'investissement en vaut la chandelle ?

Deux réponses à ce problème sont possibles. La première consiste à abandonner les objectifs économiques à la base de nos politiques d'immigration. Voilà une excellente idée, mais elle nous conduit automatiquement à une nouvelle question : pourquoi reçoit-on des immigrants, au juste ? Comme nous l'avons souligné en introduction, les politiques en immigration n'ont pas qu'une finalité purement économique. Il existe des raisons culturelles, politiques, sociales ou morales d'être pour ou contre tel ou tel aspect de ces politiques. La deuxième réponse consiste à proposer une réforme de notre système de sélection des immigrants, afin de mieux cibler les immigrants dont l'économie a *vraiment* besoin.

Au cours des dernières années, certains auteurs ont défendu cette option, notamment dans le contexte canadien. Ancien fonctionnaire au ministère canadien des Finances, Patrick Grady n'hésite pas à affirmer que la « seule manière de s'assurer que les nouveaux immigrants réussiront mieux sur le marché du travail canadien est d'être plus sélectif lorsqu'on les choisit[41] ». Une plus stricte sélection, soutient-il, permettrait d'augmenter les revenus des immigrants

---

41. Patrick Grady, « The Impact of Immigration on Canada's Labour Market », *Fraser Forum*, décembre 2009, p. 32.

admis et de réduire la pression fiscale exercée par l'immigration sur les finances publiques canadiennes.

Plusieurs auteurs ont remarqué qu'il serait pertinent de sélectionner des immigrants plus jeunes, étant donné les mauvaises performances des immigrants plus âgés[42]. D'autres ont suggéré de réduire les points attribués à l'expérience ou à l'éducation étrangère, puisque de toute façon ces acquis ne sont pas valorisés sur le marché du travail canadien[43]. D'autres encore ont proposé d'évaluer les connaissances linguistiques des candidats à l'immigration à l'aide d'un test de compétence linguistique standardisé. Dans le cas du Canada, Ratna Omidvar, présidente de la Fondation Maytree, a suggéré de ne sélectionner que les candidats ayant une connaissance préalable du français ou de l'anglais[44]. Au Québec, la proposition de faire du français un critère éliminatoire au moment de la sélection des immigrants a déjà été formulée par le Parti québécois[45].

Christopher Worswick a finalement proposé d'augmen-

---

42. Joseph Schaafsma et Arthur Sweetman, « Immigrant Earnings: Age at Immigration Matters » ; Brahim Boudarbat et Jean-Michel Cousineau, « Un emploi correspondant à ses attentes personnelles ? », p. 171.

43. Christopher Worswick, « Immigrants' Declining Earnings: Reasons and Remedies » ; Naomi Alboim, Ross Finnie et Ronald Meng, « The Discounting of Immigrants' Skills in Canada: Evidence and Policy Recommendations ».

44. Ratna Omidvar, « Canada's Immigration Score: Recommendations for a Win-win », *Options politiques,* juillet-août 2010, p. 20.

45. Parti québécois, *Agir en toute liberté. Proposition principale, 16ᵉ congrès national,* 2010, p. 49.

ter le nombre de points liés à la présence d'une offre d'emploi valide[46], alors que Herbert Grubel, économiste à la retraite de l'Université Simon Fraser, a recommandé de ne sélectionner que les candidats ayant reçu une telle offre[47]. Cette dernière stratégie est attrayante, dans la mesure où elle semble offrir une solution simple à l'intégration à l'emploi des immigrants. En ne sélectionnant que des immigrants qui ont déjà une offre d'emploi, on résout le problème du chômage à la source. La réalité est cependant plus complexe. D'abord, cette solution est une invitation à la fraude. Comment empêcher les offres d'emploi de complaisance ? Ensuite, comment s'assurer que l'emploi sera stable et existera encore dans deux ou cinq ans ? Ne vaut-il pas mieux sélectionner un immigrant dont le potentiel d'intégration à l'économie est élevé, plutôt qu'un autre capable d'obtenir une offre dès maintenant[48] ?

Ce qui est clair, cependant, c'est qu'une politique d'immigration plus sélective mènera nécessairement à un volume d'immigration plus faible. Patrick Grady le dit : « Pour être plus sélectif, il sera nécessaire de diminuer de façon substan-

---

46. Christopher Worswick, « Immigrants' Declining Earnings: Reasons and Remedies ».

47. Herbert Grubel, « Immigration and the Welfare State in Canada: Growing Conflicts, Constructive Solutions », *Public Policy Sources*, Fraser Institute, n° 84 (2005), 61 pages.

48. Pour une critique de ce type de propositions, voir Jeffrey Reitz, « Selecting Immigrants for the Short Term: Is It Smart in the Long Run ? », *Options politiques*, juillet-août 2010, p. 16.

tielle la cible globale en matière d'immigration[49]. » Certains ne le croient pas. Ils pensent qu'il existe sur la planète un pays merveilleux d'où les super-immigrants hautement qualifiés émigrent par millions pour sauver l'économie des pays riches ? Que le Québec est si extraordinaire que des millions de travailleurs de haut niveau rêvent de venir y faire leur vie ? Que nous avons l'embarras du choix et qu'il suffit de « bien sélectionner » les immigrants pour éliminer leur position désavantageuse ? Le prochain chapitre leur expliquera en quoi ils se trompent.

Conclusion

Les immigrants sélectionnés par le Québec s'intègrent mal à l'économie. Cette mauvaise intégration n'est pas étonnante, dès lors que l'on abandonne l'idée que les pays du Nord et du Sud produisent des travailleurs également qualifiés, ou encore que l'on peut prendre un travailleur à un bout de la planète et le parachuter à l'autre bout — dans un contexte culturel, institutionnel et économique complètement différent — sans entamer de façon considérable son capital humain.

Cette façon de voir les choses est une caricature d'une pensée économique qui, heureusement, n'existe plus aujourd'hui chez les économistes sérieux. Une compréhension fine de l'être humain nous oblige à reconnaître que les gens ne

---

49. Patrick Grady, « The Impact of Immigration on Canada's Labour Market », p. 32.

sont pas compétents « dans l'espace », mais qu'ils le deviennent uniquement dans les bonnes circonstances. Nous avons tendance à nous percevoir comme des « super-travailleurs », productifs et disciplinés, mais nous oublions que ce sont la plupart du temps les institutions et les contextes culturels qui nous rendent compétents, à partir du moment où nous réussissons à nous mouler à leurs attentes.

Les difficultés d'intégration des immigrants ne sont pas surprenantes. Elles découlent naturellement de leur difficulté à se mouler à un nouveau contexte institutionnel. Il ne s'agit évidemment pas d'être démesurément pessimiste. Il n'est pas impossible que nous réussissions un jour à améliorer les performances économiques des immigrants. Mais il faut rappeler que, même si l'intégration se déroulait parfaitement, l'immigration continuerait d'avoir peu d'influence sur l'économie. Cette conclusion est d'autant plus vraie que la manière la plus efficace d'améliorer l'intégration est d'être plus sélectif dans notre choix des immigrants. Or, comme nous le verrons maintenant, tout resserrement de nos critères de sélection fera chuter de façon importante le nombre d'immigrants que nous admettons, réduisant d'autant plus l'influence de l'immigration sur l'économie et la démographie.

6
Mieux sélectionner ?

L'immigration au Québec fait l'objet d'une sélection. Si les immigrants que nous sélectionnons s'intègrent mal à l'économie, ne doit-on pas simplement mieux les sélectionner ? L'immigration pourra alors révéler son plein potentiel et, plutôt que de risquer d'ajouter un poids supplémentaire aux finances publiques, mitiger les effets négatifs du vieillissement de la population ? La réponse courte est simple : non. La raison est double. D'une part, la grille de sélection a un effet limité sur la composition de l'immigration. D'autre part, tout resserrement des critères de sélection entraînera une chute du nombre d'immigrants admis et, donc, une diminution de l'effet global de l'immigration sur la démographie et l'économie québécoises. Est-ce si simple ? Presque.

Une immigration choisie ?

Depuis la signature de l'entente Cullen-Couture, en 1978, le Québec sélectionne une partie de l'immigration qu'il reçoit. Certaines catégories d'immigrants ne font cependant pas l'objet d'une sélection. Il s'agit d'abord des réfugiés, qui sont admis au Canada en vertu de deux conventions internationales : la Convention de Genève et la Convention contre la torture. Au Canada, les demandes d'asile sont traitées par un tribunal administratif fédéral : la Commission de l'immigration et du statut de réfugié (CISR). À l'étranger, Citoyenneté et Immigration Canada peut accorder directement le statut de réfugié aux personnes risquant la persécution. Entre 2005 et 2009, 12,6 % des immigrants admis au Québec l'étaient en tant que réfugiés *(tableau 6.1)*. Il y aurait beaucoup de choses à écrire sur le système canadien de protection du statut de réfugié, et notamment sur la difficulté de départager les *vrais* réfugiés — dont la sécurité est menacée dans leur pays d'origine — des *faux* réfugiés, prêts à utiliser des subterfuges de plus en plus sophistiqués pour immigrer au Canada[1]. Si elle est souvent difficile à mettre en œuvre, la reconnaissance des réfugiés n'en répond pas moins à une logique humanitaire plutôt qu'économique : les réfugiés ne sont pas admis en fonction de leur capacité à intégrer l'économie québécoise ou canadienne, mais bien en vertu des risques qui pèsent sur eux dans leur pays d'origine.

Une deuxième catégorie ne faisant pas l'objet d'une sélection est celle des immigrants admis en vertu du regroupement familial. Ces immigrants sont admis parce qu'ils sont parrainés par un membre de leur famille déjà au Québec. Dans la grande majorité des cas (70 %), il s'agit des conjoints ou époux de personnes résidant au Canada (immigrants ou non), mais on compte également des enfants, des parents, des grands-parents ou d'autres membres de la famille. Entre 2005 et 2009, 22 % des immi-

---

1. Radio-Canada (télévision), *Enquête*, 11 octobre 2007.

grants admis au Québec appartenaient à cette catégorie. Prises ensembles, les catégories du regroupement familial et des réfugiés représentent donc environ le tiers des immigrants admis au Québec, soit entre 15 000 et 20 000 personnes par année.

Le pouvoir de sélection du Québec s'exerce quant à lui sur la catégorie de « l'immigration économique ». Cette catégorie doit elle-même être divisée en plusieurs sous-catégories, dont la plus importante est celle des « travailleurs qualifiés ». À elle seule, cette sous-catégorie a représenté 57,4 % des immigrants admis entre 2005 et 2009, une proportion qui est en hausse depuis la décision du gouvernement, en 2007, d'accroître de façon importante le volume d'admission. Les deux autres sous-catégories importantes de l'immigration économique sont les « gens d'affaires » — qui

Tableau 6.1 — Immigrants admis au Québec selon la catégorie, 2005-2009

Catégorie	Nombre	%
Immigration économique	144 200	63,3
Travailleurs qualifiés	130 863	57,4
Gens d'affaires	8 154	3,6
Aides familiaux	4 335	1,9
Autres	848	0,4
Regroupement familial	50 032	22,0
Réfugiés	28 782	12,6
Autres	4 867	2,1
Total	227 881	100,0

Source : Ministère de l'Immigration et des Communautés culturelles, *Tableaux sur l'immigration permanente au Québec, 2005-2009*, mars 2010, p. 11.

incluent notamment les « immigrants investisseurs » — et les immigrants admis par Québec après avoir participé au Programme fédéral des aides familiaux résidants.

Ces données semblent montrer que le Québec exerce un contrôle considérable sur l'immigration. Pratiquement les deux tiers des immigrants, une proportion en hausse, appartiennent en effet à l'immigration dite économique. Quelques nuances s'imposent cependant. Seule une partie des immigrants économiques sont *vraiment* sélectionnés en fonction de leur capacité d'intégration économique. Ce n'est pas le cas des immigrants investisseurs ou des aides familiaux, sur lesquels nous reviendrons aux chapitres suivants.

Ce n'est pas non plus le cas d'une grande partie des travailleurs qualifiés. Pourquoi ? Tout simplement parce qu'une véritable sélection ne s'opère que sur ceux que l'on appelle les « requérants principaux », c'est-à-dire ceux qui présentent une demande d'immigration. Ces requérants principaux sont souvent accompagnés d'un conjoint ou d'enfants, que le ministère considère également comme des immigrants économiques. En 2009, par exemple, le Québec a admis 17 883 requérants principaux dans la composante économique, mais ceux-ci étaient accompagnés de 16 627 conjoints et enfants à charge[2]. Certains souligneront que les conjoints sont également sélectionnés mais, comme nous le verrons, leur poids dans la grille de sélection est si faible qu'on ne peut parler d'une véritable sélection. En fait, les immigrants qui

---

2. Gérard Pinsonneault, « Pour une meilleure gestion de l'immigration économique par le Québec », *Options politiques*, IRPP, juillet-août 2010, p. 23.

ont fait l'objet d'une *véritable* sélection en fonction de leurs compétences représentaient au plus 33 % des immigrants admis au Québec en 2009.

Ces données permettent de comprendre pourquoi le système de sélection du Québec demeure un outil relativement limité pour contrôler la composition de l'immigration et son impact sur l'économie. Pour chaque immigrant faisant l'objet d'une sélection, deux ne le font pas. Serait-il possible d'augmenter la proportion d'immigrants sélectionnés ? Un peu. Le Québec a peu de contrôle sur la protection des réfugiés et le regroupement familial, mais il peut accroître le nombre de travailleurs qualifiés qu'il admet. C'est d'ailleurs ce qu'il a fait au cours des dernières années. Entre 2006 et 2009, le nombre d'immigrants admis dans cette catégorie est passé de 23 447 à 31 366, une hausse de 33 %, vigoureusement promue par le gouvernement, malgré la récession et la hausse du taux de chômage. Au premier trimestre de 2010, pas moins de 70 % de l'immigration admise au Québec appartenait à la catégorie de l'immigration économique, alors que cette proportion n'était que de 60 % cinq ans plus tôt.

Des travailleurs qualifiés ?

Si les immigrants faisant l'objet d'une véritable sélection ne forment qu'une minorité parmi les immigrants admis au Québec, peut-on au moins dire qu'ils sont bien sélectionnés ? La grille de sélection fonctionne-t-elle bien ? Regardons d'abord à quoi elle ressemble. Nous présentons au tableau 6.2 la grille actuellement en vigueur, qui a été adoptée en 2009.

Cette grille ne présente que des modifications mineures par rapport à la grille précédente, adoptée en 2006.

La première chose qui frappe est la complexité de la grille. Une douzaine de caractéristiques font l'objet d'une évaluation. Voilà qui est une bonne chose. Comme les variables qui influencent l'intégration sont nombreuses, il est souhaitable d'utiliser une grille de sélection complexe. Une deuxième chose frappante est que plusieurs des caractéristiques semblent bien choisies pour identifier les candidats les plus susceptibles de s'intégrer. Voici quelques exemples.

> • *La formation.* Nous avons vu que les immigrants davantage scolarisés s'intégraient plus facilement à l'économie, peu importe où ils avaient acquis leur diplôme. Le gouvernement en tient compte en accordant jusqu'à 12 points pour la scolarité. Les gens détenant un baccalauréat reçoivent 10 points et ceux qui détiennent une maîtrise ou un doctorat reçoivent le maximum de 12 points.
> • *L'âge.* Nous avons ensuite vu que les immigrants plus jeunes réussissaient mieux que les plus âgés. On comprend donc pourquoi la grille n'accorde pas moins de 16 points à l'âge, les candidats âgés de 18 à 35 ans recevant la note maximale.
> • *Les connaissances linguistiques.* Le gouvernement accorde plusieurs points pour les connaissances linguistiques — 16 pour le français et 6 pour l'anglais —, ce qui est une très bonne idée, puisque la méconnaissance de la langue représente une sérieuse barrière à l'emploi pour les immigrants.

Tableau 6.2 — Grille de sélection du Québec

Critères		Points maximum Sans conjoint	Points maximum Avec conjoint
Formation	Niveau de scolarité	12	12
	Domaine de formation	16	16
Expérience		8	8
Âge		16	16
Connaissances linguistiques	Français	16	16
	Anglais	6	6
Séjour et famille au Québec		8	8
Caractéristiques de l'époux ou conjoint de fait qui accompagne		–	16
Offre d'emploi validée		10	10
Seuil d'employabilité (éliminatoire)		42/92	50/108
Enfants		8	8
Autonomie financière (éliminatoire)		1	1
Adaptabilité		6	6
Seuil de passage		55/107	63/123

Source : Ministère de l'Immigration et des Communautés culturelles, *Grille synthèse des facteurs et critères applicables à la sélection des travailleurs qualifiés*, en conformité avec l'Annexe A du *Règlement sur la sélection des ressortissants étrangers* et avec le *Règlement sur la pondération applicable à la sélection des ressortissants étrangers* en vigueur depuis le 14 octobre 2009.

La grille présente aussi certaines faiblesses. Quelles sont-elles ?

• *L'expérience.* La grille n'accorde pas moins de 8 points à l'expérience professionnelle. Un candidat ayant quatre ans et plus d'expérience obtient le maximum de points, peu importe où il a acquis son expérience. Ce critère est plus ou moins utile puisque, comme nous l'avons vu, l'expérience acquise dans des pays en développement a peu ou pas de valeur sur le marché du travail. Dans certains cas, ce critère peut s'avérer nuisible, puisqu'il permettra à des candidats plus âgés d'être sélectionnés sur la base d'une expérience qui leur sera inutile au Canada.

• *Le domaine de formation.* Ce critère est le plus complexe. Les points sont attribués à la fois en fonction de la discipline de formation et du lieu des études. Les diplômes canadiens reçoivent davantage de points que les diplômes étrangers, ce qui est une bonne chose, puisque les diplômes étrangers ne sont pas toujours valorisés sur le marché du travail. En fait, il n'y a qu'une poignée de formations pour lesquelles un candidat peut obtenir des points pour un diplôme étranger. Il s'agit essentiellement de domaines dans lesquels il existe une demande très forte au Québec (soins infirmiers, avionique, technologies médicales, etc.). D'un autre côté, on peut remettre en question le critère, dans la mesure où les diplômes de plusieurs pays occidentaux sont également valorisés sur le marché du travail, les diplômes qui posent problème étant surtout ceux des pays du Sud. Le gouvernement n'a visiblement pas voulu utiliser cette distinction, préférant distinguer les diplômes canadiens et étrangers plutôt que de considérer la véritable variable qui compte : la provenance des diplômes (du Nord ou du Sud).

• *L'offre d'emploi validée.* À notre connaissance, il n'existe pas d'étude sur les performances économiques à long terme des immigrants qui disposaient d'une offre d'emploi valide au moment de leur sélection. Les immigrants qui obtiendront les meilleures performances à long terme ne sont pas nécessairement ceux qui trouveront un emploi le plus rapidement. Par exemple, il faut beaucoup plus de temps pour trouver un poste professionnel que pour trouver un emploi non qualifié. Néanmoins, le poste professionnel sera beaucoup plus payant à long terme. Qui plus est, il est facile d'obtenir une offre d'emploi de complaisance (particulièrement si le candidat a déjà de la famille ou des amis établis au Québec), ce qui doit nous inciter à la prudence. L'inclusion de ce critère dans la grille s'appuie davantage sur des intuitions que sur des connaissances empiriques.

• *Séjour et famille.* Un des principaux problèmes de l'intégration vient de l'absence de réseau de contacts dans la société d'accueil. Il semble donc judicieux d'accorder des points pour ce critère. Ici encore, cependant, on ignore dans quelle mesure ce critère favorise les performances à long terme des immigrants admis. Un effet important serait surprenant, puisque Jean Renaud et Tristan Cayn ont déjà montré que ce critère n'avait pas d'impact à court terme sur l'insertion sur le marché du travail des immigrants admis comme travailleurs qualifiés[3].

• *Caractéristiques de l'époux ou du conjoint.* Une portion importante des travailleurs qualifiés admis au Québec sont en fait les conjoints des requérants principaux. Il est donc normal que le gouvernement cherche à évaluer leur poten-

---

3. Jean Renaud et Tristan Cayn, *Un emploi correspondant à ses compétences ? Les travailleurs sélectionnés et l'accès à un emploi qualifié au Québec*, Québec, Ministère de l'Immigration et des Communautés culturelles, 2006.

tiel économique. Il le fait en considérant trois critères : leur formation, leur âge et leur connaissance du français. Ce sont trois critères fort pertinents, qui prédisent une partie importante du succès économique. Le problème est évidemment que les caractéristiques du conjoint ne valent que pour 16 points sur un total de 123 (soit 13 % du total), alors que l'impact économique de l'admission des conjoints est aussi important que celui de l'admission des requérants principaux.

En plus des critères d'employabilité, pour laquelle un seuil minimal est exigé (42/92 pour les candidats sans conjoint et 50/108 pour les candidats avec conjoint), le requérant peut obtenir des points pour trois critères.

- *Les enfants.* Le candidat obtient 4 points pour chaque enfant de 12 ans et moins, puis 2 points pour les enfants de 13 ans et plus.
- *L'autonomie financière.* Le candidat doit montrer qu'il dispose des moyens nécessaires pour assurer sa subsistance pendant trois mois. Ce critère est éliminatoire.
- *L'adaptabilité.* Ce critère est hautement subjectif. Le fonctionnaire du ministère doit déterminer si le candidat connaît bien le Québec et est susceptible de s'y adapter.

Il existe deux manières de voir la grille de sélection du Québec. D'un côté, elle n'est pas mauvaise. Elle cible plusieurs des caractéristiques qui favorisent, ou pourraient favoriser, l'intégration à l'emploi. De l'autre, cependant, elle inclut des critères peu pertinents et, surtout, la note de passage demeure très basse : 55/107 pour les candidats seuls et 63/123 pour les candidats avec conjoint (ce qui équivaut à 51 %). Il est donc relativement facile d'être sélectionné sans avoir plusieurs des atouts nécessaires à une bonne intégration. Un exemple permettra d'illustrer le problème.

Imaginons un candidat à l'immigration au Québec. Il a 32 ans, provient d'un pays en voie de développement, détient un diplôme universitaire de premier cycle et occupe un emploi dans une petite entreprise depuis six ans. Peut-il être admis comme travailleur qualifié ? Comme il a moins de 35 ans, il obtient 16 points pour son âge. Comme il détient un diplôme universitaire dans une formation qui n'est pas en demande, il n'obtient que 10 points pour sa formation. Le gouvernement reconnaît également son expérience de travail, pour laquelle il lui accorde 8 points.

Imaginons ensuite que ce candidat a une connaissance relativement bonne du français (surtout parlé) et une connaissance plutôt limitée de l'anglais. Il obtient donc 12 points pour le français, mais seulement 2 pour l'anglais. Il n'a pas de conjoint ni d'enfants, mais il a un frère à Montréal, qu'il a déjà visité une fois. Il obtient 4 points au critère « séjour et famille ». Il n'a pas beaucoup d'économies, mais sa famille l'aide à présenter les garanties financières nécessaires. Cela lui donne un point de plus. Le fonctionnaire qu'il rencontre lors de son entrevue de sélection le trouve sympathique — il est amateur de football, comme lui — et lui accorde 4 points sur 6 au critère « adaptabilité ». Au terme de l'entrevue, il annonce au candidat qu'il se conforme aux exigences du Programme de travailleurs qualifiés du Québec : il a obtenu 57 points, soit un peu plus que les 55 nécessaires.

Quelle intégration économique ce nouvel arrivant peut-il espérer ? Certaines de ses caractéristiques laissent penser que son intégration sera favorable : il est relativement jeune, détient un diplôme universitaire, parle assez bien le français et a quelques connaissances — du réseau de son frère — au Québec. Mais ces points forts doivent être mis en perspective. Il ne suffit pas de considérer ses forces, encore faut-il les comparer à ses faiblesses. Quelles sont-elles ?

D'abord, sa formation n'a pas été acquise dans un domaine où la demande est forte, ni dans une université reconnue. Ensuite, son expérience de travail est réelle, mais il n'est pas clair qu'il sera capable de l'appliquer dans un contexte institutionnel complètement différent. Après tout, il ne connaît pas vraiment la manière de faire des affaires au Québec. Il est encore jeune, bien sûr, capable d'apprendre et de s'adapter, mais il entrera en compétition avec des Québécois de dix ans plus jeunes que lui et ayant déjà une connaissance intime de sa société d'accueil. Ces derniers maîtriseront le français écrit bien mieux que lui, de même que l'anglais, ce à quoi les employeurs sont susceptibles de prêter attention. Alors que lui ne connaît que son frère, ses jeunes compétiteurs québécois ont déjà accès à des centaines d'amis Facebook, un réseau de confiance et de soutien qu'ils cultivent depuis leur tendre enfance.

Il n'y a pas de doute, ses perspectives d'emploi sont meilleures qu'elles ne le seraient s'il était plus âgé, s'il n'avait jamais fréquenté l'université et s'il n'avait aucune connaissance du français. Mais l'important est néanmoins que la grille lui permet d'être sélectionné malgré le fait qu'il rencontrera plusieurs obstacles sérieux à l'emploi. En fait, étant donné son profil, il est pratiquement certain que ses performances économiques demeureront inférieures à la moyenne pendant une très longue période.

On rencontre ici l'un des principaux problèmes de la grille de sélection du Québec. Si plusieurs des critères pertinents s'y retrouvent, *elle ne permet pas d'éviter la sélection de candidats qui rencontreront de multiples obstacles sur le marché du travail*. Il n'est donc pas surprenant que plusieurs immigrants admis dans la catégorie des travailleurs qualifiés aient de la difficulté à s'intégrer au marché du travail.

Le vérificateur général veille au grain

Au printemps 2010, le vérificateur général du Québec, Renaud Lachance, présentait à l'Assemblée nationale un rapport sur la sélection des travailleurs qualifiés par Québec[4]. Pendant les mois précédents, son équipe avait scruté dans le détail les politiques du ministère de l'Immigration et des Communautés culturelles, de même que leur application. Le rapport du vérificateur n'est évidemment pas parfait. On peut y lire, par exemple, que

> [d]es évaluations quantitatives réalisées par l'Institut de la statistique du Québec et par Emploi-Québec confirment ces besoins [de main-d'œuvre immigrante, N.d.A.]. À ce propos, la majorité des experts et des acteurs gouvernementaux consultés lors du processus de planification triennale 2008-2010 ont soulevé que l'immigration est un des

---

4. Vérificateur général du Québec, *Rapport du Vérificateur général du Québec à l'Assemblée nationale pour l'année 2010-2011*, tome 1, 2010.

leviers dont dispose le Québec pour répondre à ses besoins démographiques et économiques[5].

Oups… il y a un petit problème. Nous avons vu que seuls deux économistes et deux démographes ont participé aux consultations dans le cadre de la planification triennale. Aucun d'entre eux n'a soutenu que l'immigration était un levier pour répondre aux besoins démographiques et économiques du Québec. Quant à l'Institut de la statistique du Québec et à Emploi-Québec, leurs prévisions ont montré que l'immigration *pouvait* être un modeste levier pour mitiger les effets négatifs du vieillissement de la population. Évidemment, ils n'ont pas été assez aveugles pour affirmer que l'immigration *était* un levier. Tout économiste ou démographe sérieux sait que cela dépend des performances économiques des immigrants. Or, la recherche depuis quinze ans montre qu'elles sont mauvaises et qu'elles ne vont qu'en se détériorant. Le vérificateur général a peut-être souhaité, en manifestant son adhésion à ce lieu commun, adoucir les faits qu'il avait mis à jour. La crainte d'avoir l'air « anti-immigrant » l'y a sans doute incité.

Une première idée préconçue qui éclate à la lecture du rapport est celle que le Québec recrute des travailleurs qualifiés dans des domaines où la demande est forte. En réalité, seulement 9 % des travailleurs qualifiés sélectionnés entre 2006 et 2008 avaient un profil qui correspondait aux exigences des « domaines de formation privilégiés » par Québec, alors que 65 % n'ont obtenu aucun point au critère

---

5. *Ibid.*, p. 3.13.

« domaine de formation[6] ». Notons que nous ne parlons ici que des requérants principaux. La conclusion du vérificateur n'est pas anodine :

> La majorité des travailleurs qualifiés admis [...] n'ont pas une formation dans un domaine privilégié et risquent d'être confrontés à des difficultés d'intégration en emploi. [...] Cela nous amène à conclure que sans une modification du système de sélection actuel, qui utilise principalement une grille pour sélectionner les candidats, les immigrants sélectionnés risquent d'être toujours confrontés à des difficultés d'intégration en emploi[7].

Le vérificateur ne dit rien d'autre que ce que nous avons montré au chapitre précédent. La mauvaise intégration économique des immigrants n'est pas une anomalie. Il s'agit d'une tendance lourde, bien établie, tout à fait prévisible et qui résulte de plusieurs facteurs sur lesquels nous avons très peu de contrôle.

Les conclusions du vérificateur vont beaucoup plus loin. Elles portent notamment sur l'application de la grille de sélection. Les employés du vérificateur ont effectué un examen détaillé d'un échantillon de 91 dossiers traités entre janvier 2007 et février 2009 par le Bureau d'immigration du Québec à Paris et le Service Amérique du Nord et Maghreb, situé à Montréal. Sur ces 91 dossiers, 78 avaient fait l'objet

---

6. *Ibid.*, p. 3.17.
7. *Ibid.*, p. 3.20-3.21.

d'une acceptation. Ils ont découvert que 44 dossiers sur 91, soit près de la moitié, présentaient une « lacune significative[8] ». Ces lacunes étaient de toutes sortes.

Dans 18 cas, l'attribution des points était non conforme. Dans un dossier, on a alloué des points parce que l'époux de la sœur du candidat habitait au Québec, alors qu'aucun point ne devrait être alloué pour ce lien de parenté. Dans cinq dossiers, les points alloués à l'expérience professionnelle ou à la scolarité ont été mal calculés. Dans six dossiers, les points alloués pour les connaissances linguistiques étaient supérieurs à ce que le conseiller avait inscrit dans la Fiche d'évaluation du candidat (ou « feval » dans le jargon administratif). Dans trois dossiers, des candidats ont reçu des points pour l'adaptabilité alors qu'ils n'ont jamais passé l'entrevue au cours de laquelle ce critère aurait pu être évalué. Dans deux cas, des points ont été attribués pour l'« autonomie financière », alors que les candidats n'avaient pas offert les garanties nécessaires (et auraient donc dû voir leur candidature rejetée). Deux dossiers, finalement, comportaient... des erreurs de calcul.

Mais les erreurs dans l'allocation des points ne sont pas les seules qu'ont détectées le vérificateur et son équipe. De graves lacunes ont également été constatées dans la justification des points alloués. Le problème le plus fréquent était l'absence d'un diplôme ou d'un document permettant d'attester d'une expérience de travail, d'un séjour au Québec ou d'un lien avec une personne résidant au Québec. Pas moins de 32 dossiers étaient dans cette situation. Dans 13 cas, l'éva-

---

8. *Ibid.*, p. 3.30.

luation des diplômes étrangers qui aurait permis de justifier les points attribués pour la scolarité était manquante[9].

L'échantillon sur lequel s'appuie le vérificateur général est restreint mais, sur la base d'un modèle statistique, il estime qu'entre 40 % et 57 % des dossiers traités par ces bureaux entre janvier 2007 et février 2009 contiennent des lacunes significatives. En chiffres absolus, il s'agit de 11 826 à 16 853 dossiers. Mais il y a pire. Dans 34 % à 51 % des dossiers, soit entre 10 052 et 15 079 dossiers, les lacunes sont telles que le ministère ne peut être sûr de la justesse de sa décision. Il faut noter qu'on ne parle ici que du calcul des points et de la présence de justificatifs écrits dans les dossiers des candidats. Qu'en est-il de la possibilité que les documents présentés soient des faux ? Que fait le MICC pour valider les informations qui lui sont présentées ?

Le vérificateur remarque qu'« il est rarement inscrit dans le dossier que le conseiller s'est préoccupé de l'authenticité des documents[10] ». Il appartient au conseiller responsable de la sélection de déterminer s'il est en présence d'un faux document, ce qui peut être particulièrement ardu si les documents proviennent d'un territoire que le conseiller connaît peu. Le vérificateur ajoute qu'il existe « peu de directives pour encadrer la détection des informations ou des documents faux ou trompeurs lors du traitement d'une demande » et qu'il n'y a pas de « contrôle qualité à posteriori concernant les travaux effectués sur la détection des faux ». Son jugement final est clair, le « ministère n'a [...] pas l'assu-

---

9. *Ibid.*, p. 3.30-3.32.
10. *Ibid.*, p. 3.37.

rance que les dossiers contenant de faux documents ou informations sont détectés[11] ».

Il ne s'agit pas de critiquer le travail des conseillers en charge de la sélection des travailleurs qualifiés. Le haut taux d'erreur découle en partie de la charge de travail au MICC. Un conseiller en mission doit réaliser six ou sept entrevues par jour. Ce qui lui laisse au maximum une heure pour évaluer un candidat — incluant ses connaissances linguistiques et son adaptabilité — et décider s'il peut venir s'établir au Québec pour le reste de sa vie. Il est difficile dans ce contexte d'éviter les erreurs.

Il faut également noter que le gouvernement est de plus en plus exigeant à l'endroit des fonctionnaires chargés de la sélection, du moins depuis qu'il a pris la décision, en 2007, d'accroître de façon substantielle le volume d'immigration. Entre 2005 et 2009, par exemple, le nombre de demandes reçues a augmenté de 42 %. Le budget du secteur Immigration n'a pourtant augmenté que de 25 % pendant la même période[12].

Il est si difficile de dire non

Un tableau présenté par le vérificateur a particulièrement retenu notre attention. Il s'agit d'un tableau présentant la distribution des résultats des candidats à l'immigration. Le tableau, d'apparence banale, indique le pourcentage de can-

---

11. *Ibid.*, p. 3.33.
12. *Ibid.*, p. 3.27.

didats ayant reçu différents résultats. Nous le reproduisons ci-dessous *(tableau 6.3)*.

Qu'y a-t-il de si particulier à ce tableau ? Le vérificateur se contente d'un commentaire sommaire : « [U]ne proportion importante des demandes traitées, soit 41 %, ont obtenu une note égale ou de un à trois points supérieure au seuil de passage[13]. » Étrange ? Comment peut-on expliquer cette concentration des résultats juste au-dessus de la note de passage ? Le vérificateur ne se pose pas la question, se contentant de noter que « chaque point alloué est important pour obtenir le seuil de passage[14] ». Mais quel est le rapport ? Qu'a à voir cette étrange distribution des résultats avec le fait que « chaque point alloué est important » ? *Non sequitur*.

Il existe pourtant une interprétation simple de la distribution. Le vérificateur l'a nécessairement compris, mais a décidé de ne pas l'évoquer. Quelle est-elle ? Si nous arrivions chez un ami qui enseigne dans une école secondaire et trouvions sur son bureau une pile de travaux corrigés, sachant que la note de passage est de 60 %, nous serions un peu surpris de constater que pas moins de 41 % des travaux ont reçu une note entre 60 et 63 %, alors que seulement 4 % ont obtenu une note entre 56 et 59 %. Quelle bizarrerie ! En principe, les résultats devraient être distribués normalement de chaque côté de la note de passage. Pourquoi les résultats s'agglutinent-ils juste au-dessus ?

L'explication la plus simple est que cet ami a de la difficulté à faire échouer ses étudiants. Quand il tombe sur un

---

13. *Ibid.*, p. 3.28.
14. *Ibid.*, p. 3.28.

Tableau 6.3 — Distribution du volume de demandes traitées de 2006 à 2008 par rapport au seuil de passage

État de la demande	Écart	Demandes traitées
Refusée	6 points et plus sous la note de passage	20,9 %
	De 1 à 5 points sous la note de passage	4,2 %
Acceptée	Note de passage	16,0 %
	1 point au-dessus de la note de passage	10,1 %
	2 points au-dessus de la note de passage	7,8 %
	3 points au-dessus de la note de passage	7,1 %
	4 points ou plus au-dessus de la note de passage	33,9 %

* Ces données concernent les demandes évaluées avec la grille de sélection d'octobre 2006.

Source : Vérificateur général du Québec, *Rapport du Vérificateur général du Québec à l'Assemblée nationale pour l'année 2010-2011, Tome 1*, mai 2010, p. 3-28.

travail qui se rapproche de la note de passage, il lui donne une petite poussée pour le faire passer au-dessus. Conséquence : beaucoup de travaux ont juste un peu plus, alors que très peu de travaux ont juste un peu moins. Est-il possible que les conseillers chargés de la sélection aient le même problème que cet enseignant ? La distribution des résultats suggère non seulement que c'est le cas, mais que ce biais dans l'attribution des résultats a une influence énorme sur le nombre d'immigrants admis au Québec.

De tous les candidats, 41 % obtiennent la note de passage ou un résultat d'un à trois points supérieur. Puisque 75 % des candidats sont acceptés, cela signifie que *55 % des candidats acceptés (41/75) atteignent à peine le seuil d'acceptation*. N'eût été le biais des fonctionnaires responsables de la sélection — c'est-à-dire si les résultats étaient distribués selon ce que les statisticiens appellent une « courbe normale » de chaque côté de la note de passage —, la moitié de ces candidats ne seraient probablement pas sélectionnés, et l'immigration chuterait probablement du quart.

Mais pourquoi ce biais existe-t-il ? Une partie de la réponse se trouve dans le rapport du vérificateur lui-même. D'abord, l'évaluation est un processus largement subjectif. Des critères comme l'âge ou le nombre d'enfants ne se prêtent guère à l'interprétation, mais que dire du facteur d'adaptabilité (qui compte pour six points) ? Sait-on vraiment de quoi il s'agit ? Quelle est la différence entre un 4 et un 6 à ce critère ? Il est particulièrement troublant d'apprendre que, « de 2006 à 2008, il y a eu 45 % des demandes de certificats de sélection de travailleurs qualifiés qui ont été acceptées grâce aux points attribués pour le facteur "adaptabilité"[15] ».

Que dire ensuite des connaissances linguistiques qui, dans l'immense majorité des cas, ne font l'objet d'aucune évaluation objective ? Le candidat évalue lui-même ses connaissances linguistiques, que le conseiller se contente de vérifier en entrevue. Mais encore, quelle est la différence entre un 11 et un 13 en l'absence de test standardisé ? Comme le note le vérificateur : « les points attribués [pour les connaissances linguistiques] sont laissés au jugement du conseiller à l'immigration ». Certains cas, particulièrement troublants, illustrent toute la latitude dont jouissent les responsables de la sélection :

---

15. *Ibid.*, p. 3.35.

Il est difficile de comprendre pour quelle raison un candidat a obtenu 6 points sur 16 en français quand les notes du conseiller mentionnent que l'entrevue de sélection s'est déroulée essentiellement en anglais et que le candidat comprenait à peine le français. Il est tout aussi difficile de justifier l'attribution de 16 points à un candidat qui a été sélectionné sur dossier, alors que son dossier ne contenait aucun commentaire du conseiller ni aucune autre évidence de sa connaissance avancée du français[16].

Étant donné l'importance des critères subjectifs, il serait particulièrement étonnant que la distribution bizarre des résultats s'explique par autre chose que le biais de ceux qui attribuent les points. Mais quelles motivations poussent les conseillers à accepter pratiquement tous les dossiers qui se trouvent près de la note de passage ? Plusieurs hypothèses sont possibles.

Dans plusieurs cas, les conseillers doivent communiquer directement les réponses aux candidats. On peut imaginer que plusieurs d'entre eux — pour des raisons émotionnelles — ne souhaitent pas décevoir les candidats en les informant d'un échec. Ils leur donnent donc une petite poussée pour les amener juste au-dessus du seuil d'acceptation. Il est aussi probable que les conseillers craignent de voir leurs décisions contestées. Le vérificateur note que « l'information qui figure dans les fiches est très inégale ». Et il poursuit : « Nous avons d'ailleurs constaté que les dossiers refusés sont souvent davantage documentés que les dossiers accep-

---

16. *Ibid.*, p. 3.35.

tés, car le candidat peut en demander la révision ou adresser une plainte au ministère. » Les conseillers ressentent le besoin de justifier plus longuement un refus qu'une acceptation, parce qu'ils craignent une révision ou une plainte. Ils ont donc un incitatif clair, pour diminuer leur charge de travail, à accepter tous les candidats se rapprochant plus ou moins du seuil d'acceptation.

Finalement, les conseillers du MICC cherchent peut-être à accepter le plus de candidats possible afin de répondre aux attentes de leur hiérarchie. Il est tout à fait plausible que les fonctionnaires, ressentant cette pression, considèrent comme normal d'interpréter les critères d'évaluation de la manière la plus favorable qui soit pour les candidats.

Évidemment, la conséquence de ce biais dans la sélection n'est pas bien difficile à saisir. Le seuil d'acceptation de la grille de sélection du Québec est déjà très bas. Le fait que la majorité des immigrants sélectionnés parviennent à peine à l'atteindre signifie que la plupart des immigrants que nous recevons rencontreront de multiples obstacles à l'emploi. Dans ce contexte, il est pratiquement impossible que l'intégration économique fonctionne bien. En fait, il est tout à fait raisonnable d'anticiper une nouvelle détérioration pour les années à venir.

Un programme qui fonctionne ?

Rien de ce que nous avons dit n'implique que le principe même de la grille de sélection soit mauvais. À volume d'admission égal, il est légitime de penser qu'une immigration sélectionnée s'intégrera toujours mieux qu'une immigration non sélectionnée. Mais la sélection est une notion relative. Tout dépend finalement de notre niveau de « sélectivité ». Pour que les immigrants s'intègrent bien à l'économie, il ne suffit pas de faire en sorte qu'ils aient quelques caractéristiques favorables. Il faut plutôt minimiser le plus possible les obstacles à l'emploi qu'ils sont susceptibles de rencontrer. Notre politique actuelle de sélection des travailleurs qualifiés est loin d'atteindre cet objectif.

Le MICC le sait-il ? En grande partie. Malheureusement, au cours des dernières années, celui-ci n'a pas cherché à évaluer de façon objective le résultat de ses programmes, craignant sans doute ce qui ressortirait d'une telle évaluation. Le vérificateur général n'a d'ailleurs pas manqué de noter l'absence d'évaluation de la sélection des travailleurs qualifiés :

> Malgré les données qui montrent les problèmes d'intégration en emploi et de déqualification des personnes immigrantes que le ministère sélectionne, nous avons constaté qu'il n'a pas évalué sa grille de sélection ni les conditions préalables au traitement d'une demande d'un travailleur qualifié[17] [...].

Les principales évaluations du Programme de travailleurs qualifiés demeurent celles qui ont été réalisées pour le compte du MICC par Jean-François Godin, en 2004[18], et par Jean

---

17. *Ibid.*, p. 3.23.
18. Jean-François Godin, *L'Insertion en emploi des travailleurs admis au Québec en vertu de la grille de sélection de 1996*, Québec, Ministère de l'Immigration et des Communautés culturelles, 2004.

Renaud et Tristan Cayn, en 2006[19]. Ces études sont basées sur une enquête menée en 2002 auprès de 2 000 immigrants de la catégorie des travailleurs qualifiés arrivés entre 1997 et 2000, et portent essentiellement sur l'insertion à court terme des requérants principaux sur le marché du travail.

Renaud et Cayn, par exemple, s'intéressent aux facteurs favorisant l'obtention d'un emploi correspondant aux compétences de travailleurs sélectionnés. L'utilisation du mot « compétence » est évidemment un abus de langage, puisque ce qui intéresse Renaud et Cayn est en réalité le « niveau de scolarité » des immigrants. Or, le niveau de scolarité n'est qu'un des indicateurs des compétences. Des individus d'un même niveau de scolarité peuvent être très inégalement compétents, ne serait-ce qu'à cause de l'extrême variabilité dans la qualité de l'éducation d'un pays à l'autre. Dans le cas de l'immigration, faire équivaloir « scolarité » et « compétence » pose un sérieux problème, puisque cela revient à penser qu'être compétent est une chose qui existe « dans l'espace », c'est-à-dire qui ne dépend pas de l'inscription dans un contexte culturel et institutionnel concret. Cette simplification n'est évidemment pas justifiable, puisque ce ne sont pas tant les individus qui sont compétents que les institutions qui les rendent tels. Par conséquent, l'étude de Renaud et Cayn aurait dû être intitulée « Un emploi correspondant à son niveau de scolarité ? »

Quoi qu'il en soit, Renaud et Cayn identifient dans le

---

19. Jean Renaud et Tristan Cayn, *Un emploi correspondant à ses compétences ? Les travailleurs sélectionnés et l'accès à un emploi qualifié au Québec.*

détail les facteurs qui influent sur l'insertion en emploi dans les premières années après l'immigration. Ces facteurs ne devraient pas nous surprendre. Les immigrants qui réussissent le mieux sont ceux qui :

- « proviennent d'Europe de l'Ouest ou des États-Unis ;
- avaient effectué un séjour préalable au Québec avant d'immigrer ;
- ont terminé un cours de français après leur admission ;
- ont une formation technique spécialisée ;
- sont détenteurs d'un doctorat ;
- avaient occupé un emploi de compétence "0" (gestion) ou "A" (universitaire) avant d'immigrer ;
- prévoyaient occuper un emploi dans le domaine des services aux individus ».

À l'inverse, ceux qui réussissent le moins bien sont ceux :

- « [qui proviennent] d'Asie de l'Ouest et du Moyen-Orient, du Maghreb, de l'Asie orientale et de l'Océanie, de l'Afrique hors Maghreb et de l'Europe de l'Est (incluant l'ex-URSS) ;
- qui ont étudié en sciences de la santé, en sciences humaines et sociales, en sciences exactes, ou bien qui ont une formation générale en arts, sports et loisirs ;
- qui ne sont pas détenteurs d'un doctorat, surtout ceux qui ont un diplôme de deuxième cycle universitaire ou qui n'ont pas [terminé] leurs études secondaires ;
- qui suivent des cours (qui ne sont pas des cours de langue) ;
- qui n'ont jamais occupé d'emploi avant d'immigrer ;

- qui prévoyaient travailler dans les domaines "sciences de la vie et architecture", "physique et génie", dans les secteurs "primaire et secondaire, métiers et transports", ainsi qu'en "santé, droit, sciences sociales et enseignement[20] ».

Il va de soi que la plupart des candidats présenteront certaines caractéristiques qui influeront négativement sur leur insertion en emploi et d'autres influant positivement. Comment s'intègrent donc à l'emploi les travailleurs qualifiés en général ? Renaud et Cayn montrent que l'insertion commence assez lentement, mais que la situation s'améliore progressivement avec le temps :

> Après 3 mois de résidence, 50 % des répondants avaient obtenu un premier emploi. À la fin de la période totale observée (environ 5 ans), la probabilité globale qu'un premier emploi ait été décroché s'établit à 91 %. Pour ce qui est de l'accès à un emploi qualifié, le seuil de 50 % sera franchi après un an et la probabilité finale, après 5 ans, sera de 68 %[21].

Quel jugement général peut-on porter sur ces résultats ? Sont-ils bons ou mauvais ? D'un côté, le fait que les deux tiers des requérants principaux finissent, cinq ans après leur arrivée, par occuper un emploi qualifié montre que l'intégration à l'économie fonctionne assez bien pour certains immigrants. De l'autre côté, le fait que le tiers des requérants prin-

---

20. *Ibid.*, p. viii.
21. *Ibid.*

cipaux n'ont toujours pas obtenu un emploi correspondant à leur niveau de scolarité après cinq ans au Québec montre que la grille de sélection est loin d'être parfaite. Après tout, les requérants principaux sont les seuls immigrants qui sont précisément sélectionnés pour leurs compétences. On s'attend à ce que leurs performances soient particulièrement bonnes. Or, ce n'est pas le cas.

Il faut aussi noter que l'étude de Renaud et Cayn n'offre qu'une analyse très restreinte de l'impact de la grille de sélection. D'abord, elle porte sur l'insertion à court terme des requérants principaux et ne nous dit rien de leurs performances à long terme, beaucoup plus importantes. Ensuite, l'obtention d'un emploi qualifié n'est qu'une des variables permettant de déterminer l'impact économique de l'immigration. Il aurait été souhaitable, par exemple, qu'on s'intéresse également au revenu des requérants principaux. C'est lui qui détermine en bonne partie l'impact des immigrants sur la production, la consommation et les finances publiques. On peut se réjouir de voir un bachelier en sciences humaines dénicher un emploi exigeant un baccalauréat en sciences humaines, mais si son revenu ne dépasse pas les 20 000 $ par année, son impact sur l'économie sera moins favorable que celui d'un bachelier dénichant un emploi de machiniste à 32 000 $.

De même, le fait de ne considérer que les requérants principaux limite les conclusions de Renaud et Cayn. Les conjoints et époux de ces requérants sont également admis en vertu du Programme de travailleurs qualifiés, et leur impact sur l'économie est aussi grand que celui des requérants principaux. Il est impossible d'évaluer les effets de la sélection des travailleurs qualifiés sans considérer les performances économiques de leurs conjoints. Pour avoir un point de vue complet, il faudrait également considérer les performances économiques des immigrants qui ont été subséquemment admis en vertu d'un lien de parenté avec des travailleurs qualifiés (par le biais du regroupement familial).

Les évaluations de Renaud et Cayn ont néanmoins contribué à justifier des modifications à la grille de sélection adoptées en 2006. La plus importante de ces modifications a consisté à séparer le critère « formation » en deux : le niveau de scolarité d'un côté et, de l'autre, le domaine de formation. Cette modification était bien vue, puisque toutes les formations de niveau universitaire n'ont pas la même valeur sur le marché du travail québécois. Cette modification ne peut cependant pas avoir eu un impact important sur les performances des requérants principaux. Comme l'a révélé le vérificateur général, 65 % des immigrants sélectionnés n'ont obtenu aucun point pour le domaine de formation et seulement 9 % avaient un profil correspondant aux domaines de formation privilégiés par Québec[22].

Une autre étude réalisée par Gérard Pinsonneault, Aline Lechaume, Chakib Benzakour et Pierre Lanctôt s'est intéressée à un aspect différent de l'intégration économique des travailleurs qualifiés : leur recours à l'aide sociale[23]. Les

---

22. Vérificateur général du Québec, *Rapport du Vérificateur général du Québec à l'Assemblée nationale pour l'année 2010-2011*, p. 3.17.

23. Gérard Pinsonneault, Aline Lechaume, Chakib Benzakour et Pierre Lanctôt, *Recours au programme d'aide sociale par les immigrants de la catégorie des travailleurs qualifiés : échec ou transition dans le processus d'intégration ? Faits saillants*, Québec, Ministère de

auteurs ont examiné le parcours des immigrants admis au Québec entre 1996 et 2004. Leurs conclusions sont troublantes. Le recours à l'aide sociale est extrêmement fréquent chez les immigrants admis comme travailleurs qualifiés. Des 4 006 travailleurs qualifiés admis en 1996, pas moins de 1 885 y avaient eu recours au moins une fois entre 1996 et 2005. Sur les 15 055 immigrants admis en 2004, 5 331 y avaient eu recours à la fin de 2005[24]. Rappelons qu'il ne s'agit ici que des travailleurs qualifiés, c'est-à-dire de la catégorie d'immigrants sélectionnés précisément pour son potentiel économique.

Pinsonneault et ses collègues montrent également que le recours à l'aide sociale est extrêmement variable en fonction du pays d'origine. Les immigrants originaires de pays du Maghreb et d'Europe de l'Est y sont particulièrement sujets :

> [Quatre-vingts pour cent] des immigrants de la catégorie des travailleurs qualifiés nés en Algérie ont eu recours à l'aide sociale au moins une fois avant la fin de leur première année de résidence au Québec. Des taux très élevés, de plus de 60 % avant la fin de la première année, sont également observés chez les natifs du Maroc et de la Roumanie[25].

L'aide sociale n'est évidemment pas le seul type de soutien auquel les immigrants ont droit. Les auteurs montrent

---

l'Immigration et des Communautés culturelles et Ministère de l'Emploi et de la Solidarité sociale, 2010.

24. *Ibid.*, p. 3.
25. *Ibid.*, p. 4.

ainsi qu'il existe une corrélation négative entre le recours à l'aide sociale et le recours aux programmes de francisation. Quand les immigrants originaires d'un pays ont davantage recours à l'aide sociale, ils tendent à avoir moins recours au programme de francisation. Seuls les immigrants originaires de France n'ont recours ni à l'un ni à l'autre[26]. On peut expliquer cette complémentarité simplement. Les immigrants qui ne parlent pas déjà français préfèrent s'inscrire dans un programme de francisation, alors que les immigrants parlant déjà français ont plutôt recours à l'aide sociale. Cela explique sans doute en partie le recours plus fréquent des immigrants maghrébins et roumains à l'aide sociale.

Tout n'est évidemment pas noir dans l'étude. Un point important concerne le rythme de sortie de l'aide sociale des immigrants admis comme travailleurs qualifiés. La moitié de ceux qui ont eu recours à l'aide sociale s'en sont affranchis un an plus tard. Après trois ans, ce sont les trois quarts. Le rythme de sortie de l'aide sociale devient supérieur à celui des natifs après dix mois et, une fois sortis, les immigrants ont moins de risques d'y retourner. Cela peut s'expliquer par le fait que les causes qui amènent les immigrants admis comme travailleurs qualifiés à entrer et à sortir de l'aide sociale sont très différentes de celles qui sont à l'œuvre chez les natifs.

Le rythme de sortie permet de nuancer légèrement le caractère dramatique de la situation. Pour plusieurs immigrants, le passage par l'aide sociale correspond, pour reprendre l'expression de Pinsonneault et ses collègues, à

---

26. *Ibid.*, p. 5.

une « transition dans le processus d'intégration ». Mais il ne faut pas non plus minimiser les implications de ce recours massif à l'aide sociale chez les immigrants récemment admis comme travailleurs qualifiés. D'abord, les calculs de Pinsonneault et ses collègues ne portent que sur les travailleurs qualifiés qui sont restés au Québec. Ils ne tiennent pas compte des 16 % d'immigrants qui ont été admis comme travailleurs qualifiés entre 1996 et 2004 mais qui n'y étaient plus en 2006. Il est possible que le recours à l'aide sociale par ce groupe d'immigrants soit encore plus élevé. Ensuite, il faut noter que les travailleurs qualifiés sont admis précisément à cause de leur capacité à contribuer à l'économie du Québec. Au bout du compte, le fait que 40 % d'entre eux aient recours à l'aide sociale montre les limites du processus de sélection[27]. Certes, le recours à l'aide sociale diminue de façon importante après un an, mais il demeure élevé par rapport aux natifs. Il contribue certainement à expliquer pourquoi la part des prestataires du Programme d'aide sociale nés à l'extérieur du Canada est passée de 25,3 % en janvier 2006 à 28,6 % en juin 2010[28].

Si l'on ajoute à l'aide sociale les autres formes de soutien financier dont peuvent bénéficier les immigrants admis comme travailleurs qualifiés — comme le soutien à la francisation, l'aide financière aux études et les différents programmes d'insertion professionnelle —, on ne peut que se

---

27. *Ibid.*, p. 11.

28. Ministère de l'Emploi et de la Solidarité sociale, *Rapport statistique sur la clientèle des programmes d'assistance sociale*, juin 2010, p. 3.

questionner sur le rapport coûts/avantages du programme. Dans quelle mesure les immigrants admis comme travailleurs qualifiés atteignent-ils les revenus qui seraient nécessaires pour justifier la logique économique qui guide leur sélection ?

Pour l'instant, nous n'avons qu'une vue très partielle des performances économiques des requérants principaux, et nous ignorons pratiquement tout des performances économiques de leurs conjoints ou époux, de même que celles des immigrants bénéficiant du regroupement familial en vertu d'un lien avec un Canadien admis comme travailleur qualifié.

Sélectionner mieux = réduire l'immigration

Est-il possible de réformer la sélection des travailleurs ? Oui. Certains critères pourraient être modifiés de façon à mieux cibler les immigrants dont les chances de succès sont les meilleures. Par exemple, on pourrait modifier l'attribution des points pour l'âge : donner le maximum de points aux candidats qui ont entre 18 et 30 ans, mais moins aux candidats qui ont entre 30 et 35 ans et dont l'intégration est moins rapide. On pourrait abolir le critère d'« adaptabilité », beaucoup trop subjectif, ou le remplacer par un test objectif de connaissances sur la société québécoise. On pourrait également imposer un test standardisé de français permettant d'évaluer de façon objective les connaissances linguistiques des candidats et multiplier les vérifications des documents joints au dossier. Plus simple encore, on pourrait augmenter la note de passage.

Il faut cependant être conscient d'un point crucial : tout resserrement de la grille de sélection aura une conséquence directe et importante sur le nombre d'immigrants admis au Québec. Nous avons vu précédemment que plus de la moitié des immigrants sélectionnés comme travailleurs qualifiés parvenait à peine à atteindre la note de passage. Plus troublant encore, une grande partie d'entre eux n'est probablement acceptée qu'à cause d'un biais favorable chez les conseillers effectuant la sélection. Il va de soi que le moindre resserrement de la grille de sélection ferait échouer une grande partie de ces immigrants.

Il existe cependant beaucoup de résistance à l'idée d'une réforme qui réduirait le nombre d'immigrants admis au Québec. Marie-Thérèse Chicha, par exemple, est spécialiste de l'immigration à l'École de relations industrielles de l'Université de Montréal. Commentant la nouvelle politique australienne — selon laquelle seuls les candidats dont la profession est en demande voient leur candidature examinée —, elle soutient : « [L'approche australienne est] une très bonne pratique. Mais je ne crois pas que l'on puisse s'appuyer uniquement là-dessus pour faire la sélection. On aurait beaucoup moins de demandeurs[29]. »

L'idée est simple : la demande d'immigration pour les pays anglo-saxons comme le Canada et l'Australie est beaucoup plus forte que pour le reste du monde. Par conséquent, ces pays peuvent se permettre d'être relativement sélectifs, tout en admettant un volume élevé. C'est le cas, très claire-

---

29. Citée dans Rima Elkouri, « Ces immigrants que l'on choisit mal », *La Presse*, 15 mai 2010, p. A11.

ment, du Canada. La grille de sélection y est à la fois plus simple et plus exigeante qu'au Québec *(tableau 6.4)*. Elle ne compte que six critères plutôt qu'une douzaine. Le critère de l'adaptabilité n'y est pas défini de façon aussi subjective qu'au Québec, mais inclut plutôt des critères comme les caractéristiques du conjoint, les séjours préalables et la présence de parents au Canada. Point crucial, le seuil de passage de la grille canadienne est beaucoup plus élevé que celui de la grille québécoise. Les candidats doivent obtenir un minimum de 67 %, alors que le seuil de passage de la grille québécoise est fixé à 51 %. Le fait que le Canada soit plus sélectif est sans doute un des facteurs expliquant que les performances économiques des immigrants y sont meilleures qu'au Québec, du moins à certains égards.

Cette grille plus exigeante n'empêche pas le Canada d'admettre proportionnellement plus d'immigrants que le Québec : environ 250 000 par année, soit plus de cinq fois le nombre d'immigrants admis au Québec[30]. Comme le Québec est moins en demande, il semble donc qu'il doive faire des concessions du côté de la qualité pour atteindre ses objectifs quantitatifs. L'argument serait convaincant si les objectifs quantitatifs n'étaient pas précisément justifiés par l'impact supposément favorable de l'immigration sur l'économie. On ne comprend pas exactement quel serait le pro-

---

30. Citoyenneté et Immigration Canada, « Canada — Résidents permanents par catégorie, 2005-2009 », *Faits et chiffres 2009 : Tableaux sommaires — Résidents permanents et temporaires*, en ligne : www.cic.gc.ca/francais/ressources/statistiques/faits2009/permanents/01.asp

Tableau 6.4 — Grille de sélection du Canada

Critères	Points maximum
Études	25
Compétence en français / anglais	24
Expérience	21
Âge	10
Emploi réservé au Canada	10
Adaptabilité	10
Seuil de passage	67/100

Source : Citoyenneté et Immigration Canada, *Travailleurs qualifiés et professionnels : Qui peut présenter une demande — Six facteurs de sélection et note de passage.*

http://www.cic.gc.ca/francais/immigrer/qualifie/demande-facteurs.asp

blème pour le Québec de sélectionner moins d'immigrants, si les immigrants en moins sont précisément ceux qui s'intègrent le moins bien à l'économie.

Boudarbat et Cousineau, évoquant la possibilité de réduire l'immigration en provenance des pays non traditionnels, c'est-à-dire ceux dont l'intégration économique est la moins bonne, adoptent un point de vue semblable. Ils soulignent qu'« il n'est pas certain que la politique d'immigration pourra atteindre ses objectifs "quantitatifs" sans le recours aux immigrants en provenance de pays dits non traditionnels, surtout dans un contexte de concurrence à ce niveau entre les pays développés[31] ». On a ici l'impression que les objectifs quantitatifs sont indépendants des performances économiques des immigrants, alors que le grand

---

31. Brahim Boudarbat et Jean-Michel Cousineau, « Un emploi correspondant à ses attentes personnelles ? », p. 171.

volume de travailleurs qualifiés admis est principalement justifié par des raisons économiques. La réalité est pourtant simple : en matière d'immigration sélectionnée, quantité et qualité ne sont pas des variables indépendantes. Si le Québec ne réduit pas le nombre d'immigrants qu'il sélectionne, il a tout intérêt à réduire ses attentes par rapport aux performances économiques de ces immigrants.

Appelé à commenter le rapport dévastateur du vérificateur général, Brahim Boudarbat soutient qu'une réduction de l'immigration serait une « solution simpliste et à courte vue » et qu'à long terme, « il n'y a que des bénéfices à l'immigration[32] ». Le professeur donne quatre raisons de ne pas réduire le volume de l'immigration admise au Québec. Examinons ces raisons l'une après l'autre.

> Première raison : si le Québec accueille moins d'immigrants, son poids sera moindre au sein du Canada, ce qui entraînera des conséquences politiques importantes.

Cette raison est effectivement très politique. On s'en doute, l'argument prend une signification différente selon le parti pour lequel on vote. N'en disons pas plus, puisque ce n'est pas l'objet de ce livre.

> Deuxième raison : compte tenu de l'importance des réseaux d'entraide, plus il y a d'immigrants dans une société, meilleures sont les possibilités d'intégration.

---

32. Cité dans Rima Elkouri, « Ces immigrants que l'on choisit mal », *La Presse*, 15 mai 2010, p. A11.

Que comprendre de cette affirmation ? Une des raisons pour lesquelles les immigrants se débrouillent moins bien dans la société d'accueil tient à un déficit d'intégration à sa langue et à ses institutions. Il va de soi que, lorsque les immigrants sont plus nombreux et reproduisent dans leur société d'accueil les institutions de leur société d'origine, ils ne font pas face à ce problème. Pour le dire simplement, l'existence de ghettos favorise une certaine efficacité économique. Mais peut-on vraiment parler de « meilleures possibilités d'intégration » ?

> Troisième raison : si les cinq premières années de l'expérience migratoire sont souvent difficiles, on observe qu'avec le temps, la situation s'améliore.

C'est juste, mais il n'aurait pas été inutile de préciser qu'aucune des cohortes reçues depuis 30 ans n'a réussi à rejoindre la moyenne économique des natifs, ce qui anéantit complètement le discours justifiant nos politiques d'immigration.

> Quatrième raison : les enfants d'immigrants, ceux qui arrivent très jeunes ou qui sont nés ici, s'intègrent en général très bien et réussissent parfois mieux que la moyenne. À long terme, ils participent donc très bien à la croissance économique du Québec.

Les « enfants d'immigrants » ne forment pas un groupe homogène. La réalité est que les conditions socioéconomiques des immigrants au Québec et au Canada se sont tellement détériorées au cours des dernières décennies qu'on peut difficilement prédire quelles seront les performances économiques de leurs enfants. Il est possible qu'ils aient du succès là où leurs parents ont échoué, c'est-à-dire à égaler les performances économiques des natifs. Mais il est aussi possible qu'ils n'y parviennent pas.

Les données sur la réussite scolaire des enfants issus de l'immigration, par exemple, doivent nous inciter à la prudence. Marie McAndrew et ses collègues ont analysé des données administratives du ministère de l'Éducation sur les jeunes qui sont entrés au secondaire entre 1994 et 1996[33]. Les données montrent que les jeunes issus de l'immigration sont davantage en situation de retard que les natifs au secondaire. Ils sont aussi plus susceptibles de décrocher. Après sept ans, 57,4 % avaient obtenu leur diplôme d'études secondaires, comparé à 69 % des natifs. Quelle sera leur performance économique dans 10, 15 ou 20 ans ? La réalité est que l'étude de l'intégration économique n'est pas une science exacte et que l'avenir reste imprévisible. Il est bon de garder à l'esprit que nos politiques actuelles ne nous mettent pas à l'abri d'une pauvreté immigrante qui persisterait à travers les générations, comme celle que l'on observe dans plusieurs pays d'Europe.

Finalement, il est intéressant de noter que Boudarbat, alors qu'il s'oppose à une réduction de l'immigration, n'hésite pas à recommander des manières de réformer la grille de sélection qui la rendraient plus restrictive :

---

33. Marie McAndrew, Jacques Ledent et Rachid Ait-Said, « L'école québécoise assure-t-elle l'égalité des chances ? Le cheminement scolaire des jeunes noirs au secondaire », *Cahiers québécois de démographie*, vol. 35, n° 1 (2006), p. 123-148.

Comment améliorer la sélection ? Pour le professeur Boudarbat, Québec aurait tout intérêt à miser sur la candidature des immigrants qui ont les meilleures capacités d'adaptation, notamment les étudiants étrangers et les jeunes. « Les études montrent que les gens qui arrivent après 30 ans ont plus de problèmes d'adaptation. » En ce moment, Québec favorise les candidatures des 18-35 ans, mais pour le chercheur, favoriser les gens de moins de 25 ans serait encore mieux[34].

Pour les raisons que nous avons expliquées plus haut, un tel resserrement de la grille de sélection provoquerait automatiquement une chute brutale du nombre d'immigrants sélectionnés. À moins, bien sûr, qu'il ne s'accompagne d'un relâchement sur un autre critère, mais il reste encore à déterminer lequel.

---

34. Cité dans Rima Elkouri, « Ces immigrants que l'on choisit mal », *La Presse,* 15 mai 2010, p. A11. Voir aussi Brahim Boudarbat et Jean-Michel Cousineau, « Un emploi correspondant à ses attentes personnelles ? », p. 171.

7
Comment ne pas immigrer sans investir

Les travailleurs qualifiés forment la principale composante de l'immigration sélectionnée par Québec. Étant donné ce que nous avons dit précédemment, il est utopique de croire que cette composante puisse alléger le fardeau que fait peser le vieillissement de la population sur les finances publiques québécoises. Et encore, il n'est pas impossible qu'elle vienne l'alourdir. Mais peut-être que d'autres composantes de l'immigration ont une contribution positive à l'économie du Québec... Qu'en est-il par exemple de la catégorie des immigrants investisseurs ? Dans un monde de plus en plus mondialisé, marqué par une compétition farouche pour les investissements étrangers, un tel programme semble crucial. Un examen plus approfondi révèle cependant une autre réalité. Pour la comprendre, il faut d'abord expliquer comment fonctionne le Programme québécois des immigrants investisseurs.

Pour être sélectionné comme immigrant investisseur, un candidat doit s'engager à investir 400 000 $. Mais attention, il ne s'agit pas d'un montant qu'il investit lui-même, en fondant une entreprise ou en développant un concept d'affaires. L'investisseur doit plutôt confier les 400 000 $ à Québec, avec la promesse de retrouver son argent cinq ans plus tard, sans intérêt. L'immigrant investisseur doit donc renoncer à cinq ans d'intérêts sur 400 000 $.

Et que fait le Québec pendant ce temps ? Il achète un « billet à terme » — c'est-à-dire un placement garanti, un peu comme un bon du Trésor — dont la valeur au bout de cinq ans atteindra 400 000 $. Par exemple, si les taux d'intérêt sont à 4 %, la valeur du billet sera de 328 771 $. S'ils ne sont que de 3 %, le billet ne coûtera que 345 044 $. Québec utilisera ce billet à terme pour rembourser à l'immigrant les 400 000 $ empruntés. Quel est donc le gain initial pour le Québec ? C'est très simple : 400 000 $ moins la valeur du billet, c'est-à-dire quelque chose entre 40 000 $ et 80 000 $ selon la valeur des taux d'intérêt. Depuis le début de la crise économique et la baisse spectaculaire des taux, nous sommes plus près des 40 000 $, une somme plutôt modeste.

Et maintenant, que se passe-t-il avec cet argent ? Sert-il à financer la santé ou l'éducation, ou encore à rembourser la dette du Québec ? Pas du tout. Il faut d'abord donner à chacun son dû *(figure 1)*. Ce n'est pas parce que la tarte est petite qu'ils ne sont pas nombreux à se la diviser. Voici comment est réparti l'argent :

> • 46 % du montant sert à financer le Programme d'aide aux entreprises d'Investissement Québec ;
> • 5 % va à Investissement Québec pour l'approbation et la gestion de l'opération de financement ;
> • 4 % sert à financer le Programme d'aide à l'intégration des immigrants et des minorités visibles en emploi (PRIIME) d'Emploi-Québec, qui offre un soutien salarial et financier aux entreprises qui embauchent des immigrants ou des membres de minorités visibles ;

- 1 % va au ministère de l'Immigration et des Communautés culturelles ;
- 44 % va aux institutions financières, c'est-à-dire à la banque qui a recruté l'immigrant investisseur.

Un gain initial de 60 000 $, par exemple, sera distribué de la manière suivante :

- 27 600 $ pour le Programme d'aide aux entreprises d'Investissement Québec ;

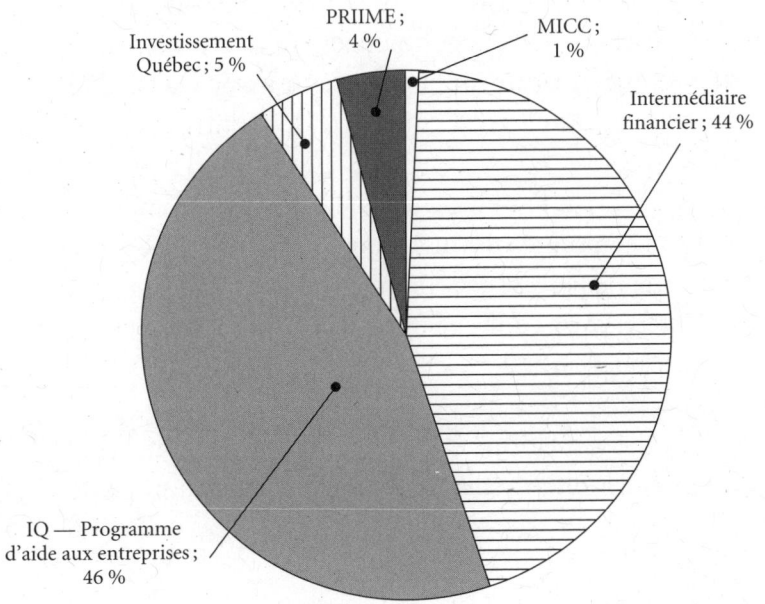

Figure 7.1 — Répartition de la contribution nette des immigrants investisseurs au Québec, 2010

Source : Roger Ware, Pierre Fortin et Pierre Emmanuel Paradis, *L'Impact économique du Programme immigrants investisseurs au Canada*, Groupe d'analyse, mars 2010, p. 20.

- 3 000 $ pour Investissement Québec ;
- 2 400 $ pour le programme PRIIME ;
- 600 $ pour le MICC ;
- 26 400 $ pour l'intermédiaire financier.

Ce qui est frappant est non seulement la faiblesse des montants en jeu, mais aussi la part considérable qui revient aux intermédiaires financiers. Mais il ne faut pas croire que les banques se contentent des 44 % qui leur sont versés. Elles ont trouvé une autre manière de tirer profit du Programme des immigrants investisseurs. Une manière d'obtenir « le beurre et l'argent du beurre ». Quelle est l'astuce ?

La réalité est que la grande majorité des participants au programme n'investissent jamais le montant initial de 400 000 $. Que font-ils ? Ils empruntent tout simplement l'argent à l'intermédiaire financier qui les recrute. Comme le dit Gérard Pinsonneault, chercheur associé à la Chaire en relations ethniques de l'Université de Montréal,

> très souvent, l'investissement qu'ils font est constitué d'argent emprunté à des institutions financières québécoises. Le seul apport net de ces immigrants investisseurs vient des intérêts qu'ils doivent verser à ces institutions pendant quelques années[1].

La chose est loin d'être secrète. Il suffit de consulter le site Internet des intermédiaires financiers destinés aux candidats

---

1. Gérard Pinsonneault, « Pour une meilleure gestion de l'immigration économique par le Québec », p. 27.

investisseurs pour s'en convaincre. L'arrangement le plus commun — certains parlent de 90 % des cas — est le suivant : le candidat met 120 000 $ sur la table, et l'institution financière en met 280 000. La Société de fiducie HSBC fait notamment la promotion du Programme des immigrants investisseurs en vantant cette option sur son site Web[2]. Ensemble, ils arrivent donc au montant de 400 000 $ exigé par Québec. En échange de son emprunt, l'immigrant renonce à reprendre les 400 000 $ à la fin de la période de cinq ans, montant qui retourne donc entièrement dans les poches de l'intermédiaire financier.

Le gain de l'intermédiaire financier est donc considérable. D'une part, la banque investit 280 000 $ pour récolter 400 000 $ cinq ans plus tard, soit un gain net de 120 000 $ (ou un gain annuel d'environ 7 %). En cette période où les taux d'intérêt ont atteint un plancher historique, c'est loin d'être négligeable. Mais ce n'est pas tout. Il lui reste encore à récolter immédiatement 44 % des profits réalisés à l'achat du billet à terme par Québec. Si le gain initial s'élève à 60 000 $, l'institution financière récoltera 26 400 $. Ce profit est donc considérable, surtout si on le compare à celui des institutions publiques québécoises (IQ, MICC et Emploi-Québec), qui ne serait dans ce cas que de 33 600 $.

---

2. Société de fiducie HSBC (Canada), *Programme québécois des immigrants investisseurs*, en ligne : www.hsbc.ca/1/2/fr/personal/immigration-canada/new-to-canada/immigration-investor-program/quebec-immigrant-investor-program (consulté le 1er septembre 2010).

La transaction semble scandaleuse ? Il faut encore soustraire de ce montant les coûts du programme qui sont défrayés par Québec pour traiter les dossiers et assurer l'admission de ces immigrants. Malheureusement, aucune donnée n'est disponible à ce sujet. Roger Ware, Pierre Fortin et Pierre Emmanuel Paradis, auteurs d'une étude sur les effets du programme, proposent le chiffre de 26 400 $ pour un immigrant investisseur et les membres de sa famille qui l'accompagnent (en moyenne trois personnes). Ce chiffre est nécessairement imprécis, mais il nous donne une idée du bénéfice net du programme. Dans l'exemple donné plus haut, Québec se retrouverait avec la somme suivante : 33 600 $ – 26 400 $ = 7 200 $. Le Québec aurait reçu 7 200 $ pour avoir accordé la résidence permanente au Canada à quatre personnes.

Ce montant est plus que modeste, et il varie directement en fonction des taux d'intérêt. Si l'estimation des coûts de programme offerte par Ware, Fortin et Paradis est exacte, on peut cependant dire que le programme devient déficitaire du point de vue des institutions publiques dès que le gain initial passe en dessous de 47 143 $, c'est-à-dire dès que les taux d'intérêt fixes sur cinq ans sont de moins de 2,54 %. Au moment d'écrire ces lignes (automne 2010), ils sont à 2,10 %. Le programme est donc probablement déficitaire et le demeurera tant que les taux d'intérêt ne repartiront pas à la hausse. En d'autres mots, Québec ne fait pas que laisser les institutions financières vendre la résidence permanente canadienne, il paie pour masquer la transaction.

Vendre la citoyenneté canadienne

Pour l'immigrant investisseur, à quoi correspond cette transaction ? C'est très simple : elle revient à payer 120 000 $ pour obtenir le statut de résident permanent au Canada pour lui et sa famille, ce qui revient en moyenne à 30 000 $ par personne. Ce statut lui garantit tous les droits et privilèges des citoyens canadiens, sauf le droit de vote. En d'autres mots, le programme consiste à vendre la résidence permanente (et, éventuellement, la citoyenneté canadienne) à des immigrants relativement riches. Mais pourquoi les immigrants investisseurs cherchent-ils à obtenir la résidence par cette voie plutôt que de chercher à être sélectionnés comme travailleurs qualifiés ? Une possibilité est que le Programme des immigrants investisseurs permet d'éviter les délais dans le recrutement. Le problème est que le traitement des demandes pour les immigrants investisseurs n'est pas plus rapide que celui du Programme de travailleurs qualifiés[3].

Comme le remarquent Ware, Fortin et Paradis, le programme « est plus coûteux, à la fois financièrement et en temps, que toute autre alternative d'immigration économique ». On peut donc penser que « ces immigrants ont choisi le programme parce qu'ils ne peuvent probablement pas entrer au Canada via une autre option moins coûteuse[4] ». Mais est-ce possible, puisque la note de passage au

---

3. Roger Ware, Pierre Fortin et Pierre Emmanuel Paradis, *L'Impact économique du programme immigrants investisseurs au Canada*, Groupe d'analyse, mars 2010, p. 15.
4. *Ibid.*, p. 31.

Programme de travailleurs qualifiés est si basse ? Oui, et Gérard Pinsonneault nous explique pourquoi :

> Comparativement aux travailleurs qualifiés, [les immigrants investisseurs] sont peu scolarisés. En 2009, moins du quart des requérants principaux de cette catégorie avaient complété 17 années ou plus de scolarité, contre près de 54 % chez le deuxième groupe. Ils étaient aussi plus âgés. Toujours chez les requérants principaux, 72 % d'entre eux avaient 45 ans ou plus, au regard de moins de 5 % chez les travailleurs qualifiés. Ils étaient enfin peu nombreux à connaître le français : moins de 16 % contre plus de 93 %[5].

En somme, les immigrants investisseurs ne peuvent pas être sélectionnés comme travailleurs qualifiés puisqu'ils sont insuffisamment scolarisés ou trop vieux, ou encore qu'ils n'ont pas les connaissances linguistiques nécessaires. Or, nous avons vu que la formation (26 points), l'âge (16 points) et les connaissances linguistiques (22 points) comptent pour plus de la moitié des points dans la grille de sélection.

On aura évidemment compris que le Programme québécois des immigrants investisseurs vise essentiellement à vendre la résidence permanente à des gens qui, à cause de leur profil, ne peuvent s'intégrer au marché du travail québécois, tout en laissant les trois quarts de l'argent perçu dans les mains des institutions financières. Certains trouveront cette transaction douteuse. C'est probablement le cas du

---

5. Gérard Pinsonneault, « Pour une meilleure gestion de l'immigration économique par le Québec », p. 27.

gouvernement québécois, qui a pris un soin considérable à en masquer la nature derrière un montage financier complexe. On peut imaginer qu'un « Programme québécois d'achat de la résidence permanente » serait moins bien reçu par la population, même s'il décrirait beaucoup mieux la nature de la transaction.

Plusieurs personnes s'objecteront à ce que la citoyenneté soit transformée en marchandise puisqu'elle implique des droits et des devoirs sur lesquels repose la confiance entre les citoyens. D'autres, sans s'opposer à l'idée de vendre la citoyenneté, trouveront que le Québec la laisse aller à vil prix. Ne pourrait-il pas demander plus ? Sans doute. En octobre 2010, le gouvernement annonçait d'ailleurs qu'il suspendait temporairement la réception de demandes pour la catégorie des immigrants investisseurs. À la réouverture du programme, l'investissement minimal exigé devrait passer à 800 000 $, une décision qui viendrait harmoniser les exigences du programme québécois et celles du programme fédéral du même nom[6]. Certains se demanderont cependant toujours pourquoi le gouvernement donne le gros de l'argent perçu aux institutions financières, plutôt que de vendre lui-même les précieux papiers. Après tout, si le gouvernement vendait lui-même la citoyenneté au prix de 120 000 $ — comme le font les institutions financières en ce moment —, il récolterait un montant au moins trois à quatre fois supérieur à ce qu'il reçoit actuellement.

---

6. Société Radio-Canada, *Québec suspend certaines demandes d'immigration*, 4 novembre 2010 ; www.radio-Canada.ca/nouvelles/ Economie/2010/11/04/009-immigrant-investisseur-quebec.shtml

Et que pourrait faire Québec avec cet argent ? En ce moment, les sommes tirées du programme servent principalement à verser des subventions non remboursables aux entreprises (45 % du total). Mais il faut comprendre que cela vise surtout à renforcer l'illusion que le programme recrute des immigrants investisseurs. En réalité, nous avons affaire à deux opérations tout à fait distinctes : 1) le fait de vendre la résidence permanente à des individus incapables de se faire reconnaître comme travailleurs qualifiés, et 2) le fait d'investir une partie de l'argent obtenu dans l'aide aux entreprises.

Ces deux opérations n'ont évidemment aucun lien entre elles. En quoi le fait qu'un individu et sa famille soient prêts à payer 120 000 $ pour devenir citoyens canadiens devrait déterminer les montants disponibles pour l'aide aux entreprises ? La décision de subventionner les PME québécoises devrait faire l'objet de décisions d'affaires, purement et simplement. À l'inverse, la décision de vendre la citoyenneté canadienne (et son coût) devrait être déterminée par l'importance symbolique et financière qu'on lui accorde. Si l'idée de transformer la citoyenneté en marchandise ne nous dégoûte pas, rien ne nous interdit de verser les fonds recueillis aux comptes consolidés du gouvernement.

Québec, je t'aime, je te quitte

Mais il est possible que le programme soit bénéfique pour le Québec à d'autres égards. Par exemple, il est possible que les immigrants investisseurs contribuent à l'activité économique en travaillant, investissant et consommant. À long terme, ces gains économiques seront beaucoup plus importants que le gain initial. Si les immigrants investisseurs travaillent plus, dépensent plus et paient plus de taxes et d'impôts que les natifs, leur effet à long terme sur l'économie pourrait ne pas être négligeable. Pour vérifier si c'est le cas, il faut savoir s'ils sont présents au Québec. Les premières données permettant de le déterminer sont celles du MICC sur la présence des immigrants au Québec. Elles indiquent que seulement 24,9 % des immigrants investisseurs admis entre 1998 et 2007 étaient présents au Québec en 2009[7].

Le chiffre est bas. Les immigrants investisseurs forment la catégorie d'immigrants la moins présente au Québec, largement en dessous des travailleurs qualifiés (82 %), des réfugiés (84 %) et des immigrants admis en vertu du regroupement familial (87 %)[8]. Il faut noter que les résultats se sont largement améliorés au cours des dernières années. Depuis 2003, entre 900 et 1 500 immigrants ont été admis chaque année au Québec grâce au programme. Parmi eux, entre 400 et 600 étaient présents au Québec, soit un taux de présence variant de 43 % à 48 %.

Ces chiffres n'incluent évidemment pas que les requérants principaux, mais également leur famille. En moyenne, chaque requérant principal est admis avec trois personnes : un conjoint et deux enfants, ce qui est deux fois plus que pour les requérants principaux de la catégorie des tra-

---

7. Ministère de l'Immigration et des Communautés culturelles, *Présence en 2009 des immigrants admis au Québec de 1998 à 2007*, mai 2009, p. 24.

8. *Ibid.*

vailleurs qualifiés[9]. Ainsi, le nombre d'immigrants investisseurs qui s'établissent annuellement au Québec tourne vraisemblablement autour de 100 ou 150. Ce nombre est évidemment beaucoup trop faible pour faire quelque différence que ce soit à l'échelle du Québec.

Il faut aussi soulever un doute par rapport aux données du MICC. Après tout, comment peut-il savoir que des immigrants sont présents au Québec, alors que nous sommes tous libres de quitter le Québec comme bon nous semble ? Au Canada, il n'existe évidemment pas de système centralisé permettant de noter les entrées et les sorties. D'où viennent les chiffres du MICC ? Le ministère utilise tout simplement les données de la Régie de l'assurance maladie du Québec (RAMQ). En principe, si vous quittez le Québec pour une période prolongée, vous devez en informer la RAMQ. Le droit à l'assurance maladie est en effet lié à votre présence sur le territoire. Si vous habitez à l'extérieur du Québec plus de six mois par année, vous perdez votre couverture. En principe, les données de la RAMQ offrent donc un bon aperçu de la présence au Québec. Or, le système est loin d'être infaillible. À partir du moment où vous avez une adresse au Québec et un compte en banque, il est pratiquement impossible pour la RAMQ de savoir si vous y êtes réellement. Le système est donc vulnérable à la

---

9. Roger Ware, Pierre Fortin et Pierre Emmanuel Paradis, *L'Impact économique du programme immigrants investisseurs au Canada*, p. 11.

fraude et en a été victime à plusieurs reprises par le passé[10]. Le cas le plus spectaculaire est celui de Nizar Zakka, consultant en immigration, qui a mis sur pied entre 2004 et 2009 une vaste fraude ayant permis à près de 1 500 immigrants de simuler leur présence au Québec afin de bénéficier de la couverture de la RAMQ et d'accéder à la citoyenneté canadienne[11].

On peut donc penser que le taux de présence au Québec des immigrants investisseurs est inférieur à celui que propose le MICC. Quand même, les données ne sont pas si mauvaises, particulièrement depuis 2003. Si le Québec retient environ 40 % des immigrants investisseurs qu'il sélectionne, c'est déjà beaucoup mieux qu'avant. Un instant ! Les chiffres du ministère ne portent pas sur les « immigrants investisseurs sélectionnés », mais bien sur les « immigrants investisseurs admis ». Quelle est la différence ?

Il faut être particulièrement rompu au jargon administratif pour la voir. Un « immigrant sélectionné » est une personne qui a traversé le processus de sélection du Québec et à qui le MICC a émis un « certificat de sélection ». Ce certificat donne aux immigrants le droit de faire une demande de visa de résidence permanente à destination du Québec, visa qu'ils obtiennent après une enquête de sécurité et un examen de

---

10. Radio-Canada (télévision), « La "passe" des passeports », *Enquête*, 17 septembre 2009.

11. Régie de l'assurance maladie du Québec, *Enquête sur des personnes soupçonnées de simuler leur présence au Québec avec l'aide d'un consultant en immigration. Rapport d'enquête*, 18 décembre 2009.

santé de routine. Une fois le visa obtenu, l'immigrant peut cependant se présenter à n'importe quel poste frontalier canadien et devenir résident permanent. Il n'est pas obligé de s'établir au Québec, ni même d'y entrer.

Par conséquent, le nombre d'immigrants sélectionnés par Québec ne correspond pas au nombre d'immigrants admis au Québec. Par exemple, certains candidats sélectionnés changeront d'idée et ne viendront jamais au Canada. Plus important encore, plusieurs candidats sélectionnés par le Québec iront s'installer directement à Toronto ou à Vancouver sans même passer par le Québec. Ces immigrants auront été « sélectionnés » par Québec, mais n'auront jamais été « admis » au Québec. Ces cas sont-ils nombreux ? Cela dépend des catégories. Pour la plupart d'entre elles, le nombre de cas demeure modeste, mais la situation des immigrants investisseurs est différente.

Le MICC ne présente pas les données pour la catégorie des immigrants investisseurs. Il est cependant possible de connaître le nombre d'immigrants sélectionnés dans la catégorie des « gens d'affaires », qui est composée aux deux tiers d'immigrants investisseurs, mais qui inclut également les travailleurs autonomes et les entrepreneurs. Les données sont troublantes. Elles montrent que la quantité de gens d'affaires sélectionnés s'est considérablement accrue *(figure 7.2)*. Au même moment, cependant, le nombre de gens d'affaires qui étaient véritablement admis au Québec chutait brutalement.

Disons les choses telles qu'elles sont : si le taux de présence des gens d'affaires s'est amélioré à partir de 2003, c'est parce que de moins en moins de gens d'affaires sont venus au Québec *malgré le fait que le Québec en sélectionnait beaucoup*

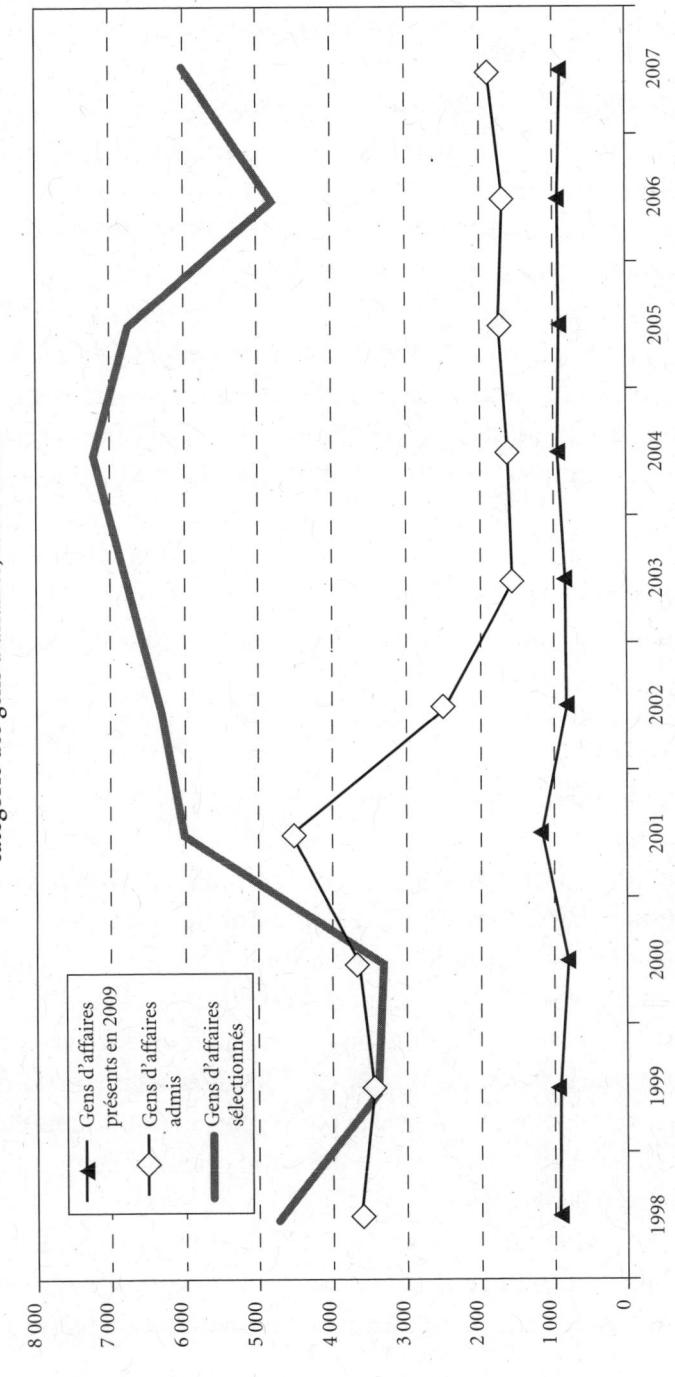

Figure 7.2 — Immigrants sélectionnés par Québec, admis au Québec et présents au Québec, catégorie des gens d'affaires, 1998 à 2007

Source : Pour les gens d'affaires admis et présents au Québec, MICC, *Présence en 2009 des immigrants admis au Québec de 1998 à 2007*, mai 2009. Pour les gens d'affaires sélectionnés, MICC, *Plans annuels d'immigration*, 2001 à 2010.

plus. Plus clairement encore : le Québec a moins de problème de rétention parce que les gens d'affaires qu'il sélectionne ne se donnent même plus la peine d'y être admis. Entre 2003 et 2007, le Québec a sélectionné 31 538 gens d'affaires. Parmi eux, seulement 8 335 (26,4 %) ont été admis au Québec et seulement 4 517 (14,3 %) y étaient en 2009. Notons que la réalité est probablement pire. D'abord, il y a les possibilités de fraude à la RAMQ. Ensuite, ce taux de présence est celui des gens d'affaires ; celui des immigrants investisseurs est probablement plus bas encore... Mais que font tous ces gens d'affaires ? Restent-ils dans leur pays avec leur certificat de sélection en poche ? Certains le font, mais une grande partie se dirige sans doute directement vers Vancouver ou Toronto. Ils visiteront peut-être Montréal un jour : c'est si beau !

À la recherche des retombées...

Peut-on au moins dire que les immigrants investisseurs contribuent favorablement à l'économie du Québec, que ce soit en consommant, en investissant ou en travaillant ? La chose est difficile à mesurer. Ware, Fortin et Paradis ont tenté d'en avoir un aperçu pour le Canada en entier en réalisant une enquête auprès de 107 immigrants investisseurs admis au Canada. Comme la participation à l'enquête était facultative, ils n'ont aucune garantie que leur échantillon soit représentatif.

Le principal problème vient du fait que la population des immigrants investisseurs est d'abord composée de gens dont le niveau de connaissances linguistiques est faible. Les deux tiers ne parlent ni anglais ni français[12]. Il est plus que probable que les immigrants qui ont accepté de participer à l'enquête soient ceux dont les connaissances linguistiques sont les meilleures et, nécessairement, ceux qui ont les plus fortes probabilités d'être établis au Canada et de participer à son économie. Un doute apparaît d'ailleurs lorsqu'on constate le taux très élevé de présence au Canada chez les répondants à l'enquête :

> Contrairement à la croyance populaire, une majorité de répondants (82 %) résident au Canada en moyenne de 10 à 12 mois par an. En outre, un autre 11 % de répondants ont indiqué être présents au Canada de 7 à 9 mois par an. [...] Nos résultats d'enquête donnent une estimation plus élevée sur une base pancanadienne de la proportion d'immigrants investisseurs qui résident en permanence au Canada comparativement aux statistiques de la province de Québec[13].

Oups... une confusion semble s'être glissée dans leur explication. Il n'existe évidemment pas de « croyance populaire » à l'effet que leurs *répondants* ne résident pas au Canada. La croyance populaire dit que les *immigrants investisseurs* ne résident pas au Canada. La question est donc de savoir si leurs répondants forment un échantillon représen-

---

12. Roger Ware, Pierre Fortin et Pierre Emmanuel Paradis, *L'Impact économique du programme immigrants investisseurs au Canada*, p. 13.
13. *Ibid.*, p. 23.

tatif de la population des immigrants investisseurs que le Québec et le Canada se sont donné la peine de sélectionner. À ce titre, les seules données utilisables sont québécoises et reposent sur le fichier de la RAMQ. Pour la période allant de 2003 à 2007, leur présence au Québec est de 14,3 %, soit presque six fois moins que ce qu'indique l'enquête de Ware, Fortin et Paradis.

Cet écart peut s'expliquer de deux manières non mutuellement exclusives. La première possibilité est que leur échantillon ne soit pas représentatif de la population canadienne des immigrants investisseurs. Ceux qui ont répondu sont simplement ceux qui vivent au Canada et comprennent l'anglais. La seconde possibilité est que leur échantillon soit représentatif des immigrants investisseurs canadiens — qui auraient davantage tendance à s'établir au Canada — mais pas des immigrants investisseurs québécois. Nous savons qu'après 2003 de plus en plus d'immigrants investisseurs ont été sélectionnés par le Québec, mais de moins en moins y ont été admis. Il est donc tout à fait probable que les investisseurs sélectionnés par Québec s'établissent ailleurs au Canada et que, par conséquent, le taux de présence des investisseurs soit beaucoup plus élevé là-bas qu'ici. Dans ce deuxième cas, leur échantillon pourrait être représentatif des investisseurs au Canada (qui les intéressent dans leur étude), mais ne le serait pas des investisseurs au Québec. Dans tous les cas, il est certain que leur échantillon ne peut pas servir de base à l'évaluation des retombées du programme québécois dont il est question ici.

Mais que dit cet échantillon ? Il dit que les immigrants investisseurs sont assez âgés (94 % ont plus de 40 ans) et ont tendance à avoir des enfants (83 % en ont) qui, généralement, fréquentent l'école secondaire ou l'université (71 %). Les investisseurs sont pour la plupart propriétaires d'un appartement ou d'une maison (90 %). À quelle classe sociale appartiennent-ils ? Les auteurs n'ont pas cherché à connaître leur revenu (encore moins l'impôt qu'ils payaient au Canada), mais ont interrogé leurs répondants sur leurs actifs. La majorité (63,3 %) détient des actifs dont la valeur varie de 100 000 à 999 999 $, et une minorité non négligeable (25 %) détient des actifs d'une valeur allant de 1 à 5 millions de dollars.

Est-ce suffisant pour conclure, comme le font Ware, Fortin et Paradis, que « la plupart des immigrants investisseurs sont riches[14] » ? Tout dépend évidemment de ce que l'on entend par « riche ». En 2005, la moyenne des avoirs d'une famille québécoise dont le soutien principal avait entre 45 et 54 ans s'élevait à 419 628 $. Pour les familles dont le soutien principal avait entre 55 et 64 ans, la valeur moyenne des avoirs atteignait 569 357 $[15]. Il semble donc que la plupart des répondants ne soient pas riches, mais se trouvent en plein milieu de la classe moyenne. Lorsque Ware, Fortin et Paradis écrivent que « le principal trait distinctif [des immigrants investisseurs], c'est-à-dire leur richesse, constitue la principale source de retombées économiques liées à leur éta-

---

14. *Ibid.*, p. 37.

15. Institut de la statistique du Québec, *Avoirs et dettes de l'ensemble des unités familiales, selon l'âge du soutien économique principal, montants moyens, Québec, 2005*, en ligne : www.stat.gouv. qc.ca/donstat/societe/famls_mengs_niv_vie/revenus_depense/ patrimoine/avoirdett_agemoy.htm

blissement », ils ne parlent donc que du quart de leurs répondants, celui dont les avoirs dépassent le million de dollars.

Maintenant, que font ces répondants ? Un peu plus de la moitié sont des travailleurs autonomes (58 individus) et une minorité importante est à la retraite (29 individus). Parmi les travailleurs autonomes, une majorité (31 individus) est à la tête de petites et moyennes entreprises employant entre 5 et 99 personnes. Quelques-uns (7 individus) sont même à la tête de grandes entreprises employant plus de 100 personnes. Voilà sans doute une bonne nouvelle. Les immigrants investisseurs semblent être de véritables créateurs d'emplois. Mais il faut mettre un bémol : seulement 15 % des travailleurs autonomes (8 répondants) affirment réaliser la « majorité de leurs affaires » au Canada. Si des emplois sont créés, ce n'est donc pas nécessairement ici.

Selon les auteurs, les réponses à l'enquête « fournissent des informations adéquates sur les immigrants investisseurs présents au Canada, mais ne procurent pas de renseignements sur ceux qui ne sont pas présents[16] ». Admettons que ce soit vrai, ce qui n'est pas du tout évident. Admettons ensuite que la situation des immigrants investisseurs au Québec soit comparable à ce qu'elle est ailleurs au Canada, ce qui est aussi loin d'aller de soi. Quel est l'impact du programme d'immigrants investisseurs ?

Toutes proportions gardées, on peut penser qu'environ 100 à 150 requérants principaux admis comme immi-

---

16. Roger Ware, Pierre Fortin et Pierre Emmanuel Paradis, *L'Impact économique du programme immigrants investisseurs au Canada*, p. 28.

grants investisseurs s'établissent au Québec annuellement et que la plupart appartiennent à la classe moyenne. Une minorité non négligeable, quelques dizaines de personnes, est relativement riche (entre 1 et 5 millions de dollars d'actifs). Ces immigrants dépensent sans doute une bonne partie de leur revenu au Québec, mais on ne sait pas exactement le montant. On peut aussi penser que quelques dizaines de ces immigrants sont à la tête de PME, mais que seulement une petite minorité d'entre eux font d'abord des affaires au Québec. Encore une fois, nous sommes frappés par la faiblesse des résultats. Et pour y arriver, le MICC aura dû sélectionner annuellement des milliers de candidats…

Des coûts intangibles ?

Malgré les limites évidentes de leur enquête, Ware, Fortin et Paradis n'hésitent pas à conclure que le Programme des immigrants investisseurs « constitue clairement une initiative économique positive pour le Canada » et que les avantages du programme « l'emportent nettement sur les coûts, tant en termes d'avantages monétaires qu'à l'examen d'autres éléments intangibles[17] ».

Mais les auteurs oublient une partie de l'équation. Le problème est qu'ils ne cherchent pas à évaluer les coûts fiscaux découlant de l'admission d'immigrants investisseurs. Ils se contentent d'inférer que ces immigrants, étant en moyenne plus riches que le reste de la population, bénéficie-

---

17. *Ibid.*, p. 45.

ront moins des transferts sociaux et paieront davantage d'impôts. Mais le raisonnement ne tient pas. Si les immigrants investisseurs utilisent leur résidence permanente de manière sélective, de façon à bénéficier de certains services publics québécois, sans toutefois y résider et y payer de l'impôt, l'équation n'est plus la même. Le fait que la grande majorité des immigrants investisseurs admis par le Québec n'y vivent pas nous oblige pourtant à considérer sérieusement cette possibilité.

Mais de quel service public pourraient-ils bénéficier ? Des soins de santé ? Ce n'est pas impossible, mais notons que la grande majorité des immigrants investisseurs sont d'origine chinoise, ce qui fait un peu loin pour venir consulter un médecin. Si l'on ajoute à cela la difficulté de trouver un médecin de famille… Mais il existe d'autres services publics. L'éducation, par exemple. Un immigrant investisseur qui demeure en Chine ou à Hong Kong n'enverra pas ses enfants à l'école primaire de Rosemère, mais il pourrait les envoyer à l'Université McGill. Regardons ce que Gérard Pinsonneault a à dire à ce sujet :

> En 2009, les travailleurs ont amené avec eux en moyenne 0,5 enfant chacun, la plupart (81 %) âgés de moins de 15 ans, comparativement à 1,8 enfant par investisseur, majoritairement (62 %) âgés de 15 à 29 ans. La question de l'âge de ces jeunes adultes serait sans importance si elle n'impliquait pas qu'ils pourront étudier dans une université du Québec, vraisemblablement en anglais, au même tarif que les résidants québécois — et ce, même s'ils habitent ailleurs au Canada (grâce au certificat de sélection du Québec qui leur a été délivré) — et qu'ils pour-

ront, dans certains cas, être admissibles au Programme de prêts et bourses.

Cette possibilité doit être prise au sérieux. Les immigrants investisseurs amènent davantage d'enfants avec eux, et leurs enfants sont plus âgés que ceux des travailleurs qualifiés. En devenant résidents permanents (au coût de 120 000 $), ils peuvent leur offrir une éducation postsecondaire en anglais à un prix imbattable[18]. Cette interprétation paraît abusive ? Dans la présentation du programme préparée par le MICC — disponible également en mandarin —, on n'hésite pourtant pas à présenter les choses clairement. *Straight talk,* comme on dit. Le MICC offre une comparaison directe des droits de scolarité de l'Université McGill, de HEC Montréal et de grandes universités américaines[19]. On voit rapidement qu'on peut économiser en moyenne 30 000 $ par année pour étudier aux frais de l'État québécois... *in English, of course.* Le calcul est vite fait : pour une formation universitaire de quatre ans, il est possible d'épargner 120 000 $ (soit exactement le montant que les institutions financières exigent des immigrants investisseurs en échange de la résidence permanente). Avec deux enfants, il est possible d'économiser le double...

---

18. Gérard Pinsonneault, « Pour une meilleure gestion de l'immigration économique par le Québec », p. 27.
19. Ministère de l'Immigration et des Communautés culturelles, *Vivre et investir au Québec,* en ligne : www.immigration-quebec.gouv.qc.ca/publications/fr/divers/VivreEtInvestirAuQuebec_FR.pdf

Le gouvernement n'est pas le seul à « vendre » le Québec en vantant ses faibles droits de scolarité. Le Mouvement Desjardins, sur sa page destinée aux immigrants investisseurs, possède une section entière vantant l'« éducation à moindre coût » dont peuvent profiter les participants au programme. Il n'est pas nécessaire de lire entre les lignes pour comprendre ce dont il s'agit :

> Aimeriez-vous que vos enfants profitent du système d'éducation exceptionnel du Canada ? Le Programme Immigrants Investisseurs de Desjardins pourrait se traduire par des économies substantielles car les familles qui s'établissent ici obtiennent le statut de résident permanent et bénéficient des mêmes frais de scolarité peu élevés que les Canadiens. À elles seules, les économies réalisées pour l'éducation de vos enfants justifient le choix du Plan Or de Desjardins [*c'est-à-dire un déboursement unique de 120 000 $, N.d.A.*], plan qui vous permet déjà de réduire considérablement votre mise de fonds[20].

Pour les sceptiques, Desjardins présente un calcul détaillé. En obtenant la résidence permanente au Canada, l'immigrant investisseur paiera des droits de scolarité moyens de 4 400 $ par année et par enfant. À ce prix, une formation universitaire de quatre ans pour deux enfants revient à 35 200 $. Sans la résidence permanente, les droits de scolarité moyens s'élèvent plutôt à 17 400 $ par année par enfant,

---

20. Programme Desjardins, « Éducation à moindre coût », *Programme immigrants investisseurs Desjardins*, en ligne : immigrant investor.com/program/golden-plan/education-advantages.fr.html

soit un total de 139 200 $ pour deux enfants pendant quatre ans. L'immigrant investisseur doit donc débourser 120 000 $ pour obtenir la résidence permanente, mais il peut espérer épargner environ 104 000 $ en droits de scolarité pour ses deux enfants. En somme, Desjardins estime à 16 000 $ les coûts nets de la résidence permanente pour une famille de quatre personnes. L'offre est pour le moins alléchante :

> Il est clair que pour seulement 16 000 $ CA de plus que le coût des frais de scolarité universitaires pour deux enfants, un immigrant investisseur et sa famille obtiennent une foule de précieux avantages qu'une famille étrangère ne peut obtenir aussi facilement. La citoyenneté canadienne et le droit de vivre et de travailler dans ce pays dynamique sont des avantages dont certains diraient qu'ils n'ont pas de prix[21] !

Ils n'ont pas de prix ? Visiblement, ils en ont un : 16 000 $.

L'importance de l'éducation postsecondaire dans la commercialisation du programme soulève une question importante. D'abord, qui sont les immigrants admis comme investisseurs qui sont « présents » au Québec ? S'agit-il des requérants principaux et de leur famille ? S'agit-il des enfants adultes ? Combien fréquentent des institutions postsecondaires ? Combien de temps restent-ils au Québec ? Il serait facile d'avoir les réponses mais, pour l'instant, nous ne les avons pas.

Il est aussi possible que les immigrants investisseurs ne

---

21. *Ibid.*

cherchent pas à obtenir la résidence permanente au Canada pour profiter de ses généreux services publics. Mais alors, pourquoi plusieurs d'entre eux sont-ils prêts à payer jusqu'à 120 000 $ pour devenir les résidents permanents d'un pays où ils ne résident pas ? Une autre réponse se profile. La plupart des immigrants investisseurs proviennent d'un pays qui n'est pas très exactement un exemple de transparence, de démocratie et de respect des droits humains : la Chine. La croissance spectaculaire de ce pays au cours des dernières décennies a permis à plusieurs Chinois d'accéder à une aisance matérielle certaine. Mais la Chine demeure une dictature et, comme toute dictature, elle est minée par la corruption, le patronage et la violence. Les frontières entre les mondes politique, économique, juridique et criminel sont loin d'y être aussi bien tracées que chez nous.

Dans un tel contexte, il est particulièrement difficile de savoir ce que nous réserve l'avenir. Celui qui a aujourd'hui la faveur des autorités ne l'aura peut-être plus demain. Le protecteur influent qui vous a permis de faire fortune disparaîtra peut-être un jour, menaçant dès lors votre statut social ou votre sécurité. Lorsqu'on a une famille, il est agréable de savoir qu'on peut la mettre à l'abri en cas de danger. La résidence permanente au Canada apparaît ainsi comme une sorte de police d'assurance. Le MICC en est bien conscient. Avec la générosité de nos programmes sociaux, la sécurité du Québec compte parmi les principaux arguments utilisés pour recruter les immigrants investisseurs[22].

---

22. Ministère de l'Immigration et des Communautés culturelles, *Vivre et investir au Québec*.

8

Une pénurie de domestiques

Depuis des années, la pénurie de main-d'œuvre est l'une des principales raisons justifiant les politiques québécoises d'immigration. Pourtant, dans une économie de marché, le concept de « pénurie » est bien relatif. S'il n'y a plus du tout de blé disponible et que tout le monde meurt de faim, il semble légitime de parler de pénurie. Mais comment distinguer une situation de pénurie d'une situation normale de rareté ?

Les voitures Lamborghini valent cher parce qu'elles sont rares, et beaucoup de gens très riches veulent en avoir une. En 2009, il fallait payer au minimum 1 million d'euros pour se procurer la superbe Lamborghini Reventón. C'est normal : seulement 20 exemplaires ont été produits pour toute la planète. Doit-on conclure qu'il y a une pénurie de Lamborghini Reventón ? Doit-on penser que le gouvernement doit agir pour la résorber ? Non, le libre marché fonctionne exactement comme il doit fonctionner. Il faut énormément de travail pour produire une Reventón, alors que beaucoup de gens aimeraient en posséder une.

Le prix élevé traduit simplement cette réalité. Il indique à la compagnie Audi AG (qui produit la voiture) quelle est la force de la demande. À l'inverse, il envoie aux richissimes consommateurs de voitures de luxe un signal de la quantité de travail et de capital nécessaire à sa production. Le prix final est tout simplement un équilibre entre les deux : la demande des consommateurs et l'offre du producteur.

Ce qui vaut dans le domaine des voitures de luxe vaut également sur le marché du travail. En dehors des professions réglementées comme la médecine ou le droit — où le mécanisme de l'offre et de la demande ne joue pas librement —, la rareté de l'offre de travail se traduit par une hausse des prix. Si moins de gens veulent travailler dans un domaine alors que la demande de main-d'œuvre demeure constante, les salaires augmentent. Les employeurs doivent simplement payer plus pour convaincre les gens de venir travailler pour eux.

C'est ce qui explique pourquoi un mineur en Abitibi peut facilement gagner entre 80 000 et 90 000 $ par année, alors que la plupart des artistes à Montréal vivent sous le seuil de la pauvreté. Il n'y a rien de mystérieux là-dedans : il y a beaucoup plus de gens qui veulent vivre une vie branchée de bohèmes créatifs sur le Plateau-Mont-Royal que de gens prêts à jouer avec des bâtons de dynamite dans un tunnel humide à 300 mètres sous terre. Conséquence : les mineurs sont difficiles à trouver, alors qu'on ramasse les bohèmes créatifs à la pelle sur le boulevard Saint-Laurent.

Pourquoi prenons-nous le temps de rappeler ces principes économiques élémentaires ? Tout simplement parce que plusieurs personnes semblent ne pas les avoir compris. Ces personnes parlent de pénurie dans des secteurs où aucune hausse significative des salaires n'a été observée. Nous avons déjà cité Gaston Lafleur, président du Conseil québécois du commerce de détail, selon qui « le manque de main-d'œuvre est le problème le plus urgent à régler pour les détaillants québécois » et « l'embauche d'immigrants pourrait combler en partie les besoins[1] ». Comme nous l'avons vu au chapitre 3, il est tout à fait vrai que l'arrivée d'immigrants vient accroître l'offre de main-d'œuvre. Le problème est évidemment que l'arrivée d'immigrants ne fait pas qu'accroître l'offre. Elle accroît également la demande, de sorte que l'immigration n'a rien d'une solution au manque de main-d'œuvre.

Mais ce manque de main-d'œuvre est-il même réel ? Il va de soi que, du point de vue du commerçant, il vaut toujours mieux avoir sur son bureau une pile de CV de gens désireux de travailler pour un salaire modeste que d'être obligé de se battre pour trouver et conserver des employés compétents. Mais c'est là le point de vue de l'employeur. Du point de vue du salarié, mieux vaut avoir le choix entre différents employeurs et pouvoir préférer celui chez qui les conditions sont les meilleures. Pour le salarié, « manque de main-d'œuvre » signifie « meilleures conditions de travail ».

Mais peut-être existe-t-il une véritable pénurie dans le commerce de détail. Une manière d'y voir plus clair consiste à examiner l'évolution des salaires. En 2005, le salaire horaire dans le commerce de détail au Canada était de 13,03 $. En 2009, il était passé à 14,35 $, soit une augmentation de 10 %. Pendant la même période, le salaire horaire moyen des Canadiens (toutes branches confondues) est passé

---

1. Cité dans Presse canadienne, « Congrès du Conseil québécois du commerce de détail : l'immigration au secours des commerçants », *Le Devoir,* 7 avril 2008, p. A2.

de 18,30 $ à 20,44 $, soit une hausse de 12 %[2]. S'il y a un manque de main-d'œuvre dans le commerce de détail, le marché ne semble pas s'en être aperçu.

Existe-t-il alors un manque de main-d'œuvre généralisé à l'ensemble de l'économie canadienne ? Après tout, alors que les salaires augmentaient de 12 %, l'indice des prix à la consommation n'augmentait que de 7 %, ce qui signifie que le pouvoir d'achat des salariés s'est accru d'environ 1 % par année[3]. Bonne nouvelle pour eux. Mais les travailleurs ne sont pas les seuls à avoir amélioré leur sort. Pendant la même période, la taille globale de l'économie canadienne augmentait d'environ 11 %, c'est-à-dire au même rythme que les salaires[4]. Il n'y a donc rien d'anormal. Tout va même pour le mieux dans le meilleur des mondes.

Les aides familiaux résidants

On ne peut évidemment pas critiquer une organisation patronale de défendre les intérêts de ses membres. C'est son travail. De la même manière, le travail des syndicats consiste

---

2. Statistique Canada, *Rémunération horaire moyenne des salariés rémunérés à l'heure, selon la branche d'activité*, en ligne : www40.statcan.ca/l02/cst01/labr74a-fra.htm

3. Statistique Canada, *Indice des prix à la consommation*, en ligne : www40.statcan.gc.ca/l02/cst01/econ09a-fra.htm

4. Statistique Canada, *Produit intérieur brut en termes de revenus*, en ligne : www40.statcan.gc.ca/l02/cst01/ECON03-fra.htm

à soutenir que les salaires des travailleurs sont trop faibles et que les bénéfices des entreprises sont trop élevés. Rien de surprenant. À chacun son boulot. Ce qui est plus inquiétant, toutefois, c'est de voir des gens qui — sans recevoir aucune rémunération — inventent de toutes pièces des pénuries de main-d'œuvre là où il n'y en a manifestement pas.

Au Québec, par exemple, certains semblent croire qu'il existe une véritable pénurie de domestiques qui justifie l'admission comme immigrants de travailleurs temporaires séjournant au Canada dans le cadre du Programme des aides familiaux résidants (PAFR). Le PAFR a été créé en 1992 par le gouvernement fédéral pour accueillir au Canada des employés domestiques sur une base temporaire. Ce n'était pas le premier programme du genre. En fait, le Canada dispose depuis 1955 de programmes visant spécifiquement le recrutement de domestiques étrangers. Depuis 1981, ces programmes permettent aux travailleurs — ou plutôt aux *travailleuses* — recrutés de formuler une demande d'immigration permanente au Canada. Comment fonctionne le programme actuel ?

Pour être recrutée comme aide familiale résidante (AFR), une femme doit satisfaire à un certain nombre de critères. Elle doit avoir à son actif au moins 11 années de scolarité, avoir une expérience dans ce type d'emploi, connaître l'anglais ou le français et signer un contrat avec un employeur au Canada. Elle s'engage ensuite à cumuler au moins 24 mois de travail comme AFR, période pendant laquelle elle doit résider chez son employeur. À la fin de cette période, elle peut demander la résidence permanente au Canada ou au Québec. Cette demande peut inclure un conjoint et des enfants. Au Québec, pratiquement toutes les demandes présentées par des participantes au PAFR sont acceptées.

Les AFR forment une portion relativement modeste de l'immigration admise chaque année au Québec. Entre 1998 et 2009, 6 482 personnes ont été admises dans cette catégorie, qui est cependant en hausse. Depuis 2006, le nombre d'immigrants admis dans la catégorie des AFR n'a pas moins que triplé *(figure 8.1)*. Est-ce un indice que la pénurie de domestiques s'aggrave ? Difficile à dire. Il n'en reste pas moins que le taux de présence des immigrants admis au Québec comme AFR est plutôt élevé. Il correspondait en 2009 à 86 % des personnes admises[5].

Les AFR ont un profil extrêmement semblable. Une enquête réalisée par le MICC en 2009 nous permet de le décrire avec une certaine précision[6]. Dans 99 % des cas, il s'agit de femmes. Dans 93 % des cas, elles sont nées aux Philippines. La plupart sont recrutées par le biais d'une agence (49 %) ou sur recommandation d'un ami ou d'un membre de leur famille (43 %). Dans l'immense majorité des cas, elles viennent pour s'occuper des enfants de leur employeur et pour réaliser des tâches ménagères (90 %). Une petite mino-

---

5. Les données sur les immigrantes admises dans la catégorie des AFR sont compilées à partir des deux documents suivants : Ministère de l'Immigration et des Communautés culturelles, *Tableaux sur l'immigration permanente au Québec, 2005-2009*, et *Présence en 2009 des immigrants admis au Québec de 1998 à 2007*.

6. Marie-Hélène Castonguay, avec la collaboration de Irvine Henry et Chakib Benzakour, *Insertion socioprofessionnelle des aides familiales résidantes*, Ministère de l'Immigration et des Communautés culturelles, février 2009.

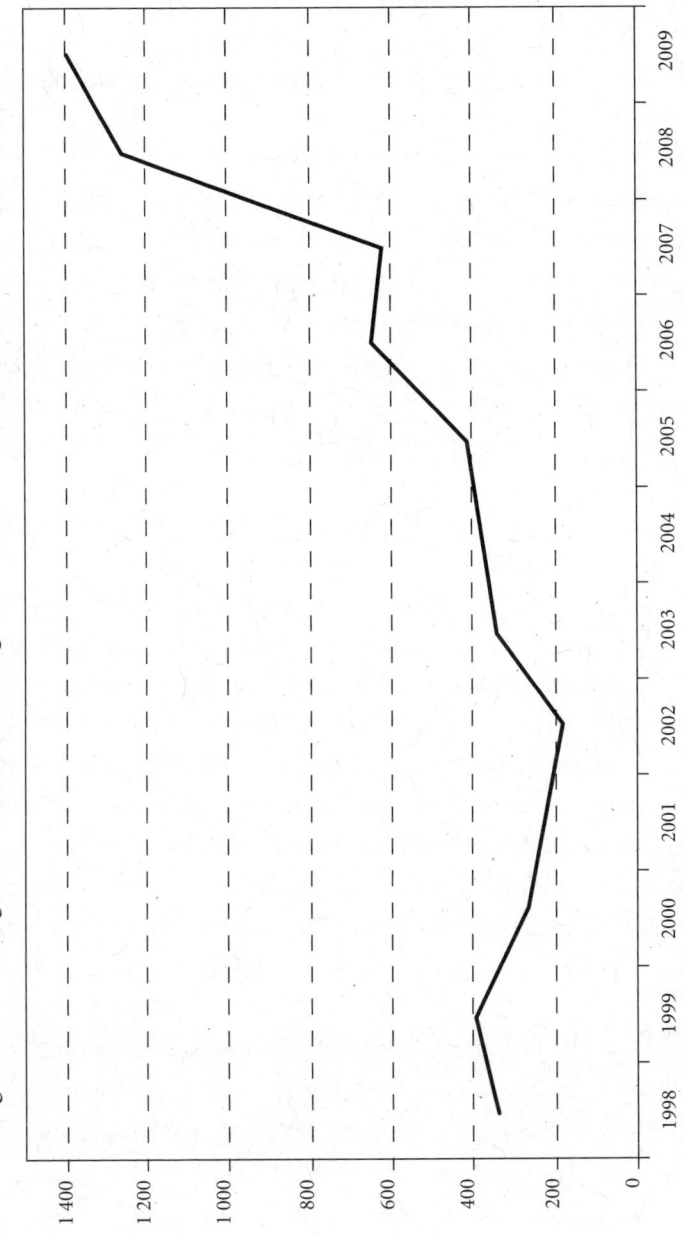

Figure 8.1 — Immigrants admis dans la catégorie des aides familiaux résidants, Québec, 1998 à 2009

Source : Pour les années 1998 à 2007, MICC, *Présence en 2009 des immigrants admis au Québec de 1998 à 2007*, mai 2009. Pour les années 2008 et 2009, MICC, *Tableaux sur l'immigration permanente au Québec, 2005–2009*, mars 2010.

rité (10 %) s'occupe également de personnes âgées ou handicapées. Lorsqu'elles arrivent au Québec, les AFR sont dans la vingtaine ou la trentaine et ont, dans 90 % des cas, fait des études postsecondaires aux Philippines. Elles sont donc relativement jeunes et éduquées. Au bout de quelques années, plusieurs demandent la résidence permanente pour elles et leur famille. Après l'avoir obtenue, elles trouvent parfois un autre emploi, souvent dans les services de garde ou dans les soins aux personnes.

Résorber la pénurie de laitiers

Leur venue répond-elle à une pénurie de domestiques ? À lire sur le sujet, on croirait bien que c'est le cas. Dans un reportage sur les aides familiales résidantes, par exemple, la journaliste Karine Bernard nous informe que le PAFR « a été créé en vue de combler la pénurie de main-d'œuvre dans ce domaine[7] ». Nombreux sont ceux qui adhèrent d'une manière ou d'une autre à cette théorie. L'étude du MICC sur l'insertion des immigrantes admises au Québec comme AFR, réalisée par Marie-Hélène Castonguay, ne présente pas les choses différemment :

> Au Québec, comme dans plusieurs autres sociétés (autres provinces canadiennes, pays d'Europe de l'Ouest et du Moyen-Orient, Hong Kong, Émirats arabes unis, etc.), la

---

7. Karine Bernard, « Bonnes à tout faire », *Le Devoir*, 6 mars 2004, p. B6.

disponibilité d'aides familiales résidant chez l'employeur est pratiquement nulle au sein de la main-d'œuvre locale[8].

Nous ne comprenons pas ce que signifie « la disponibilité d'aides familiales résidantes est pratiquement nulle ». Est-ce à dire que personne n'est prêt à offrir ce service ? La chose semble incroyable. Personne ne veut offrir ce service ? Vraiment ? Tout dépend évidemment du salaire. Si un salaire annuel de 80 000 à 90 000 $ suffit à convaincre des hommes de jouer avec de la dynamite dans les mines de Val-d'Or, peut-être suffirait-il à convaincre des femmes de travailler comme bonnes à tout faire à Mont-Royal ? Quoi ? Les employeurs ne sont pas prêts à payer ce prix ? Eh bien, cela veut tout simplement dire qu'il n'y a pas de marché pour les aides familiales résidantes au Québec.

De même, nous aimerions vraiment mettre la main sur une Lamborghini Reventón, mais nous sommes prêts à mettre un maximum de 40 000 $ pour l'obtenir. Que doit-on en conclure ? Rien. Voilà simplement une nouvelle transaction qui n'aura pas lieu aujourd'hui. Chaque jour, partout sur la planète, un nombre infini de transactions n'ont pas lieu parce que des acheteurs potentiels ne sont pas prêts à payer le prix demandé par des vendeurs potentiels.

Mais pourquoi était-il autrefois possible de trouver des employés domestiques à la fois compétents et acceptant de résider chez leur employeur ? C'est très simple. Au temps

---

8. Marie-Hélène Castonguay, avec la collaboration de Irvine Henry et Chakib Benzakour, *Insertion socioprofessionnelle des aides familiales résidantes*.

de l'industrialisation rapide du Québec, des milliers de Canadiennes françaises quittaient la campagne pour les villes. D'origine modeste, elles étaient besogneuses, mais peu éduquées. La plupart de ces femmes travaillaient quelques années comme domestiques, puis, après leur mariage, devenaient des femmes au foyer.

Tant et aussi longtemps que durait cet exode rural, les familles fortunées de Québec et Montréal pouvaient compter sur un apport constant de jeunes paysannes prêtes à trimer dur pour un maigre salaire. Mais toute bonne chose a une fin. On connaît la suite de l'histoire. Avec la modernisation de la société québécoise, de plus en plus de femmes ont accédé aux études supérieures, puis sont entrées sur le marché du travail. Les possibilités d'emploi de ces jeunes femmes se sont rapidement multipliées, faisant disparaître celles qui étaient autrefois prêtes à se faire bonnes.

Au même moment, on assistait à la disparition rapide des mères au foyer. De 1980 à aujourd'hui, le taux d'activité des Québécoises âgées de 25 à 44 ans est passé de 48 % à 84 %, rejoignant pratiquement celui des hommes (90 %). Si la rémunération des femmes demeure inférieure à celle des hommes, elle a néanmoins fait un bond spectaculaire au cours des dernières décennies. Avec un salaire horaire moyen de 20,85 $ et un salaire hebdomadaire moyen de 717 $[9], les femmes de 25 à 44 ans ne sont tout simplement plus « abordables » pour les familles fortunées qui

---

9. Institut de la statistique du Québec, *Rémunération et conditions de travail*, en ligne : www.stat.gouv.qc.ca/donstat/societe/march_travl_remnr/remnr_condt_travl/index.htm

s'étaient habituées depuis des décennies à employer des domestiques.

Doit-on en déduire qu'il existe aujourd'hui une pénurie de domestiques dont la modernisation du Québec serait responsable ? Aussi grotesque que cela puisse paraître, certains n'hésitent pas à le conclure. Mais la réalité est que le marché des domestiques a tout simplement disparu parce que les gens n'y trouvaient plus leur profit. Il a disparu en même temps que disparaissaient tant d'autres métiers rendus caducs par le progrès économique.

Les laitiers des années 1950, par exemple, offraient un service remarquable. Quel plaisir de trouver devant sa porte chaque matin un joli pot de lait frais ! Comment un métier autrefois si apprécié et si répandu a-t-il pu disparaître ? C'est simple. L'avancement technologique a rendu la réfrigération efficace et bon marché. On peut maintenant entreposer le lait plusieurs jours avant qu'il soit bu. Plus besoin de le distribuer au client le matin même. De plus, l'augmentation de la productivité et des compétences de la main-d'œuvre rendait de plus en plus coûteux d'embaucher du personnel pour distribuer le lait aux portes. Il était beaucoup moins coûteux de laisser le consommateur venir chercher lui-même son lait au supermarché.

On peut dire la même chose des employés domestiques. L'invention des électroménagers a augmenté la productivité du travail domestique et rendu moins nécessaire l'embauche de bonnes. Au même moment, la scolarisation massive des femmes et leur entrée sur le marché du travail rendaient leur embauche plus coûteuse. Les domestiques d'autrefois ont disparu pour la même raison que les laitiers ont disparu. Il n'y a donc pas davantage de raisons de chercher à combler la pénurie de domestiques qu'il y en a de combler la pénurie de laitiers.

Est-ce à dire qu'il restera des besoins non comblés ? Bien sûr, mais n'avons-nous pas tous des besoins qui restent non comblés ? Après tout, tout le monde ne peut pas être toujours à notre service. Mais la réalité est que la plupart des besoins que comblaient les métiers d'autrefois sont aujourd'hui comblés autrement. Les gens n'ont pas arrêté de boire du lait le jour où les laitiers sont disparus. Ils ont mis leurs souliers et sont allés en acheter au supermarché. De même, les gens n'ont pas cessé d'utiliser des services de garde le jour où les domestiques sont disparus. Ils ont mis leurs souliers et sont allés mener leurs enfants à la garderie.

Mais si tout le monde y trouve son compte ?

Selon l'étude de Marie-Hélène Castonguay, le revenu hebdomadaire moyen des AFR québécoises arrivées entre 2000 et 2004 s'élevait, en 2007, à 259,33 $[10]. À la même époque, la femme québécoise du même groupe d'âge (entre 25 et 44 ans) gagnait plus du double, c'est-à-dire environ 560 $ par semaine[11]. Le PAFR est donc clairement une source de travail

---

10. Marie-Hélène Castonguay, avec la collaboration de Irvine Henry et Chakib Benzakour, *Insertion socioprofessionnelle des aides familiales résidantes*, p. 24.
11. Institut de la statistique du Québec, *Rémunération hebdomadaire moyenne des femmes (employées) selon diverses caractéristiques, moyennes annuelles, Québec, 1997 à 2007*, en ligne : www.stat.

à bon marché pour les familles fortunées du Québec. Mais peut-on pour autant parler d'exploitation ? Plusieurs le font. De nombreux reportages ont tracé le portrait des conditions de travail difficiles des AFR[12]. Plusieurs de ces femmes sont en effet obligées de travailler de longues heures, tout en ne recevant souvent que très peu de reconnaissance. Leurs droits sont limités, et leur mauvaise connaissance de la société d'accueil les empêche de se faire valoir. L'obligation de résider chez leur employeur les prive par ailleurs d'intimité, tout en les plaçant dans une situation de grande vulnérabilité.

Ce n'est donc pas un hasard si plusieurs voix se sont élevées pour défendre les AFR et mieux faire valoir leurs droits. L'Association des aides familiales du Québec (AAFQ) travaille en ce sens depuis plusieurs années et compte plusieurs victoires à son actif. Elle est parvenue, par exemple, à faire en sorte que les aides familiales soient couvertes par la Loi sur les normes du travail et par la CSST. Dans la réalité, bien sûr, il y a une différence entre « se faire reconnaître un droit » et « le faire respecter ». Les aides familiales résidantes étant particulièrement vulnérables, il est possible qu'elles ne cherchent tout simplement pas à faire valoir leurs droits. Comment les aider ?

---

gouv.qc.ca/donstat/societe/march_travl_remnr/remnr_condt_travl/d003_rem_heb_fem_9707.htm

12. Voir, par exemple, Marie Allard, « Profession domestique », *La Presse*, 2002, p. B1 ; Agnès Gruda, « La vulnérabilité des aides familiales venues d'ailleurs mise en lumière », *La Presse*, 14 mai 2009, p. A23 ; Marco Bélair-Cirino, « Mme M. et beaucoup d'autres… », *Le Devoir*, 6 février 2010, p. C1.

Une manière d'y arriver serait tout simplement d'abolir le programme. Sans nouvelles admissions, le pouvoir de négociation des aides familiales déjà présentes augmenterait rapidement. Les mauvais employeurs se verraient désertés, alors que les bons seraient obligés d'être encore meilleurs. Il y aurait de moins en moins d'aides familiales, mais leurs salaires augmenteraient et leurs conditions de travail s'amélioreraient. Le Québec n'est cependant pas en mesure d'abolir le PAFR, qui est administré par le gouvernement fédéral, et nous ne nous prononçons pas sur l'opportunité pour le reste du Canada de s'en débarrasser. Le Québec pourrait cependant choisir de ne pas admettre comme immigrants économiques les travailleuses ayant participé au programme fédéral. C'est son droit le plus strict. En faisant cela, il enlèverait aux candidates à ce programme l'une des principales motivations qu'elles ont à y participer et pousserait à la hausse les conditions de travail des aides familiales déjà présentes au Québec.

Certains s'entêteront cependant à voir les choses autrement. Ils soutiendront qu'après tout, les conditions de travail des immigrantes admises par Québec dans la catégorie des AFR ne sont pas si mauvaises, surtout si on les compare à celles qui prévalent aux Philippines. Ils n'ont pas tort. L'enquête du MICC montre que 92 % de ces immigrantes considèrent que leur situation s'est améliorée à leur arrivée au Québec[13]. Ce n'est pas rien. Et il semble que la plupart

---

13. Marie-Hélène Castonguay, avec la collaboration de Irvine Henry et Chakib Benzakour, *Insertion socioprofessionnelle des aides familiales résidantes*, p. 24.

d'entre elles voient leur situation s'améliorer considérablement au fur et à mesure du temps passé au Québec. Pas moins de 93 % des immigrantes interrogées affirment que leur situation s'est encore améliorée par rapport aux deux premières années de leur séjour[14]. La période de résidence chez l'employeur est donc perçue comme difficile, mais moins difficile que la vie aux Philippines. Qui plus est, elle est perçue comme une situation transitoire vers des jours encore meilleurs.

Alors pourquoi Québec ne devrait-il pas continuer d'admettre comme immigrantes économiques les candidates ayant participé au programme ? Si la situation actuelle convient à la fois aux employeurs et aux immigrantes, de quoi se plaint-on ? Les AFR passeront à travers leurs obligations, immigreront, trouveront un meilleur emploi, puis s'intégreront pleinement à l'économie québécoise. Vraiment ? On peut en douter. Le problème est que les immigrantes admises comme AFR risquent de faire face à des problèmes d'intégration économique durables. L'enquête du MICC sur l'insertion professionnelle des immigrantes admises dans cette catégorie entre 2000 et 2004 nous en donne un aperçu.

Au moment de l'enquête, en 2007, 71 % d'entre elles occupaient un emploi. Celles qui travaillaient encore comme aides familiales (42 %) recevaient un salaire hebdomadaire moyen de 310 $. Celles qui occupaient un autre emploi gagnaient un peu plus, avec un salaire de 423 $[15]. Visible-

---

14. *Ibid.*
15. *Ibid.*

ment, ces femmes admises au Québec depuis environ cinq ans avaient amélioré leur situation. Or, elles ne gagnaient toujours qu'entre 47 % et 64 % du salaire moyen des Québécoises du même groupe d'âge (25 à 44 ans), qui atteignait alors 654 $[16]. Quel rattrapage parviendront-elles à réaliser au cours des cinq ou dix prochaines années ? Difficile à dire.

On peut cependant en avoir un aperçu en examinant les données sur les revenus de Statistique Canada. Les données du recensement nous permettent en effet de connaître le revenu moyen des immigrants en fonction de leur période d'immigration et de leur pays d'origine. Comme l'écrasante majorité des immigrants originaires des Philippines ont été admis au Québec dans la catégorie des AFR — soit comme requérants principaux ou comme parents accompagnateurs —, les données offrent un aperçu à plus long terme des performances économiques des immigrants admis dans cette catégorie.

Au recensement de 2006, on comptait au Québec 15 680 immigrants originaires des Philippines et âgés de plus de 15 ans. Parmi eux, pratiquement les deux tiers, soit 10 215 personnes, étaient des femmes, ce qui montre l'importance du Programme AFR dans la composition de la communauté philippine du Québec. Autre signe de l'impact crucial du programme, la majorité de ces femmes (63 %) avaient immigré entre 25 et 44 ans, âge auquel arrivent au Canada la grande majorité des AFR.

Nous avons vu plus tôt que le revenu moyen était l'un

---

16. Institut de la Statistique du Québec, *Rémunération hebdomadaire moyenne des femmes*.

des indicateurs les plus utiles de l'intégration économique des immigrants et de leur influence sur l'économie. Le revenu détermine en bonne partie les transferts gouvernementaux auxquels un Québécois a droit, de même que l'impôt et les taxes qu'il doit payer. Que disent les données du revenu des immigrants originaires des Philippines ? Rien de fantastique.

D'abord, on constate que ces immigrants ont tendance à avoir un revenu beaucoup moins élevé que les natifs, peu importe la tranche d'âge à laquelle ils appartiennent *(figure 8.2)*. Le revenu moyen de ceux qui ont entre 25 et 44 ans, par exemple, est de 24 376 $, soit seulement 63 % du revenu moyen des natifs du même groupe d'âge (38 969 $). Il est vrai que les revenus des immigrants originaires des Philippines s'améliorent considérablement avec le temps. Le revenu de l'immigrant qui a entre 25 et 44 ans, par exemple, est de 17 912 $ si ce dernier est arrivé entre 2001 et 2006, mais passe à 23 177 $ s'il est arrivé entre 1996 et 2000, et à 31 760 s'il est arrivé avant 1991. C'est une bonne nouvelle, et le contraire aurait été étonnant. Malgré cette amélioration considérable, cependant, les immigrants les plus anciens ne finissent jamais par rattraper les natifs, peu importe leur période d'immigration et le groupe d'âge auquel ils appartiennent.

La seule exception se trouve chez les immigrants âgés de 55 à 64 ans arrivés avant 1991. Ce groupe fait particulièrement bonne figure. Avec un revenu moyen de 34 960 $, il a pratiquement rejoint la moyenne des natifs du même âge (35 190 $). Lorsqu'on examine ce groupe plus en détail, on constate cependant qu'il se distingue fortement de la population native. Comme l'immigration philippine en général,

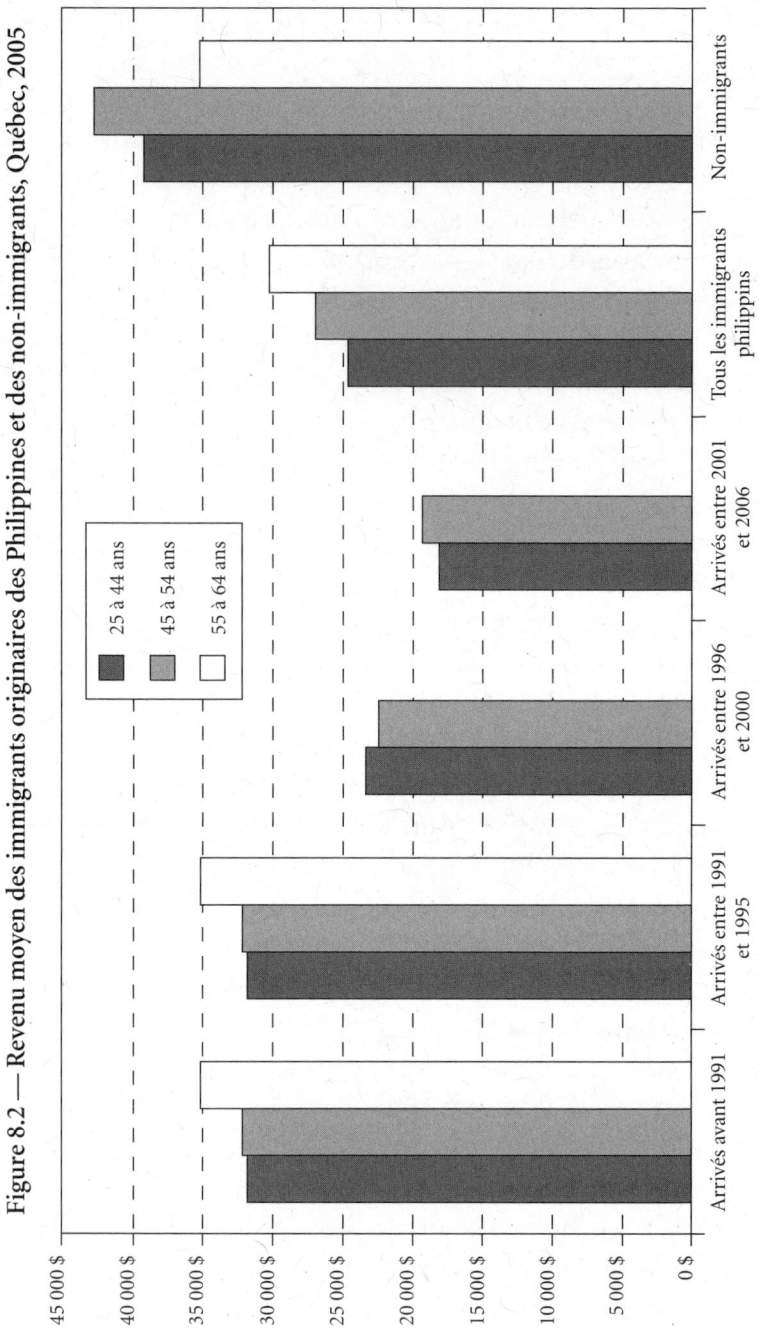

Figure 8.2 — Revenu moyen des immigrants originaires des Philippines et des non-immigrants, Québec, 2005

Source : Statistique Canada, *Recensement de la population de 2006*.

il est composé aux deux tiers de femmes, dont les trois quarts ont immigré entre 25 et 44 ans, probablement comme AFR.

Contrairement au groupe des natifs, cette cohorte d'immigrants est cependant très présente sur le marché du travail. Son taux d'emploi, de 65 %, dépasse largement celui des natifs du même âge, qui s'élève à 49 %. Ces immigrants doivent donc travailler beaucoup plus pour gagner autant d'argent. On le voit d'ailleurs à la composition de leur revenu. Les natifs de 55 à 64 ans ne tirent que 63 % de leur revenu de leur travail, alors que ce chiffre atteint 76 % chez les immigrants philippins. À l'inverse, les natifs reçoivent davantage de revenus de placement, de pensions et de rentes que les immigrants philippins. Ces sources représentent 24 % de leur revenu total, contre 14 % chez les immigrants philippins du même âge.

Les immigrants philippins âgés de 55 à 64 ans et arrivés avant 1991 rejoignent donc la moyenne des natifs en termes de revenus, mais ils doivent pour ce faire travailler beaucoup plus. Alors que les natifs peuvent prendre leur retraite et jouir de leur épargne, les immigrants philippins doivent rester sur le marché du travail. On peut aussi penser que la situation économique des immigrants philippins plus âgés se détériorera considérablement au cours des années à venir. Du moins, c'est ce que l'on peut anticiper à la vue des performances désastreuses de la cohorte arrivée entre 1991 et 1995, dont le revenu moyen en 2005 n'était que de 20 417 $.

Tout le monde n'y trouve pas son compte

En venant au Québec, les immigrants admis en vertu d'une participation préalable au PAFR parviennent à améliorer leur situation et à fournir aux familles fortunées des services de garde à rabais. Sans ce programme, ces familles devraient sans doute subir un calvaire abominable : trouver des places en garderie et aller y déposer leurs enfants chaque matin. Le seul d'entre nous qui doit vivre quotidiennement ce supplice (Dubreuil) est conscient de l'ampleur de la tâche. Même avec la meilleure volonté du monde, il ne comprend cependant pas pourquoi le gouvernement devrait créer une politique d'immigration visant à en exempter les familles les plus fortunées.

Il reste cependant un problème de taille : que faire de cette minorité de familles qui utilisent les services des AFR ou des anciennes AFR pour offrir des soins à une personne âgée ou handicapée ? Nous avons vu qu'environ 10 % des immigrantes admises comme AFR avaient offert ce genre de service. N'est-ce pas là une réalité qui devrait inciter Québec à maintenir sa politique actuelle ? Il est évidemment difficile de devoir placer un proche âgé ou handicapé dans une résidence ou un centre d'hébergement spécialisé. Mais cette situation est difficile pour tout le monde : pour les riches comme pour les moins riches.

La manière la plus équitable d'y faire face consiste évidemment à mieux soutenir les services aux aînés et aux handicapés, de même que le travail des aidants naturels. Elle ne consiste pas à fabriquer une politique d'immigration sur mesure pour soulager les familles les plus fortunées en leur procurant une main-d'œuvre vulnérable à rabais. Mais ne serait-ce pas possible de sélectionner autrement ces immigrantes philippines, désireuses de travailler dans le domaine des soins aux personnes ? S'il est injuste de les admettre pour répondre aux besoins des riches, ne serait-il pas souhaitable de les admettre pour répondre aux besoins de la population en général ? Avec le petit baby-boom que connaît le Québec depuis 2005, les perspectives d'emploi sont plutôt bonnes dans les services de garde. Plutôt que d'immigrer comme « nannies », les Philippines ne pourraient-elles pas immigrer comme éducatrices en CPE ? Ou encore, ne pourraient-elles pas venir travailler comme préposées aux bénéficiaires dans les résidences pour personnes âgées qui, avec le vieillissement, poussent comme des champignons partout sur le territoire québécois ?

L'idée est séduisante. Il s'agit là de services publics où la demande est soutenue. Les salaires sont aussi intéressants : entre 14 $ et 21 $ de l'heure pour les éducatrices et à peu près la même chose pour les préposés aux bénéficiaires et aides-soignants. C'est déjà de deux à trois fois plus que le salaire d'une AFR. Cette idée est déjà partiellement réalisée dans le reste du Canada. La communauté philippine québécoise ne compte en effet que pour une petite portion de la communauté canadienne (6 %). Non seulement les immigrants philippins sont beaucoup plus nombreux au Canada qu'au Québec, mais leurs perspectives économiques y semblent également meilleures.

Leurs revenus demeurent bien en deçà de ceux des natifs (ou plutôt des natives), mais ils s'en rapprochent davantage. On peut penser que cela est en partie dû à leur capacité à intégrer des emplois mieux rémunérés dans le secteur des soins de santé et de l'assistance sociale, où ils se concentrent largement. Pourrait-on songer à imiter le reste du Canada et orienter les immigrantes philippines vers des emplois mieux rémunérés, préférablement dans le secteur public ? La réponse est simple : non. Pourquoi ?

Le principal problème est la barrière de la langue, cruciale pour comprendre les difficultés économiques des immigrantes admises comme AFR et, plus largement, de la communauté philippine au Québec. L'enquête du MICC a montré que la plupart des AFR n'avaient aucune connaissance du français à leur arrivée au Québec, alors qu'une forte majorité (85 %) connaissaient l'anglais[17]. À l'obtention de leur résidence permanente, 95 % connaissaient l'anglais, mais il n'y en avait toujours que 16 % qui comprenaient le français. Ce n'est pas que ces femmes n'avaient aucun intérêt pour le français. Au moment de l'enquête, en 2007, pas moins de 71 % des immigrantes admises comme AFR avaient suivi un cours de français depuis leur arrivée. Ces cours avaient été particulièrement bénéfiques, puisque 34 % des AFR affirmaient désormais « comprendre le français ». Ce chiffre fait cependant piètre figure à côté des 97 % qui déclaraient comprendre l'anglais.

Cette situation n'est pas sans conséquences sur la langue parlée au travail. Pas moins de 88 % des AFR interrogées ont affirmé travailler surtout en anglais, alors qu'une maigre part, 2 %, travaillait surtout en français (les autres 10 % utilisaient les deux langues à égalité ou une langue tierce). On comprend un peu mieux pourquoi les immigrantes admises dans la

---

17. Marie-Hélène Castonguay, avec la collaboration de Irvine Henry et Chakib Benzakour, *Insertion socioprofessionnelle des aides familiales résidantes*, p. 10.

catégorie des AFR ont de la difficulté à accéder à des emplois mieux rémunérés, notamment dans le secteur public. Les CPE et CHSLD fonctionnent pour la plupart en français et il est tout à fait normal que les parents et les personnes âgées qui utilisent ces services exigent un service dans cette langue.

Cette domination de l'anglais n'est pas propre aux immigrantes admises en vertu du PAFR. Elle s'étend plutôt à la communauté philippine en entier. La figure 8.3 présente les données du recensement quant à la connaissance et à l'usage du français chez les immigrants d'origine philippine au Québec. On peut y voir un règne sans partage de l'anglais, selon un modèle que l'on observe chez plusieurs autres communautés immigrantes dites « anglotropes ». Une minorité non négligeable de la communauté déclare connaître le français, mais pratiquement personne ne l'utilise de manière prioritaire à la maison ou au travail. À la maison, l'anglais est maître, souvent aux côtés de la langue maternelle. Au travail, la domination de l'anglais est totale, à part pour une petite minorité obligée d'utiliser également le français.

L'admission par Québec d'immigrantes ayant participé au PAFR repose sur l'idée qu'il existerait au Québec une pénurie de domestiques. Or, les performances économiques de ces immigrantes sont suffisamment mauvaises pour qu'il soit raisonnable de croire qu'elles imposent plutôt un fardeau sur les finances publiques québécoises. C'est un problème considérable qui devrait suffire à justifier une autre politique. Mais l'admission d'immigrantes ayant participé au PAFR pose un problème supplémentaire qui apparaît ici clairement. *Toutes proportions gardées, cette catégorie d'immigrants contribue à angliciser Montréal plus que toute autre catégorie*, ce qui est une bonne raison pour Québec de modifier son approche.

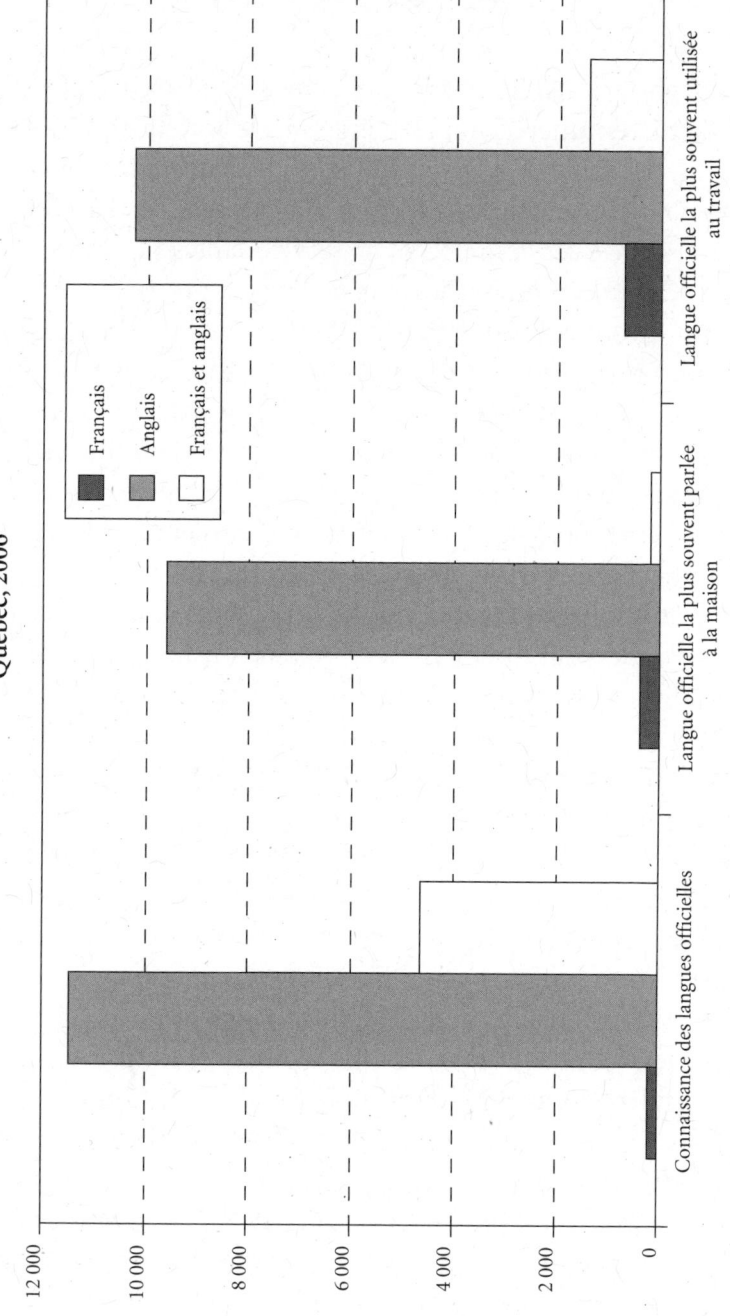

Figure 8.3 — Connaissance et usage des langues officielles chez les immigrants originaires des Philippines, Québec, 2006

Source : Statistique Canada, *Recensement de la population de 2006*.

CONCLUSION

Réduire les attentes

L'immigration est-elle *essentielle* pour mitiger les effets du vieillissement de la population ? Nous espérons maintenant avoir convaincu le lecteur qu'il y a une réponse claire et univoque à cette question : non. L'immigration n'est pas essentielle. Sa contribution est marginale et, à cause des mauvaises performances économiques des immigrants admis au Canada depuis trois décennies, elle est peut-être même négative. Dans notre Québec social-démocrate — au filet social généreux et à l'impôt progressif —, les immigrants dépendent un peu plus des transferts gouvernementaux que les natifs, alors qu'ils paient beaucoup moins d'impôts. Plutôt que d'alléger le fardeau que fait peser le vieillissement de la population sur les finances publiques, il n'est pas impossible que l'immigration l'alourdisse modestement.

Mais n'est-il pas possible d'améliorer les choses ? Oui et non. Il est toujours possible de mieux soutenir l'intégration des immigrants à l'emploi, en investissant davantage et en mettant en œuvre de meilleurs programmes. Nous sommes d'ailleurs de farouches partisans d'un meilleur investissement dans les politiques d'intégration et d'un meilleur suivi des performances économiques des immigrants admis au Québec. Mais il ne faut pas rêver en couleurs. La réalité est que la plupart des immigrants — même sélectionnés — rencontrent sur le marché du travail de multiples obstacles. Ces obstacles sont dus à des problèmes difficilement solubles, notamment le fait que les compétences acquises dans les pays en développement sont souvent peu transférables et même de moindre qualité, étant donné le manque de compétitivité des systèmes éducatif et économique de ces pays. Nous pouvons aider les immigrants à surmonter leurs difficultés d'insertion sur le marché du travail, mais il faut le faire en étant conscient que cela exigera des dépenses qui remettront probablement en question la logique coûts/avantages au fondement de notre politique d'immigration économique.

N'est-il pas tout simplement possible de mieux sélectionner nos immigrants ? Oui. Le gouvernement du Québec, par exemple, ne peut pas se retirer du Programme fédéral des aides familiaux résidants, mais il n'est pas obligé non plus d'admettre les candidats à l'immigration y ayant participé. Le Programme québécois des immigrants investisseurs pourrait quant à lui être fortement remis en question. Si le gouvernement québécois considère vraiment légitime de vendre la résidence permanente au Canada — et, du même coup, la citoyenneté canadienne —, eh bien, pourquoi ne le ferait-il pas lui-même en empochant l'argent ? Ce serait plus payant et plus honnête que de laisser les institutions financières le faire à sa place en se cachant derrière un montage financier dont la seule finalité est d'induire les citoyens en erreur.

De manière plus cruciale, la grille de sélection des travailleurs qualifiés pourrait être revue et corrigée.

• Le critère de l'« adaptabilité », beaucoup trop subjectif, pourrait être aboli. Il pourrait être remplacé par un test standardisé de connaissance de la culture et de la société québécoises.

• Les points attribués à l'« expérience de travail » pourraient être fortement réduits, puisque les employeurs n'accordent aucune importance à l'expérience acquise dans les pays du Sud (d'où provient la majorité des candidats).

• Le maximum de points pour l'âge pourrait être attribué aux candidats de 18 à 30 ans plutôt qu'à ceux de 18 à 35 ans, comme c'est le cas actuellement.

• Les connaissances linguistiques de tous les candidats pourraient être évaluées de manière objective au moyen d'un test standardisé.

• Un seuil minimal éliminatoire de connaissance du français pourrait être introduit pour limiter l'impact négatif de l'immigration sur le poids relatif du français au Québec.

• Des mesures pourraient être mises en œuvre afin d'éliminer le biais qui pousse les conseillers responsables de la sélection à faire passer tous les candidats qui se rapprochent du seuil d'admission. Les résultats pourraient, par exemple, être compilés de façon informatisée (pour éviter les erreurs) et communiqués aux candidats par courrier seulement. Les acceptations et les refus pourraient faire l'objet d'une justification équivalente, afin éviter qu'un refus entraîne une charge de travail supplémentaire pour les conseillers.

• Un suivi beaucoup plus étroit pourrait être fait des performances économiques des immigrants admis comme travailleurs qualifiés, afin que l'on puisse opérer les correctifs nécessaires.

> • La note de passage pourrait être élevée, ce qui aurait pour effet de limiter le nombre d'obstacles à l'emploi que rencontreront les travailleurs qualifiés sélectionnés.

Ces modifications auraient bien sûr une conséquence directe et inévitable : une chute importante du nombre d'immigrants sélectionnés chaque année comme travailleurs qualifiés. La chose est inévitable, puisque la moitié des immigrants sélectionnés par le Québec obtient à peine la note de passage (et une grande partie d'entre eux l'obtient grâce à un biais chez le conseiller responsable de la sélection).

Il va de soi qu'une chute du nombre d'immigrants admis réduirait l'impact démographique et économique de l'immigration. Or, nous avons vu que cet impact est déjà marginal. Peu importe le nombre d'immigrants admis, le vieillissement de la population aura lieu. La proportion de personnes âgées dans la population augmentera fortement, quoi que l'on fasse. Le seul impact notable d'une baisse de l'immigration concernerait la taille de la population. La population du Québec, particulièrement celle de la région de Montréal, croîtrait moins rapidement. Est-ce vraiment un problème ? Parlez-en aux résidants de la troisième couronne de Montréal, qui cherchent chaque matin à se rendre au centre-ville.

Sur le plan économique, un resserrement de la grille de sélection aurait pour conséquence d'améliorer substantiellement les performances économiques des immigrants sélectionnés. Il nous permettrait d'éviter de nous retrouver avec une importante population faisant face à des difficultés persistantes d'intégration à l'emploi. (En un sens, il ne nous permettrait pas vraiment d'éviter cette situation parce que nous y sommes déjà en partie. Mais il nous permettrait d'éviter que les choses empirent, ce qui ne serait pas un maigre gain.)

Évidemment, comme nous l'avons dit en introduction, l'immigration n'est pas qu'une politique à finalité économique. D'autres considérations doivent entrer en ligne de compte lorsqu'on modifie les politiques, incluant des considérations sociales, culturelles, linguistiques et politiques.

Nous souhaitons éviter à tout prix que l'on nous comprenne mal : il existe des raisons nombreuses et légitimes d'accroître ou de réduire l'immigration qui n'ont rien à voir avec l'économie ou la démographie.

Au-delà des propositions concrètes de réforme, le plus urgent, dans la situation actuelle, demeure néanmoins de rétablir des attentes réalistes par rapport à l'immigration. Depuis 2007 — sous l'activisme du gouvernement et des commentateurs —, l'idée que l'immigration doit jouer un rôle essentiel pour contrer les effets négatifs du vieillissement de la population s'est répandue au Québec comme une traînée de poudre. Elle l'a fait malgré la présence d'une imposante littérature en démographie démontrant l'influence marginale de l'immigration sur la structure par âge de la population. Elle l'a fait malgré une littérature économique démontrant l'impact négligeable de l'immigration sur des variables cruciales comme les salaires ou le PIB par habitant. Enfin, elle l'a fait malgré une imposante littérature canadienne démontrant la détérioration continue des performances économiques des immigrants au cours des 30 dernières années.

Qu'est-ce qui a incité les acteurs politiques et les médias québécois à embrasser unanimement une idée aussi fausse ? Leurs motivations sont probablement multiples. D'abord, certains acteurs sont probablement poussés par des motifs économiques. L'immigration ne change rien à la prospérité économique en général, mais elle peut être à la source de bénéfices dans des secteurs particuliers. On pense d'abord au secteur de la construction, à cause de l'impact de l'immigration sur la taille de la population. On pense aussi aux marchés saturés où les coûts d'entrée sont très élevés : téléphonie, câblodistribution, etc. L'accroissement de la taille de la population (et du PIB) se transforme directement en croissance des revenus pour les entreprises actives dans ces secteurs. On pense finalement aux entreprises œuvrant dans des secteurs utilisant une main-d'œuvre à bon marché et où les immigrants sont surreprésentés.

Mais les motifs économiques n'expliquent évidemment qu'une petite partie de l'affaire. Les motifs électoraux y sont peut-être aussi pour quelque chose. Du côté du gouvernement, la chose est plus que plausible. Malgré la francisation relative de l'immigration, l'appui au Parti libéral du Québec demeure proportionnellement plus fort chez les immigrants que chez les natifs. Le gouvernement a donc un intérêt objectif à faire diminuer la part relative des natifs dans la population.

L'élément électoraliste n'explique cependant pas l'adhésion des autres principaux partis au lieu commun. En 2007, même si l'Action démocratique du Québec s'est opposée à la hausse du volume d'admission, Mario Dumont n'hésitait pas à soutenir que, d'un point de vue économique, le Québec avait *besoin* de plus d'immigrants[1]. Visiblement, il était mal informé.

L'adhésion du Parti québécois au mythe de l'immigration miracle doit également faire l'objet d'une explication. Bien sûr, la méconnaissance des faits joue chez lui un rôle important. Mais l'influence déterminante est probablement celle de la rectitude politique. Mathieu Bock-Côté a bien documenté comment, de 1995 à 2007, ce parti a traversé un long processus de dénationalisation, éliminant de son discours tout élément susceptible de faire écho à la majorité francophone historique et à ses intérêts, et faisant une promotion de plus en plus ostentatoire de la diversité sous toutes ses formes[2]. C'est la période pendant laquelle le vocable « Québécois », qui n'avait pourtant jamais posé problème, fut remplacé par « Québécoises et Québécois de toutes origines ». Le départ d'André Boisclair, en 2007, a modifié sensiblement la donne, mais il est trop tôt pour se prononcer sur ce que sera la prochaine politique du Parti québécois en matière d'immigration.

L'influence de la rectitude politique n'est pas déterminante uniquement au sein du Parti québécois, elle se fait sentir dans les autres partis et dans l'appareil médiatique en entier. L'immigration est un thème délicat et la simple idée de paraître « anti-immigrant » tétanise ceux qui doivent en parler. Il faut dire que le Québec ne manque pas de « tétani-

---

1. Patrick Lagacé et Mario Dumont, « Mario Dumont et les immigrants », *La Presse*, 14 août 2007, p. A2.
2. Mathieu Bock-Côté, *La Dénationalisation tranquille*, Montréal, Boréal, 2007.

sateurs ». Ces petits soldats de la vertu sont toujours prêts à accuser de racisme ceux qui s'éloignent le moindrement de ce que Pierre-André Taguieff a appelé l'« immigrationnisme », c'est-à-dire de l'idée que l'immigration est à la fois nécessaire et nécessairement bonne[3]. On peut sans problème appliquer au Québec ce que dit la démographe Michèle Tribalat au sujet de la France :

> L'*a priori* idéologique est déterminant dans la manière d'aborder tout ce qui se rapporte à l'immigration en France. La réalité, la mise en évidence des faits ne comptent guère. Il faut avant tout se positionner, donner des gages, montrer que l'on pense du côté du bien. Quelle que soit la réalité, il faut vanter les mérites de l'immigration, se féliciter de ses apports multiples et de l'enrichissement qu'elle suscite[4].

Comme d'habitude, l'intimidation mène à la rectitude politique. Ceux qui prennent la parole publiquement cherchent à minimiser les risques : il ne faut pas donner l'impression de s'en prendre à quelqu'un, surtout pas aux plus faibles. Voilà la règle d'or de la « bien-pensance ». Il faut s'y tenir, surtout lorsqu'on aborde des dossiers complexes que l'on maîtrise mal. C'est là que les dangers de dérapage sont les

---

3. Pierre-André Taguieff, « La dernière utopie des bienpensants », *Le Figaro*, 9 mai 2006.
4. Michèle Tribalat, *Les Yeux grands fermés*, Paris, Éditions Denoël, 2010.

plus grands. Pour les éviter, on se doit de respecter une simple maxime : quand on ne sait pas de quoi on parle, on dit quelque chose de « gentil ». C'est la façon la plus simple d'éviter les problèmes.

Lorsqu'on ne connaît pas les causes des mauvaises performances économiques des immigrants, on met donc l'accent sur les problèmes de reconnaissance des diplômes et de discrimination. On n'évoque surtout pas la « non-transférabilité du capital humain », et encore moins un possible écart de compétences entre natifs et immigrants. Si on a le malheur d'en parler, on ajoute tout de suite qu'il pourrait être aisément comblé par un soutien adéquat à l'intégration, et ce, peu importe le volume d'admission et la rigueur des processus de sélection. Peu importe les circonstances, on s'en tient à cette règle simple : tout mauvais résultat est dû à la société d'accueil et pourrait être aisément surmonté si celle-ci le voulait vraiment.

Malheureusement, il y a des conséquences à vivre en permanence hors de la réalité. Ces conséquences ne sont pas uniquement de nature économique ou politique. Elles concernent le lien social en entier. Le principal problème est simple à saisir : à force de répéter sur toutes les tribunes que le Québec vieillissant a besoin d'immigration, journalistes et politiciens font monter les attentes de tout le monde. D'un côté, les Québécois s'attendent à ce que l'immigration soulage la pression sur les finances publiques, ce qui n'est pourtant pas plausible. De l'autre, les immigrants s'attendent à ce que leurs perspectives d'emploi soient particulièrement favorables. Après tout, le Québec vieillissant aura bientôt « 700 000 emplois à combler ». Comment pourrait-il ne pas y en avoir un pour eux ? Les attentes étant si démesurément élevées, l'échec de l'intégration économique ne peut qu'engendrer déception et ressentiment.

En donnant systématiquement la discrimination et la non-reconnaissance des acquis comme fondements de cet échec, les décideurs et les commentateurs ne font qu'aggraver le problème qu'ils souhaitent résoudre. Les chevaliers de l'antidiscrimination, plutôt que de calmer le jeu, viennent attiser la méfiance entre les groupes. Les natifs comprennent qu'ils sont accusés de racisme et de fermeture d'esprit, alors que les immigrants se voient confortés dans leurs pires appréhensions : les Québécois ne les aiment pas et voilà la source de leurs malheurs !

L'un des principaux objectifs de cet essai est de ramener chacun à des attentes plus réalistes. Il n'a jamais existé et n'existera jamais de recette magique pour l'intégration des immigrants. Les choses se déroulent parfois bien, souvent moins bien. Nous ignorons plusieurs des variables impliquées, et il est souvent très difficile de trancher entre les diverses théories. Pire encore, nous n'avons qu'un faible contrôle sur plusieurs des variables cruciales. Voilà autant de raisons de rester modestes dans nos attentes. Voilà aussi des raisons de se méfier de ceux qui vendent des solutions magiques sans pourtant être capables d'en définir les coûts ou les effets.

Améliorer la francisation ? Nous sommes partants, mais combien faudra-t-il investir pour éliminer le désavantage des immigrants par rapport aux natifs ? Certains voudront connaître le montant avant de signer le chèque. Construire un immense système de reconnaissance des acquis afin de remplacer les processus informels d'évaluation à l'œuvre dans les réseaux sociaux ? On se rapproche de plus en plus de l'illusion du « planisme », à laquelle tant d'intellectuels, de journalistes et de politiciens de chez nous ont fait l'erreur d'adhérer à une autre époque.

La réalité est que l'immigration produit des effets complexes sur lesquels il est rarement facile d'agir. La seule approche acceptable consiste à se tenir à l'abri de la conjecture et à mobiliser la documentation empirique disponible tout en en reconnaissant les limites. C'est ce que nous avons cherché à faire dans cet essai. Pour autant, les nuances dans les détails ne doivent pas masquer la clarté du portrait global : économiquement et démographiquement, le Québec n'a pas besoin d'immigration. Dire le contraire revient à créer des attentes condamnées à être déçues. Les Québécois doivent poursuivre le débat sur leurs politiques d'immigration et d'intégration, mais en mettant de côté cet argument une fois pour toutes. Le vieillissement de la population est un problème réel, mais l'immigration est un remède imaginaire.

Remerciements

Ce livre découle de notre rencontre et de l'occasion que nous avons eue d'échanger sur notre insatisfaction quant à la façon dont se déroulait le débat sur l'immigration au Québec.

Si nous avons mené cette réflexion à deux, notre travail a été enrichi au fil des mois et des années par de nombreuses discussions avec nos collègues et amis. Certains nous ont aidés à comprendre tel aspect de la recherche ou des politiques qui nous était moins familier. D'autres nous ont suggéré la meilleure manière de présenter nos idées à un public instruit, curieux, mais non spécialisé. D'autres encore ont poussé l'amabilité jusqu'à lire et commenter des versions du manuscrit, y repérant des lourdeurs, des répétitions ou des imprécisions. Dans certains cas, ils nous ont même laissé entendre que nous étions sur la bonne voie.

Nous souhaitons remercier particulièrement Dave Anctil, Martin Barabé, Mathieu Bock-Côté, Éric Bouchard, Charles-Philippe Courtois, Kamal El-Batal, Joseph Facal, Robert Laplante, Joëlle Quérin, David Robichaud, Patrick Sabourin et Pierre Serré qui, chacun à sa manière, nous ont aidés à mettre de l'ordre dans nos idées ou dans nos papiers. Bien sûr, nous demeurons seuls responsables du désordre restant. Nous souhaitons également remercier l'équipe du Boréal et surtout Jacques Godbout, lecteur averti s'il en est.

Nous remercions enfin nos familles pour leur soutien constant, et particulièrement nos conjointes, Salimata et Marie-Pierre, qui ont enduré avec compréhension et bienveillance l'inévitable allongement des heures de travail qui accompagne tout projet d'écriture.

Les auteurs

Liste des figures et des tableaux

Figure 2.1 — Nombre d'immigrants reçus annuellement, Québec, 1951-2009   47

Figure 2.2 — Population du Québec, 1971-2006   48

Figure 2.3 — Pyramide des âges, Québec, 2006   50

Figure 2.4 — Rapport de dépendance, Québec, 1971-2006   51

Figure 2.5 — Part relative du Québec au sein de la population canadienne, 1971-2009   74

Figure 4.1 — Relation entre le coefficient de Gini et le ratio du taux de chômage des immigrants sur celui des natifs, sélection de pays, 2007 ou dernière année disponible   131

Figure 4.2 — Relation entre les dépenses sociales et le ratio du taux de chômage des immigrants sur celui des natifs, sélection de pays, 2007 ou dernière année disponible   133

Figure 4.3 — Taux de chômage de la population âgée de 25 à 54 ans en fonction du niveau de scolarité et du statut d'immigrant, Canada, 2005   137

Figure 4.4 — Taux de chômage de la population âgée de 25 à 54 ans en fonction du niveau de scolarité et du statut d'immigrant, Québec, 2005   139

Figure 4.5 — Écart de taux d'emploi entre les populations native et immigrante en fonction du niveau de scolarité, 2007   141

Figure 4.6 — Revenus moyens (en dollars constants de 2005) en fonction du statut d'immigrant, population de 15 ans et plus ayant un revenu, Québec et Canada, 1980-2005   144

Figure 4.7 — Revenu des immigrants (en dollars constants de 2005) selon le nombre d'années depuis l'immigration, population de 15 ans et plus ayant un revenu, Québec, 1980 à 2005   145

Figure 4.8 — Moyenne des transferts gouvernementaux reçus par la population âgée de 25 à 54 ans selon le statut d'immigrant et la période d'immigration, Québec et reste du Canada, 2005   154

Figure 4.9 — Moyenne des impôts gouvernementaux payés par la population âgée de 25 à 54 ans selon le statut d'immigrant et la période d'immigration, Québec et reste du Canada, 2005   157

Figure 5.1 — Notes aux tests de l'Enquête internationale sur l'alphabétisation et les compétences des adultes (EIACA), population de 16 ans et plus, Canada, 2003   187

Figure 7.1 — Répartition de la contribution nette des immigrants investisseurs au Québec, 2010   249

Figure 7.2 — Immigrants sélectionnés par Québec, admis au Québec et présents au Québec, catégorie des gens d'affaires, 1998 à 2007   261

Figure 8.1 — Immigrants admis dans la catégorie des aides familiaux résidants, Québec, 1998 à 2009   279

Figure 8.2 — Revenu moyen des immigrants originaires des Philippines et des non-immigrants, Québec, 2005   290

Figure 8.3 — Connaissance et usage des langues officielles chez les immigrants originaires des Philippines, Québec, 2006   296

Tableau 2.1 — Utilisation et connaissance du français selon le statut d'immigrant et la période d'immigration, Québec, 2006   77

Tableau 4.1 — Taux d'activité, d'emploi et de chômage des 25 à 54 ans en fonction du statut d'immigrant et de la période d'immigration, Québec, 2006   121

Tableau 4.2 — Taux d'activité et taux de chômage des 25 à 54 ans en fonction du statut d'immigrant, Québec, Ontario et Colombie-Britannique, 2006   125

Tableau 4.3 — Salaires hebdomadaires moyens des 25 à 54 ans ayant travaillé toute l'année selon le statut d'immigrant, Québec, Ontario et Colombie-Britannique, 2005   126

Tableau 6.1 — Immigrants admis au Québec
selon la catégorie, 2005-2009 — 209

Tableau 6.2 — Grille de sélection du Québec — 213

Tableau 6.3 — Distribution du volume de demandes traitées de 2006 à 2008 par rapport au seuil de passage — 226

Tableau 6.4 — Grille de sélection du Canada — 242

Table des matières

Avant-propos	9
1 • Imaginer un remède	19
2 • Une goutte d'eau dans l'océan	45
3 • 700 000 emplois…	81
4 • Et ici ?	115
5 • Il suffirait de presque rien…	161
6 • Mieux sélectionner ?	207
7 • Comment ne pas immigrer sans investir	247
8 • Une pénurie de domestiques	273
Conclusion • Réduire les attentes	297
Remerciements	309
Liste des figures et des tableaux	311

CRÉDITS ET REMERCIEMENTS

Les Éditions du Boréal reconnaissent l'aide financière du gouvernement du Canada par l'entremise du Fonds du livre du Canada (FLC) pour ses activités d'édition et remercient le Conseil des Arts du Canada pour son soutien financier.

Les Éditions du Boréal sont inscrites au Programme d'aide aux entreprises du livre et de l'édition spécialisée de la SODEC et bénéficient du programme de crédit d'impôt pour l'édition de livres du gouvernement du Québec.

Illustration de la couverture : Bruce Roberts

Ce livre a été imprimé sur du papier 100 % postconsommation,
traité sans chlore, certifié ÉcoLogo
et fabriqué dans une usine fonctionnant au biogaz.

MISE EN PAGES ET TYPOGRAPHIE :
LES ÉDITIONS DU BORÉAL

ACHEVÉ D'IMPRIMER EN FÉVRIER 2011
SUR LES PRESSES DE MARQUIS IMPRIMEUR
À CAP-SAINT-IGNACE (QUÉBEC).